古代歷史文化研究輯刊

二九編

王明蓀 主編

第9冊

儒士與明代政治研究

管宏傑 著

國家圖書館出版品預行編目資料

儒士與明代政治研究／管宏傑 著 -- 初版 -- 新北市：花木蘭
文化事業有限公司，2023〔民112〕

目 2+234 面；19×26 公分

（古代歷史文化研究輯刊 二九編；第 9 冊）

ISBN 978-626-344-153-8（精裝）

1.CST：中國政治制度 2.CST：科舉 3.CST：明代

618　　　　　　　　　　　　　　　　　　　111021684

ISBN-978-626-344-153-8

古代歷史文化研究輯刊
二九編　第 九 冊　　　　　　ISBN：978-626-344-153-8

儒士與明代政治研究

作　　　者	管宏傑
主　　　編	王明蓀
總 編 輯	杜潔祥
副總編輯	楊嘉樂
編輯主任	許郁翎
編　　　輯	張雅淋、潘玟靜　美術編輯　陳逸婷
出　　　版	花木蘭文化事業有限公司
發 行 人	高小娟
聯絡地址	235 新北市中和區中安街七二號十三樓
	電話：02-2923-1455／傳真：02-2923-1452
網　　　址	http://www.huamulan.tw 信箱 service@huamulans.com
印　　　刷	普羅文化出版廣告事業
初　　　版	2023 年 3 月
定　　　價	二九編 23 冊（精裝）新台幣 70,000 元

儒士與明代政治研究

管宏傑 著

作者簡介

管宏傑，男，1992 年生，河南長葛市人，歷史學博士。現為周口師範學院馬克思主義學院講師，專注於明代政治史和科舉史研究，參與 2017 年福建省社科基金重大項目「明代福建進士群體研究」（FJ2017Z009）等社科項目。在《讀書》、《歷史檔案》等核心學術刊物發表相關論文 10 多篇，代表作有《關於明代文臣得謚》、《明代南直隸鼎甲進士的地域分布與社會流動》、《明代〈進士登科錄〉考誤》、《明代〈登科錄〉上三代直系親屬履歷考誤》、《明代實任閣臣總數新考》、《《明實錄》載名臣傳記考誤》等。

提　　要

明代薦舉儒士可追溯到漢代察舉制；明代科舉儒士可追溯到唐代科舉常科考試中的鄉貢。科舉儒士須經過朝廷有司確認其身份並按報考程序應舉；明代至少有儒士舉人 1011 名，儒士進士 243 名，在時空分布上呈現出分布廣泛且不平衡性；科舉儒士鄉試落第後可繼續以「科舉儒士」身份應舉，也可通過由府、州、縣官和提學官主持的進入府、州、縣學的考試，中式者即可入學成為生員；會試落第後按制應入國子監，亦可通過坐監肄業和挨撥歷事獲得選官資格；但也有少數科舉儒士會試落第後，未依例入監，繼續以科舉儒士身份應舉；科舉儒士棄舉轉而從事經商、塾師、遊幕等社會職業，充分發揮了自己的文化功能與社會功能。明代「儒士」在入仕前須經過官府認定，經認定後有薦舉、善書、纂修、教習勳臣子弟、乞恩、傳奉、捐納等入仕途徑；除在洪武朝選官體系中一度處於較有影響的地位外，此後逐漸衰弱以至淪為以進士為核心的選官體系的輔助性角色，處於邊緣化地位。該群體在政治、社會、文化等領域均有不朽的建樹，對當今社會有深刻的借鑒意義。

緒　論

　　明代「儒士」是一種特殊的身份，是指「那些既未入學成為生員、又未入官府服役成為吏員、更未入仕成為官員的存在於社會上且以『通經』有文為特徵的良民」〔註1〕，為通經儒士；社會良民因「楷、篆精熟，兼通文理」即擅長書法、字體優美被選入禮部鑄印局或仁智殿、武英殿、制敕房、誥敕房等中央機構從事篆刻、謄錄、起草文書等書辦工作，朝廷也授予其「儒士」稱號，為善書儒士；嘉靖十九年，明朝規定禮部鑄印局聽缺食糧儒士，向朝廷捐納一定銀兩，就可「諮送吏部冠帶，辦事半年，照依本等資格選用」，稱為禮部冠帶儒士，屬善書儒士的範疇；同時規定社會良民向朝廷捐納足額資財，朝廷便授予其「禮部儒士」頭銜，稱為捐納儒士。明代「儒士」與以往泛稱的儒士即精通《四書》、《五經》的儒家士子相比，兩者既有相似性又具有根本區別。相似性在於「通經儒士」與泛稱儒士都具有較高的文化素養，即都「通經有文」；根本性區別在於明代「儒士」身份的獲得必須經過官府的認定。「通經儒士」包括「薦舉儒士」和「科舉儒士」；「善書儒士」則包括「禮部鑄印局儒士」、「禮部冠帶儒士」和其他機構中因字體優美而被朝廷授予「儒士」稱號的從事文書工作的具體辦事人員。經官府認定後的「薦舉儒士」和「善書儒士」、「捐納儒士」在明代是一種選官來源，「科舉儒士」是明代科舉考生的生源之一。本文的研究角度就是基於以上視角為出發點。目前學界對明代「儒士」群體的研究相對比較薄弱。為進一步加強該領域的研究，筆者擬對已有研究成果進行梳理並指出不足之處，希望對相關研究有所裨益。

〔註 1〕郭培貴：《中國科舉制度通史·明代卷》，上海：上海人民出版社，2015 年，第93 頁。

一、相關學術回顧

（一）研究概況

1. 明代「儒士」作為選官來源的相關研究

儒士經薦舉進入仕途，在明代是一種選官來源。關於明代薦舉儒士入仕的相關研究成果有臺灣學者林麗月先生《明初的察舉》（1368～1398）〔註2〕，對洪武時期薦舉儒士的原因、影響進行了全面的總結。指出薦舉儒士是基於明太祖個人求才理想及開國時期環境政治之迫切需要內外兩個因素綜合作用下的需要，並以過庭訓《本朝分省人物考》記載洪武朝官僚為對象，考察其出身狀況，精準統計出洪武朝以「薦舉儒士」起家者為 21 人，得出「洪武朝不拘一途的取士制度，實以尚賢的崇儒精神貫徹其中」的結論。潘星輝《明代文官銓選制度研究》一書對薦舉儒士的相關程序進行了總結，認為薦舉儒士須經朝廷設立名目，下詔徵賢，地方官以儒士應詔，薦舉儒士至京接受考核，合格者就任官職等程序〔註3〕。郭培貴《明史選舉志考論》一書以《明太祖實錄》為依據，首次全面系統的考察洪武朝薦舉儒士的全過程，書中《洪武時期詔舉人才表》羅列洪武元年至洪武三十年間薦舉儒士的史實，認為洪武朝薦舉儒士具有「薦舉頻繁」、「以德為本」、「實行連帶責任追究制度」、「重耆儒」等特點；書中《洪武時期薦舉授官統計表》統計洪武朝薦舉儒士 81 人次，詳列所授官職，指出《表》中所錄只是薦舉儒士授官的一小部分，同時也可見洪武時期薦舉儒士之盛況。並指出由於「民間人才漸近枯竭」、「學校和科舉制度日趨完備」、「薦舉弊端日益嚴重」等原因，永樂以後薦舉日益輕，天順以後則名存實亡〔註4〕。《明史選舉志考論》一書還對有明一代包括「儒士」在內的薦舉科目進行了系統的探討，全面梳理出明代薦舉的興衰起伏。展龍《明洪武時期徵薦制度考論》一文分階段對洪武時期薦舉儒士進行了探討。指出洪武時期薦舉儒士經歷了「模糊、寬泛的徵薦標準」、「任官前進行必要考核」、「徵薦次數多、規模大」「嚴格薦舉程序、嚴格考核制度」等階段，認為薦舉包括「儒士」在內的科目雖然「存在規定不嚴密、不規範，」但同時也使它「具有了廣泛性、速

〔註2〕林麗月：《明初的察舉》（1368～1398），中國社會科學院歷史語言研究所明史研究室編《明史研究論叢》第五輯，南京：江蘇古籍出版社，1991 年，第 451 ～467 頁。

〔註3〕潘星輝：《明代文官銓選制度研究》，北京：北京大學出版社，2005 年，65～80 頁。

〔註4〕郭培貴：《明史選舉志考論》，北京：中華書局，2006 年，第 264～302 頁。

效性、靈活性、強制性」等特點〔註5〕。此外，南炳文、湯綱《明史》〔註6〕、
張顯清、林金樹《明代政治史》〔註7〕、杜婉言、方志遠《中國政治制度通史·
明代》〔註8〕方志遠《明代國家權力機構及運行機制》〔註9〕等明史專著相關
章節也論及薦舉儒士作為明代的選官來源。

關於明代儒士經傳奉入仕的研究，方志遠「傳奉官」與明成化時代》一
文首次全面系統考察了明中期傳奉儒士的背景、過程、人數、傳奉官職、消亡、
影響等狀況。認為傳奉儒士入仕現象以不合理乃至荒誕的方式反映了社會某
些合理的需求，包括傳奉儒士在內的傳奉官在嘉靖初雖然被廢止，「其帶來的
社會需求和價值觀念的變化卻被普遍接受」〔註10〕；文醒城《明中葉傳奉官研
究》對明中葉傳奉儒士入仕也有涉及〔註11〕。應該說，以上研究成果對於學界
全面認識儒士經傳奉入仕的影響具有啟發性意義。

2. 明代科舉儒士相關研究

學界關於明代科舉儒士的相關研究中，郭培貴首先對明代科舉儒士的含
義進行界定，在《中國科舉制度通史·明代卷》一書中指出：「（科舉）儒士是
指那些既未入學成為生員、又未入官府服役成為吏員、更未入仕成為官員的存
在於社會上且以『通經』有文為特徵的良民」，並進一步指出這一身份的獲得
還必須經過官府的認定〔註12〕。在此，筆者認為郭培貴對科舉儒士的界定不僅
適用於「科舉儒士」，而且適用於明代所有的「通經儒士」。郭培貴關於「科舉
儒士」必須經過官府認定的論斷同樣適用於明代所有的「儒士」，這就把明代
「儒士」與泛稱的儒士即精通儒家經典的知識分子作了根本性區別，本文的研
究視角正是以郭培貴關於明代「儒士」相關論斷為出發點，作進一步探討。故
筆者認為郭培貴對明代科舉儒士乃至明代「儒士」的研究有篳路藍縷之功，為

〔註5〕展龍：《明洪武時期徵薦制度考論》，《史學月刊》，2009年8期。
〔註6〕南炳文、湯綱《明史》，上海：上海人民出版社，2003年，第83～85頁。
〔註7〕張顯清、林金樹《明代政治史》，桂林：廣西師範大學出版社，2003年，第553
　　　～558頁。
〔註8〕杜婉言、方志遠《中國制度通史·明代》，北京：人民出版社，1992年，第422
　　　～424頁。
〔註9〕方志遠：《明代國家權力機構及運行機制》，北京：科學出版社，2008年，第
　　　153～154頁。
〔註10〕方志遠：《「傳奉官」與明成化時代》，《歷史研究》，2007年第1期。
〔註11〕文醒城：《明中葉傳奉官研究》，黑龍江大學碩士論文，2008年4月。
〔註12〕郭培貴：《中國科舉制度通史·明代卷》，上海：上海人民出版社，2015年，
　　　第93頁。

學界對明代「儒士」的進一步研究奠定了堅實的基礎。

　　全面、準確認知史料永遠都是進行歷史研究的前提條件。學界對涉及科舉儒士史料也進行了必要考證。如郭培貴《明史選舉志考論》首先澄清「明代科舉必由學校」這一長期流行且迄今仍被許多論著所徵引的史料的訛誤，指出「儒士之未仕者」即科舉儒士亦是明代科舉考生來源之一〔註13〕。在《明代科舉史事編年考證》一書中，郭培貴對明代科舉儒士考中狀元、榜眼、探花、會元、解元、舉人、五經魁者或在文中特別指出，或以腳下注的形式進行闡釋〔註14〕；並且以宏觀的學術視野對涉及科舉儒士的史料以編年形式予以全面考證〔註15〕，這就進一步提高了明代科舉儒士研究的深度與精度。

　　科舉儒士中式狀況是學界研究的重點。郭培貴《關於明代科舉研究中幾個流行觀點的商榷》一文首次對科舉儒士中式狀況進行了系統考察，以建文二年至萬曆十一年間43科《進士登科錄》、《會試錄》為依據，統計出明代至少有208位儒士舉人考中進士，並對江西、福建、浙江等省科舉儒士中式狀況進行了探討，得出「嘉靖以後，各處鄉試以『儒士』身份中式者才明顯減少」的精闢論斷〔註16〕。在《中國科舉制度通史·明代卷》一書中，郭培貴統計建文二年至萬曆三十二年55科《會試錄》、《進士登科錄》，共得儒士進士237人，進一步提高了科舉儒士中式狀況研究的精度；《中國科舉制度通史·明代卷》一書還首次對明代兩直十三布政司科舉儒士中式的地理分布狀況進行了系統考察，以天一閣現存《鄉試錄》為依據，指出兩直十三布政司鄉試皆有儒士考中者，其中儒士應試最多的還應數江西、浙江、福建、廣東和南北兩京鄉試，並對上述各省科舉儒士考中舉人、解元、會元、進士、探花、榜眼、狀元者進行了精準的統計〔註17〕。作者以宏觀的學術視野與微觀研究相結合，以55科《會試錄》、《登科錄》所載237位儒士進士為考察對象，指出建文二年至弘治十二年共27科有177位儒士進士，占統計儒士進士總數的74.68%，而弘治十五年

〔註13〕郭培貴：《明史選舉志考論》，北京：中華書局，2006年，第8頁。

〔註14〕郭培貴：《明代科舉史事編年考證》，北京：社會科學出版社，2008年，第10、43、61、78、105、108、116、117、140、146、147、169頁。

〔註15〕郭培貴：《明代科舉史事編年考證》，北京：社會科學出版社，2008年，第13、16、51、70、73、77、110、160、168、173頁。

〔註16〕郭培貴：《關於明代科舉研究中幾個流行觀點的商榷》，《清華大學學報》2009年第6期。

〔註17〕郭培貴：《中國科舉制度通史·明代卷》，上海：上海人民出版社，2015年，第94～95頁。

至萬曆三十二年共 28 科只有 60 位儒士進士，僅占統計儒士進士總數的 25.32%，進而得出「弘治以後儒士中式數量顯著減少」的精闢結論〔註18〕。此外，《中國科舉制度通史・明代卷》一書針對明中後期科舉儒士應試及中舉逐漸下降的狀況，指出「由於學校教育的優勢和不斷發展」及「科舉考試中出現輕視甚至壓抑儒士應試的傾向」，科舉儒士在明後期中式已是寥若晨星。不僅顯著提高了科舉儒士中式研究狀況的廣度與深度，且為研究者提供了有益的借鑒與啟示。可以說，《中國科舉制度通史・明代卷》迄今仍是學界研究明代科舉儒士最具權威性的學術著作。另外，陳寶良《明代儒學生員與地方社會》〔註19〕、吳恩榮《明代科舉士子備考研究》〔註20〕對科舉儒士應舉並中式狀況也略有涉及。

　　關於科舉儒士鄉試落第後出路問題，陳寶良《明代儒學生員與地方社會》一書首先對此試作探討〔註21〕。書中援引李樂《見聞雜記》、張廷玉《明史・選舉志一》、李維楨《大泌山房集》三種史料的不同記載，如實陳述明代科舉儒士鄉試落第後的三種出路：李樂《見聞雜記》認為「祖宗朝儒士應試，仍作民生，不得入學」。即科舉儒士應試落第後，仍然是社會良民，但不准入學；《明史・選舉志一》認為（科舉）儒士中式即為舉人，不中式「仍侯提學官歲試」，合格者，乃准入學。李維楨《大泌山房集》則認為儒士鄉試落第後，可直接入學補博士弟子員。陳寶良先生對上述三種說法不置可否，認為或許兼而有之，在缺乏更確鑿史料的情況下，對此問題有待進一步考察〔註22〕。郭培貴《中國科舉制度通史・明代卷》一書認為「一般而言，他們（科舉儒士）都會積極參加由府、州、縣官和提學官主持的進入府、州、縣學的考試，中式者即可入學成為生員」。〔註23〕上述學術探討，為研究者進一步研究提供了有益的

〔註18〕郭培貴：《中國科舉制度通史・明代卷》，上海：上海人民出版社，2015 年，第 94～95 頁。
〔註19〕陳寶良：《明代儒學生員與地方社會》，北京：中國社會科學出版社，2005 年，第 254～256 頁。
〔註20〕吳恩榮：《明代科舉士子備考研究》〔D〕東北師範大學碩士論文，2011 年 6 月，第 49～50 頁。
〔註21〕陳寶良：《明代儒學生員與地方社會》，北京：中國社會科學出版社，2005 年，第 255～256 頁。
〔註22〕陳寶良：《明代儒學生員與地方社會》，北京：中國社會科學出版社，2005 年，第 255～256 頁。
〔註23〕郭培貴：《中國科舉制度通史・明代卷》，上海：上海人民出版社，2015 年，第 287 頁。

借鑒與啟迪。

（二）研究現狀的不足

明代「儒士」研究現狀的不足，主要有以下三個方面：

第一，研究成果數量不足。迄今，筆者尚未見到專題研究明代「儒士」的論文，更未見到專門的著作問世。

第二，研究的廣度不夠，有些研究領域還是空白，急需拓展。如明代「科舉儒士」的歷史淵源是什麼？官府怎樣確認明代「儒士」的身份？這些最基本的問題研究，就基本處於無人問津的狀態。

第三，研究的深度不夠。明代「儒士」已有研究成果仍留下了進一步研究的空間。

二、選題緣由及意義

明代儒士群體研究，不僅具有學術價值，而且也具有現實意義。

（一）學術價值

首先，學界留下大量的研究空間。明代「儒士」的研究成果原本就很少，其中還有許多領域未被學界所涉及，因此亟待拓展研究空間。

其次，有助於加強對整個明代科舉史和明史的認識。科舉儒士是明代科舉考生的來源之一，由科舉儒士身份應舉進而取得舉人、進士、庶吉士等科舉功名，有利於深化對科舉開放性的認識；明代「儒士」在國家政治舞臺上積極參政、議政，在地方社會中建言獻策、興利除弊，有利於深化明代政治史方面的認識。

最後，有助於中國古代科舉史的認識。明代科舉儒士群體是中國古代科舉群體的重要組成部分之一。實際上，在明代以前，唐朝亦有許多士子靠自學或私學通過鄉貢途徑應舉並中式，與明代科舉儒士群體一脈相承。剖析明代科舉儒士群體，無疑對中國古代科舉史的認識起到「管中窺豹」的作用。

（二）現實意義

第一，能夠為教育發展和改革提供現實啟示。成才並造福社會是教育的最終目標，當今社會上亦有許多自學成才的人群，研究並發揚其自學成才之路，可為學校教育體制的改革提供借鑒。

第二，能夠為當今政府制定人才政策提供有益的啟示。人才不問出處，有

通過學校教育成才的，有通過自己的打拼由社會教育成才的，這兩種教育方式應相互融合，相互借鑒，為政府制定人才政策提供有益的啟迪。

三、本文主要的研究內容、重點以及難點

（一）主要內容

其一，明代「儒士」是一個極具特色的社會群體，「儒士」身份的獲得必須經過官府的認定，探討明代「儒士」身份確認問題。這是研究該群體的基礎性工作。

其二，借鑒學界已有的研究成果，進一步探討明代兩直十三布政司科舉儒士的時空分布，總結其時空分布的特點，挖掘其成因。在已有研究成果的基礎之上，對科舉儒士應舉之路及其科場命運進行考察，並努力揭示科舉儒士落第、棄舉現象的原因及其出路。

其三，探討明代「儒士」的入仕途徑。明代「儒士」在選官途徑中除明初一度處於主體地位以外，明中後期處於邊緣化地位，分析其表現形式及其內在的原因。

其四，探討明代「儒士」的歷史貢獻。並對其歷史貢獻作出實事求是的評價。

其五，餘論。進一步陳述對明代「儒士」群體沒有在正文中體現但依然很重要的內容，力求全面系統呈現明代「儒士」群體的研究。

重難點分析：

本文的重點在於第二、三章。第二章著重分析明代科舉儒士身份確認及兩直十三布政司儒士中式概況。第三章分析明代「儒士」的選官來源，即「儒士」的入仕途徑。具體分為明代「儒士」入仕前的身份確認及其入仕途徑的變遷。難點在於全面佔有相關史料，需要從繁雜無章的史料中搜集這些資料，並加以系統的梳理與考證其真偽，形成層次分明、鮮明簡練、邏輯縝密、結構合理的論文布局。

四、本文研究的方法

第一，堅持貫通發展的研究方法。歷史研究是需要貫通、追根溯源的。明代「儒士」的歷史淵源是什麼？這就需要具備貫通歷史的眼光與知識。

第二，重視傳統的考據學的歷史研究法。史料的真偽在很大程度上制約了

歷史研究的精度與深度。研究明代兩直十三布政司儒士中式概況，必須考證科舉儒士中式身份的真偽。歷史研究的終極目的是致用，但前提是求真、求實。務求明代「儒士」群體研究建立在全面佔有且可信的史料基礎之上。

第三，統計法。比如明代兩直十三布政司儒士中式概況、儒士中式的科甲、次第、籍地、戶類等情況通過統計的形式表達出來，更能直觀的說明問題。

第四，比較法。在研究明代兩直十三布政司科舉儒士中式概況時，把各省直、府、縣間的儒士舉人、儒士進士進行比較，深入探討各省直、府、縣間科舉儒士中式者的具體分布情況及特點。

第五，重視層次分明、邏輯縝密、結構合理的歷史研究法。如本文以明代「儒士」與科舉、政治、社會的相互聯繫作為主線貫穿全文，上承明代「儒士」的淵源、下啟「儒士」群體與科舉、政治、社會的緊密關係。

第一章　明代儒士的歷史淵源

　　自漢武帝「罷黜百家，獨尊儒術」，儒家思想就成為中國歷代王朝的正統思想，儒家經典成為士人學習的主要內容。而儒家經典《詩經》、《易經》、《春秋》皆是私學大師在民間收徒傳授，才得以傳承被秦禁錮的儒家文化。私學大師及其所授弟子，成為官府選拔官員的主要對象，其治國思想及治國之術被朝廷納入統治策中，「為漢初文化教育的振興及社會經濟的興盛作出了一定貢獻」。〔註1〕隋、唐開科舉後，私學教育也很發達，許多由私學培養或自學成才的士子應舉考試，在科舉制度史上佔據重要地位。

第一節　薦舉儒士的歷史淵源

　　明朝建國伊始，急需大量勝國人才，然選官機制尚不完備，社會上卻存在許多具有真才實學的儒士，於是薦舉儒士就成為首選的選官途徑，而「洪武朝也成為中國古代薦舉史上最後一個輝煌時期」。〔註2〕明代薦舉儒士的歷史淵源可追溯到漢代的察舉制。

察舉制

　　察舉制是「適應漢王朝統治形式的變化和鞏固封建統治秩序而興起的一場選官制度的改革」，〔註3〕在兩漢選舉制度史上佔據重要地位。

〔註1〕吳霓：《中國古代私學發展諸問題研究》北京：北京社會科學出版社，1996年，第35頁。

〔註2〕郭培貴：《明史選舉志考論》，北京：中華書局，2006年，第264頁。

〔註3〕黃留珠：《中國古代選官制度述略》，西安：陝西人民出版社，1989年，第94頁。

一、察舉制的萌芽

公元前196年，漢高祖劉邦發布求賢令：「賢士大夫有肯從我遊者，吾能尊顯之。布告天下，使明知朕意……」，〔註4〕明確表達了對「賢士大夫」的渴望。但是這一詔令的施行情況如何？何人應舉？史無明載。且選才標準以「賢士大夫」概而言之，沒有具體明確的規定。嚴格意義上的察舉應始於漢文帝。據《漢書·文帝紀》載，漢文帝二年（公元前178年）、十五年（公元前165年）分別兩次下詔：「舉賢良方正能直言極諫者，以匡朕之不逮」；「詔諸侯王、公卿、郡守舉賢良能直言極諫者，上親策之，傅納以言」。〔註5〕這兩次詔令初現察舉制的雛形：第一，皇帝下詔舉薦科目；第二，各級官吏向朝廷舉薦「賢良方正能直言極諫者」；第三，皇帝親自策士；第四，根據策對高下授官。〔註6〕西漢前期著名政治家晁錯即在十五年的薦舉中脫穎而出，「對策者百餘人，唯錯為高第，由是遷中大夫」。〔註7〕

在此需要說明的是，漢初至文景之世，統治者崇尚黃老思想，儒家思想並不占主導地位。「孝文本好刑名之言，及至孝景不任儒，竇太后又好黃老術，故諸博士具官待問，未有進者」。〔註8〕此時期察舉制所舉薦的人才是龐雜的，私學出身主張儒家之術治國的儒家知識分子並不占主體地位。

二、察舉制的確立

漢武帝即位後，於建元元年（公元前140年）「詔丞相、御史、列侯、中二千石、諸侯相，舉賢良方正直言極諫之士」。〔註9〕董仲舒以賢良對策：「臣愚以為諸不在六藝之科、孔子之術者，皆絕其道，勿使並進」。〔註10〕這就是董仲舒「罷黜百家，獨尊儒術」的治國思想。建元二年，郎中令王臧欲立明堂辟雍，太后素好黃老術，非薄《五經》，下王臧獄，並罷免愛好儒術的丞相竇嬰，太尉田蚡，〔註11〕使主張儒家思想治國的「儒術派」受到嚴重打擊。建元六年

〔註4〕〔東漢〕班固：《漢書·高帝紀》，北京：中華書局，1964年，第71頁。

〔註5〕〔東漢〕班固：《漢書·文帝紀》，北京：中華書局，1964年，第116頁、127頁。

〔註6〕黃留珠：《中國古代選官制度述略》，西安：陝西人民出版社，1989年，第94頁。

〔註7〕〔東漢〕班固：《漢書·晁錯傳》，北京：中華書局，1964年，第2299頁。

〔註8〕〔東漢〕班固：《漢書·儒林傳》，北京：中華書局，1964年，第3592頁。

〔註9〕〔東漢〕班固：《漢書·武帝紀》，北京：中華書局，1964年，第155～156頁。

〔註10〕〔東漢〕班固：《漢書·董仲舒傳》，北京：中華書局，1964年，第2523頁。

〔註11〕〔東漢〕班固：《漢書·武帝紀》，北京：中華書局，1964年，第157頁。

（公元前 135 年），竇太后去世，武帝起用愛好儒術的田蚡為丞相，「黜黃老、刑名百家之言，延文學儒者以百數」，﹝註12﹞至此，董仲舒主張的「罷黜百家，獨尊儒術」的主張真正得以實現。元光元年（公元前 134 年），武帝下詔「郡國舉孝廉各一人」，自此，郡國歲舉孝廉的察舉制度正式確立。在此需要說明的是，察舉制度正式確立後，所舉孝廉大多是私學出身熟讀儒家經典的儒生﹝註13﹞。

三、察舉制的特點

兩漢察舉制的特點是官辦教育結合不太緊密而與私學教育緊密結合。兩漢察舉制的科目，「除明經一科與太學教育稍有聯繫外，其他科目與官辦學校教育無關」。﹝註14﹞西漢一代擔任丞相或相當於這一職務的 47 人之中，「經由官辦學校教育者僅 4 人，占總數的 8.5%」，﹝註15﹞這與後世愈來愈明顯的選舉與學校緊密結合的趨勢形成鮮明的對比。如唐代科舉雖有鄉貢，但由學校升貢的生徒則占主體地位，天寶年間還曾罷鄉貢，舉人不經國子學、郡、縣學升貢者，「毋舉送」。發展至明清時期，「則完全實現了科舉與官辦學校教育的緊密結合」。﹝註16﹞兩漢察舉制與私學教育緊密結合。漢初，為鞏固新政權的統治秩序，統治者不遺餘力的大力發展文化教育，對私學非常重視。﹝註17﹞漢武帝「罷黜百家，獨尊儒術」，從制度上保證了出身私學的儒生在選官中的獨特優勢。今人黃留珠認為：「兩漢孝廉的個人資歷以儒者最多，儒生和兼有儒、吏雙重身份的人合起來，在孝廉中所佔比例接近二分之一」。﹝註18﹞出身私學且未入仕的儒生在兩漢察舉制所舉孝廉中占主體地位。

四、察舉制的意義及弊端

察舉制是實際上是「適應漢王朝統治形式變化和進一步鞏固統治而在選官制度方面興起的一場變革，從而逐漸發展為一種較完備的仕進途徑並真正確立它在兩漢仕進制度中的主體地位，其重要標誌之一就是歲舉孝廉制度的

﹝註12﹞〔東漢〕班固：《漢書·儒林傳》，北京：中華書局，1964 年，第 3593 頁。
﹝註13﹞黃留珠：《中國古代選官制度述略》，西安：陝西人民出版社，1989 年，第 109 頁。
﹝註14﹞黃留珠：《中國古代選官制度述略》，西安：陝西人民出版社，1989 年，第 109 頁。
﹝註15﹞黃留珠：《中國古代選官制度述略》，西安：陝西人民出版社，1989 年，第 109 頁。
﹝註16﹞郭培貴：《明代科舉的發展特徵與啟示》，《清華大學學報》，2006 年 6 月。
﹝註17﹞吳霓：《中國古代私學發展諸問題研究》北京：北京社會科學出版社，1996 年，第 32 頁。
﹝註18﹞黃留珠：《秦漢仕進制度》，西安：西北大學出版社，1985 年，第 143 頁。

正式確立」。〔註19〕這對於加強皇權、為統治階級官僚集團注入新鮮血液保證整個官僚集團充滿活力進而加強中央集團具有重要作用。「它改變了過去以軍功、任子及納貲等大官僚和大地主壟斷仕途的局面,為出身孤寒的儒生進入仕途提供了制度保證」。〔註20〕

但是隨著時間的推移,弊端日顯:首先表現在察舉制度缺乏嚴格的考核機制,營私舞弊現象層出不窮。其次,官吏「率取年少能報恩者,耆宿大賢,多見廢棄」。〔註21〕這樣,被舉薦之人與薦舉形成門生、故吏的關係,逐漸演變成為世家大族壟斷仕途的工具。

第二節 科舉儒士的歷史淵源

明代科舉處於中國古代科舉的鼎盛階段,「儒士之未仕者」成為參加科舉考試的「三大類」考生之一,體現出明代科舉制度開放性與包容性的特點。明代以儒士身份參加科舉考試者,稱之為「科舉儒士」。科舉儒士的特點是不由官辦學校作養,自學或由私學培養成才。明代科舉儒士的歷史淵源可追溯到唐代科舉常科考試的重要途徑——鄉貢。

鄉貢

唐代科舉常科考試中的考生,主要有鄉貢與生徒兩種來源;鄉貢是指通過了地方考試而貢至中央應試的私學學生或自學成才者。

一、鄉貢的含義

按唐制,唐代科舉常科考生的來源主要有兩種:鄉貢與生徒。鄉貢由地方州縣升貢而來,最早始於唐高祖武德四年(621),即《唐摭言》載:「武德辛巳歲四月一日,敕諸州學士及早有明經及秀才、俊士、進士,明於理體,為鄉里所稱者,委本縣考試,州長重覆,取其合格,每年十月隨物入貢。斯我唐貢士之始也」〔註22〕《新唐書‧選舉志》亦載:「由學館者曰生徒,由州縣者曰

〔註19〕黃留珠:《秦漢仕進制度》,西安:西北大學出版社,1985年,第148頁。

〔註20〕兩漢孝廉中平民及貧民占總數的 24.4%,詳見黃留珠,《秦漢仕進制度》,西安:西北大學出版社,1985年,第142頁。

〔註21〕〔宋〕范曄:《後漢書‧樊宏傳》,北京:中華書局,1965年,第1122~1123頁。

〔註22〕姜漢椿:《唐摭言校注》卷1《統序科第》,上海:上海社會科學院出版社,2012年,第1頁。

鄉貢，皆由有司進退之……每歲仲冬，州、縣、館、監舉其成者送之尚書省；而舉選不緣館學者謂之鄉貢，皆懷牒自列於州、縣」。〔註23〕《通典・選舉三》則載：「每歲仲冬，郡、縣、館、監課試其成者，長吏會屬僚，設賓主，陳俎豆，備管絃，牲用少牢，歌鹿鳴之詩，徵者艾敘少長而觀焉。即餞而與計偕，其不在館學者，謂之鄉貢」。〔註24〕由以上史料可知：鄉貢是地方州縣向朝廷進貢經考試合格後的優異人才，並且於每年十月隨地方向中央進貢的貢品一起入貢。

上述史料載，「由州縣者曰鄉貢」，「舉選不緣館學者謂之鄉貢」，給人模糊不清的感覺。因按字面意思理解，州縣升貢的優異人才，沒有道理不包括郡、縣學的學生。唐代的地方官辦教育體系很發達，郡、縣皆立有官辦學校。《新唐書・選舉志》載其學生額數曰：「大都督府、中都督府、上州各六十人；下都督府、中州各五十人，下州四十人；京縣五十人，上縣四十人，中縣、中下縣各三十五人，下縣二十人」〔註25〕。「舉選不緣館學」中的「館學」，讓人想到官辦的隸屬於國子監的中央六學以及隸屬於門下省的弘文館和隸屬於東宮的崇文館。由此就產生一個必須弄清的問題，即鄉貢是來自地方官學和私學的學生，還是指私學學生？其實，前人也已意識到這一問題，即《唐摭言》載：「鄉貢里選，盛於中古乎！今之所稱，蓋本同而末異也」〔註26〕。據《通典・禮十三》載：「（天寶）十二載，舉人不得充鄉貢，皆補學生」〔註27〕。《新唐書・選舉志》亦載：「（天寶）十二載，乃敕天下罷鄉貢，舉人不由國子及郡、縣學者，勿舉送」〔註28〕。《唐摭言》則載：「天寶二十載（誤，應為天寶十二載），敕天下舉人不得言鄉貢，皆須補國子及郡學生」〔註29〕。以上史料透露出重要信息：即鄉貢考生來源於私學學生。倘若鄉貢包含郡、縣學的學生，則罷停鄉貢之時，亦無必要下令天下舉人「皆須補國子及郡學生」。此外，鄉貢考生還有自學成才者，如長慶間鄉貢進士裴休，「經年不出墅門，晝講經籍，

〔註23〕〔宋〕歐陽修：《新唐書》卷44《選舉志》，北京：中華書局，1975年，第1161頁。

〔註24〕〔唐〕杜佑：《通典》卷15《選舉三》，《景印文淵閣四庫全書》第60冊，臺北：臺北商務印書館，1986年，第161頁。

〔註25〕姜漢椿：《唐摭言校注》卷1《統序科第》，第17頁。

〔註26〕姜漢椿：《唐摭言校注》卷1《統序科第》，第16頁。

〔註27〕〔唐〕杜佑：《通典》卷15《選舉三》，第646頁。

〔註28〕〔宋〕歐陽修：《新唐書》卷44《選舉志》，第1164頁。

〔註29〕姜漢椿：《唐摭言校注》卷1《統序科第》，第12頁。

夜課詩賦……長慶中，從鄉貢登科第」〔註30〕，因此唐代鄉貢不僅有來自私學者，而且有來源於自學成才者。

應舉的生徒，則是指中央和地方官辦學校的學生。據《通典·禮十三》載：「西京國子監領六學，一曰國子學，生徒三百人，二曰大學，生徒五百人，三曰四門學，生徒千三百人……凡二千二百一十人；州、縣生徒有差：京都八十員，大都督府、中都督府、上州各六十人；下都督府、中州各五十人，下州四十人；京縣五十人，上縣四十人，中縣、中下縣各三十五人，下縣二十人」〔註31〕。鄉貢與生徒構成唐代科舉常科考試中的主要生源。

二、鄉貢考生無經濟條件進入官辦學校

唐代官辦學校教育體系雖然比以往任何時代都更為完善，但並不對廣大的庶民子弟開放，其生徒主要招收貴族官僚子弟及少量庶民，入學資格限制較嚴。「凡學六，皆隸於國子監。國子學，生三百人，以文武三品以上子孫若從二品以上曾孫及勳官二品、縣公、京官四品帶三品勳封之子為之；太學，生五百人，以五品以上子孫、職事官五品期親若三品曾孫及勳官三品以上有封之子為之；四門學，生千三百人，其五百人以勳官三品以上無封、四品有封及文武七品以上子為之，八百人以庶人之俊異者為之，律學生五十人；書學生三十人；算學生三十人，以八品以下子及庶人之通其學者為之」〔註32〕。此外，還有崇文館、弘文館，分別隸屬於東宮和門下省，即《新唐書·選舉三》載：「凡館二，門下省有弘文館，生三十人，東宮有崇文館，生二十人」〔註33〕。兩館學生皆為皇族、宰相、功臣的子孫。唐代國子監所屬的中央官學系統，除四門學有八百個名額以待「庶人之俊異者」，律學、書學、算學設有平民子弟的名額外，絕大部分名額被世家大族所佔據。地方雖然也設有郡、縣學，但實際上，庶民子弟入學的機會非常少。因「學校顧名思義，必當以學業為重。然自漢世，設科射策，勸以官祿，遂成為科舉一途。既成為選舉之途，則貴遊子弟，必思捷足先據其處，勢也」〔註34〕。

〔註30〕〔後晉〕劉昫：《舊唐書》卷 177《裴休傳》，北京：中華書局，1975 年，第4593 頁。

〔註31〕〔唐〕杜佑：《通典》卷 15《選舉三》，第 645 頁。

〔註32〕〔宋〕歐陽修：《新唐書》卷 44《選舉志》，第 1148 頁。

〔註33〕〔宋〕歐陽修：《新唐書》卷 44《選舉志》，第 1149 頁。

〔註34〕呂思勉：《隋唐五代史》，北京：北京聯合出版公司，2013 年，第 966 頁。

鄉貢考生大多出身寒微，無經濟條件進入官辦學校。除上述官辦學校名額多被「貴遊子弟」佔據外，寒微子弟承擔不起「束脩之禮」亦是一大原因。據《唐會要・學校》載：「神龍二年九月，勅學生在學各以長幼為序，初入學，皆行束脩之禮於師，國子本學各絹三疋，四門學絹二疋，俊士及律、書、算學各絹一疋，皆有酒、醭。其束脩三分入博士，二分助教」〔註35〕。束脩分為五分，博士得三成，助教得二成。其中州、縣官學的束脩還不盡相同。「州學生行束脩禮，束帛一篚，三疋，酒一壺，五斗，脯一案，十五艇」〔註36〕，「縣學生行束脩之禮，束帛一篚，一疋，酒一壺，二斗，脯一案，五艇」〔註37〕。這對於出身寒微的士子是無力承擔的。如貞元間鄉貢進士王播，少時家境貧困，不得已隨寺院僧眾蹭飯，「諸僧厭怠，播至，已飯矣」〔註38〕。再如長慶間鄉貢進士裴休，自敘云：「我等窮生，食菜不充」〔註39〕。出身孤貧的庶民子弟，溫飽尚未解決，哪能行「束脩之禮」呢？因此，只有通過鄉貢這一科舉途徑，刻苦攻讀，以期科第。

三、報考鄉貢的程序

鄉貢考生在地方是自由報考。每年仲冬，鄉貢考生「皆懷牒自列於州、縣」。牒，就是家狀，包含籍貫、家庭上三代姓名等內容。報名後先由縣進行考試，然後再由州府考試，「始自縣考試定其可舉者，然後隄於州若府，其不能中科者，不與是數焉。州若府總其屬之所升，又考試之如縣，加察詳焉。定其可舉者，然後貢於天子而升之有司，其不能中科者，不與是數焉，謂之鄉貢」〔註40〕。「試已，長吏以鄉飲酒，會屬僚，設賓主，陳俎豆，備管絃，牲用少牢，歌鹿鳴之詩，因與耆艾敘長少焉」〔註41〕。考試合格後，州、縣的

〔註35〕〔宋〕王溥：《唐會要》卷35《學校》，《景印文淵閣四庫全書》第271冊，第470頁。

〔註36〕〔宋〕王溥：《唐會要》卷35《學校》，第470頁。

〔註37〕〔唐〕蕭嵩：《大唐開元禮》卷69《吉禮》，《景印文淵閣四庫全書》第646冊，第453頁。

〔註38〕姜漢椿：《唐摭言校注》卷1《統序科第》，第137頁。

〔註39〕〔後晉〕劉昫：《舊唐書》卷177《裴休傳》，北京：中華書局，1975年，第4593頁。

〔註40〕〔宋〕魏仲舉：《五百家注昌黎文集》，《景印文淵閣四庫全書》第1074冊，第341頁。

〔註41〕〔宋〕歐陽修：《新唐書》卷44《選舉志》，第1148頁。

長吏舉行鄉飲酒禮，用少牢的待遇款待鄉貢舉子，並唱鹿鳴之歌，合格者始給予解狀，送尚書省應試。鄉貢舉子貢入尚書省後，「皆疏名列到，結款通保及所居，始由戶部集閱，而關於考功員外郎試之」〔註42〕。舉人須經人擔保，無過犯者始許參加省試。進入考場之時，有司須嚴格檢查，以防作弊。據《通典‧選舉三》載：「閱試之日，皆嚴設兵衛，薦棘圍之，搜索衣服，譏呵出入。以防假濫焉」〔註43〕。開元二十四年之前，貢舉由吏部考功員外郎主持，開元二十四年以後，因「考功員外郎為舉人所詆訶，帝以員外郎望輕，遂移貢舉於禮部，以侍郎主之，禮部選士自此始」〔註44〕。鄉貢考生落第之後，可以進學，「即諸州人省試不第，情願入學者聽」〔註45〕。

四、鄉貢制度促進唐代社會底層士人的上升流動

鄉貢制度為唐代社會低層士人的上升流動提供了保障。如唐代著名文學家韓愈，「家貧不足以自活」，「在京八九年，無所取資，日求於人，以度時日」〔註46〕，貞元間進士及第後，則自稱「鄉貢進士韓愈」，官至吏部侍郎。唐代大詩人元稹，及第後回憶云：「八歲喪父，家貧無業，母兄乞丐，以供資養」〔註47〕。唐代另一位大詩人白居易，貞元十四年以鄉貢登進士科，但中進士的歷程卻坎坷萬分。「十六歲始知有進士，苦節讀書，晝課賦，夜課書，間又課詩，不遑寢息矣。以至於口舌成瘡，手肘成胝，即壯，而膚革不豐盈，未老而齒髮早衰白，瞥然如飛蠅垂珠在眸子中者，動以萬數。蓋以苦學力文之所致。又自悲家貧多故，年二十七方從鄉貢」〔註48〕，後官至刑部尚書。唐末文人牛希濟《寒素論》載：「流品何人也？余何人也？曾不自敬其身？故且朝為匹夫，暮為卿相者有之矣……為棟樑之用，士之美者，非貴冑之子，而登卿相之位，況投竿而為王者師，輚車而為王者相，豈白屋之士，可自遺之哉！」〔註49〕精闢的論述了鄉貢促進社會階層的變動。

〔註42〕〔宋〕歐陽修：《新唐書》卷44《選舉志》，第1148頁。

〔註43〕〔唐〕杜佑：《通典》卷15《選舉三》，第163頁。

〔註44〕〔宋〕歐陽修：《新唐書》卷44《選舉志》，第1148頁。

〔註45〕〔宋〕王溥：《唐會要》卷35《學校》，第470頁。

〔註46〕〔宋〕魏仲舉：《五百家注黎昌文集》，第303頁。

〔註47〕〔後晉〕劉昫：《舊唐書》卷166《元稹傳》，第4468頁。

〔註48〕〔後晉〕劉昫：《舊唐書》卷166《白居易傳》，第4483頁。

〔註49〕〔清〕董皓：《欽定全唐文》卷846《牛希濟》，《續修四庫全書》集部第1648冊，第392頁。

五、結語

　　唐代鄉貢考生不僅有來自私學者，而且有來源於自學成才者，與來自官學的生徒構成唐代科舉常科考試中考生的兩大來源，在唐代科舉考試中佔據重要的地位。鄉貢考生由州、縣升貢於尚書省，進而中科第，是靠自己勤奮自學，刻苦攻讀拼搏出來的。因大多出身寒微，無經濟條件進入官辦學校，只能勤勉自學，通過鄉貢以期科第。該途的存在，為唐代社會低層士人的上升流動提供了制度保障，對後世科舉產生了深刻影響，也為現實提供了有益的啟示和借鑒。

第二章 明代科舉儒士中舉、落第及棄舉

　　洪武十七年，明朝頒行《科舉成式》，規定「儒士之未仕者」為三大類考生之一，以儒士身份應舉者稱為科舉儒士，其身份須經過官府的認定。科舉儒士應舉必然會有中舉、落第及棄舉現象的發生，這些情況對科舉儒士產生怎樣的影響呢？本章試作探討。

第一節　科舉儒士身份確認及報考程序

　　科舉儒士應舉，其身份須經過官府的確認。經確認為科舉儒士後，按照相關的報考程序應舉。

一、科舉儒士身份確認

　　顧炎武《日知錄》載：「國初，有以儒士而入科場者，謂之儒士科舉」。〔註1〕如景泰間閣臣陳循回憶：「四十年前在鄉邑時，士有未遊學校，而以讀書通經可應鄉闈試者，恒十數輩。每遇大比之歲，輒與學校之士偕應試於所司」。〔註2〕當時朝廷規定「儒士之未仕者」由「有司保舉其性資敦厚、文行可稱者」參加鄉試。而這些「士有未遊學校」即以「儒士」身份「與學校之士偕

〔註1〕〔清〕黃汝成：《日知錄集釋》卷17《生員額數》，上海：上海古籍出版社，2006年，第966頁。

〔註2〕〔明〕陳循：《芳洲文集》卷4《送劉城之赴廣東按察司僉事序》，《四庫全書存目叢書》集部第31冊，濟南：齊魯書社，1997年，第149頁。

應試於所司」者，就是由地方有司保舉應鄉試的。但地方有司保舉缺乏客觀的標準，弊端日顯。如宣德七年，宣宗皇帝就說：「應舉之人皆憑學校、有司保送，其人果孝悌忠信而又博通古今，科目取之足為世用？」〔註3〕正統九年，朝廷確立「科考」制度〔註4〕，情況發生根本改變。據王夫之《識小錄》載：「儒童未入學者，自度文已優通，報名於督學道考試，拔其尤者，準應鄉試，謂之『儒士觀場』」。〔註5〕不僅確立完備的程序，且確認方式更加公正、客觀。即「儒童未入學者」自認為「文已優通」，就可以向提學官報名考試，「拔其尤者」即可以「儒士」身份應鄉試。如龐尚鵬，「二十一歲試儒士，邑令方公大樂、太守胡公凰、督學林公雲同俱置第一，應本省鄉試。」〔註6〕費元祿，「二十歲，甲午，自粵歸試，維楊邑侯鶴野袁公取第二，宣承郡丞斗山馮公取第一，武林督學虞皋查公亦取第一，即以儒士觀場，蓋異數也」。〔註7〕王九霞，「嘉靖甲午，年十七，督學使者拔公置第一人，以儒士應鄉試」。〔註8〕楊道賓，「歲丙子，胡二溪先生莅閩，以古學倡諸生。得公文，亟拔之，以儒士應省試，遂領解額」。〔註9〕亢思謙，「日與閩名士遊，閩士以為弗如也。癸巳秋，間關歸晉，適郡、邑校士，俱第一⋯⋯而督學及御史試又第一，甲午以儒士領山西鄉薦第一」。〔註10〕也有考生以「科舉儒士」身份應舉不合格者，如徐師曾，「嘉靖庚午⋯⋯郡守馬公以儒士首選，上御史試，復被放，人皆惜之」。〔註11〕

〔註3〕〔明〕俞汝楫：《禮部志稿》卷3《聖訓‧選舉之訓》，《景印文淵閣四庫全書》第597冊，臺北：臺灣商務印書館，1986年，第60頁。

〔註4〕郭培貴：《中國科舉制度通史‧明代卷》，上海：上海人民出版社，2015年9月，第41頁。

〔註5〕〔明〕王夫之：《識小錄》，《船山全書》第12冊，長沙：嶽麓書社，2011年，第615頁。

〔註6〕〔清〕黃宗羲：《明文海》卷450《都察院左副都御史惺庵龐公行狀》，《景印文淵閣四庫全書》第1458冊，臺北：臺灣商務印書館，1986年，第512頁。

〔註7〕〔明〕費元祿：《甲秀園集》卷45《文部‧訓字八十六條》，《四庫禁燬書叢刊》集部第62冊，北京：北京出版社，1997年，第645頁。

〔註8〕〔明〕何三畏：《雲間志略》卷16《王憲使九霞公傳》，《明代傳記叢刊》第146冊，臺北：明文書局，1991年，第507頁。

〔註9〕〔明〕葉向高：《蒼霞續草》卷12《通議大夫禮部左侍郎翰林侍講學士贈禮部尚書荊嚴楊公墓誌銘》，《四庫禁燬書叢刊》集部第125冊，北京：北京出版社，1997年，第124頁。

〔註10〕〔明〕王祖嫡：《師竹堂集》卷20《通順大夫四川布政司左布政使水陽亢先生行狀》，《四庫未收書輯刊》第5輯23冊，北京：北京出版社，1997年，第227頁。

〔註11〕〔清〕黃宗羲：《明文海》卷437《墓文九‧徐魯庵先生墓表》，《景印文淵閣四庫全書》第1458冊，第307頁。

由於「科考」沒通過，因此朝廷也就不予以確認其科舉儒士身份。景泰元年，為防止冒籍，明廷規定：「令應試儒士冊內原無名籍儒士及贅婿義男並文武官舍、軍校、匠餘，悉不許於外郡入試」，〔註12〕即至遲於景泰元年官府確認「科舉儒士」身份後，須按其姓名、籍貫編製成儒士冊，待應試時以資憑證，冊內無名籍者，不許入試。

以上史料透露出重要的信息：科舉儒士的身份確認由原來地方有司保舉轉變為自正統九年後取決於提學官主持的科考，即以「儒士」身份應舉者須通過科考後才能使「科舉儒士」身份合法化。科考不僅是確認考生參加鄉試資格的考試，而且也是確認「科舉儒士」身份的考試。至遲於景泰元年後，朝廷按姓名、籍貫把確認的科舉儒士名單編製成儒士冊，使科舉儒士的身份確認程序更加周密、完備。

二、科舉儒士報考程序

洪武三年頒布《科舉條格詔》，定士子報考科舉程序，「凡舉，各具籍貫、年甲、三代、本《經》，鄉里舉保，州、縣申報行省，印卷鄉試；中式者，行省諮解中書省，判送禮部，印卷會試」〔註13〕。由此可知：作為應試群體之一的儒士應鄉試，由當地有司保舉其身份，經州、縣、行省層級申報，通過者方許印卷鄉試；中舉者由「行省諮解中書省」，經審查合格後轉送禮部印卷會試。因明初科舉制度處於草創之中，詔令只是簡單勾勒出報考科舉的程序。洪武十七年，頒《科舉成式》，明確規定「儒士之未仕者」應舉，「皆由有司保舉其性資敦厚、文行可稱者，各具年甲、籍貫、三代、本《經》，縣、州申府，府申布政司鄉試」〔註14〕；這與洪武三年的科舉詔令大同小異。「其中式舉人，出給公據，官為應付廩給腳力，赴禮部印卷會試，就將鄉試文字，諮繳本部驗照」〔註15〕；即儒士中式後赴禮部參加會試，由官府「廩給腳力」，但必須攜帶行省所給公據和鄉試中式文字，以為憑證，經禮部驗照合格者，方許印卷會試。此外，儒士舉人赴禮部參加會試，還需攜帶布政司發放的路引，如湛若水，「弘

〔註12〕萬曆《明會典》卷77《科舉‧鄉試》，第450頁。

〔註13〕〔明〕王世貞：《弇山堂別集》卷81《科試考一》，北京：中華書局，1985年，第1541頁。

〔註14〕〔明〕申時行：《大明會典》卷77《貢舉》，《續修四庫全書》史部第790冊，上海：上海古籍出版社，2002年，第404～405頁。

〔註15〕〔明〕申時行：《大明會典》卷77《貢舉》，《續修四庫全書》史部第790冊，上海：上海古籍出版社，2002年，第398頁。

－21－

治壬子以《書》魁其倫，尋從白沙先生遊⋯⋯自是潛心默會，日有所得，遂焚去路引，誓不復仕」。〔註16〕焚燒路引，就意味著不能參加會試，則仕途渺茫矣，由此可知路引亦為舉人赴會試必持證件。隆慶元年，明廷奏准各省提調官將中式舉人朱、墨卷查驗完畢，並「用印鈐封，兩京送京府，各省送布政司，差人星馳解部」，「其各生赴部（赴禮部參加會試），止用文書，不必再錄原卷」，〔註17〕這無疑相對減輕了中式舉人的負擔且提高了防範作弊的質量。儒士舉人攜帶公據、鄉試中式文字（隆慶元年以後用文書）、路引赴京之後，須首先前往鴻臚寺投批報名，之後朝見，然後赴禮部印卷。如譚大初，嘉靖十七年赴會試，「二月初二到京，僦居舉場前，初三鴻臚寺投批報名，初四朝見，遂赴禮部投文投卷」〔註18〕。

第二節　兩直十三布政司儒士中式概況

明代兩直十三布政司至少有儒士舉人 1011 名，儒士進士 243 名。儒士中式分布廣泛，兩直十三布政司皆有中式者。

一、明代兩直十三布政司儒士舉人及儒士進士時間分布、特點及原因

表 2-1　明代兩直十三布政司儒士舉人及儒士進士時間分布情況表

時期	儒士舉人數（人）	儒士進士數（人）	時期	儒士舉人數（人）	儒士進士數（人）	時期	儒士舉人數（人）	儒士進士數（人）
洪武	3	1	建文	4	4	永樂	80	19
宣德	28	17	正統	24	21	景泰	49	14
天順	49	15	成化	269	63	弘治	230	37
正德	129	23	嘉靖	110	25	隆慶	8	3
萬曆	28	3	天啟	1	—	崇禎	1	—
總計	明朝儒士舉人至少 1013 人，儒士進士至少 245 人							

注：上表中明代各朝儒士舉人數、進士數的詳細信息請參閱文末附錄 68 科《明代儒士舉人姓名、名次、籍地情況統計表》及 60 科《明代儒士進士姓名、甲第、籍

〔註16〕〔明〕過庭訓：《本朝人物分省考》卷 111《廣東廣州府二·湛若水》，《續修四庫全書》史部第 536 冊，上海：上海古籍出版社，2002 年，第 235 頁。

〔註17〕徐階等：《明穆宗實錄》卷六「隆慶元年三月庚午」，第 168～169 頁。

〔註18〕〔明〕譚大初：《譚次川自訂年譜》，《北京圖書館藏珍本年譜叢刊》第 47 冊，北京：北京圖書館出版社，2001 年，第 293 頁。

地及戶類情況統計表》。另，郭培貴《關於明代科舉研究中幾個流行觀點的商榷》
（《清華大學學報》2009 年第 6 期）一文首次對江西、福建、浙江等省的儒士舉
人、儒士進士及儒士舉人中進士等情況進行了統計研究；在《中國科舉制度通史·
明代卷》一書中，郭培貴統計建文二年至萬曆三十二年 55 科《會試錄》、《進士
登科錄》，共得儒士進士 237 人（第 94 頁）；筆者是在此基礎上得出上表中的結
論。

　　通過表 2-1《明代兩直十三布政司儒士舉人及儒士進士時空分布情況表》，
我們可看到明代儒士舉人及儒士進士的發展歷程在明代不同時段的分布是不
平衡的，按其數量的實際分布情況，大致可分為以下五個時期：

　　第一，洪武至永樂為產生期。該時段明朝共舉行 17 科 18 榜鄉試，至少
錄取儒士舉人 87 人，占明代儒士舉人總數的 8.57%〔註 19〕。相對於後四個
時期，其顯著特點是各科儒士舉人數量較少，每科平均 5.1 人；儒士舉人僅
占同期舉人總數的 0.46%〔註 20〕。但儒士舉人數量所佔比例的趨勢是不斷上
升的，且上升幅度起伏較大。洪武時期儒士舉人數僅占該時段儒士舉人總數
的 3.4%，至建文時期為 4.5%，上升 1.1 個百分點；至永樂時期，上升幅度陡
增，升至 91.9%，分別比洪武、建文時期多出 88.5、87.4 個百分點。該時段
明朝共舉行 15 科 16 榜殿試，至少錄取儒士進士 24 人，占儒士進士總數的
9.8%。相對於後四個時期，其顯著特點是各科儒士進士數量較少，平均每科
1.6 人；儒士進士占同期進士總數的 0.8%〔註 21〕。該時段儒士進士數與儒士
舉人的發展趨勢相一致，呈不斷上升之勢。洪武時期儒士進士數僅占該時段
儒士進士總數的 4.1%，至建文時期為 16.6%，上升 12.5 個百分點；永樂時期
上升幅度陡增，升至 79.1%，分別比洪武、建文時期上升幅度多出 75、62.5
個百分點。這應與記載該時段儒士中式的現存文獻情況息息相關。如記載洪、
永時期儒士中式的權威文獻《登科錄》、《會試錄》存世數量很少，且《洪武
四年進士登科錄》、《洪武四年會試錄》無載中式者身份。永樂間儒士舉人數、

〔註 19〕正統年間全國儒士舉人至少 24 人，兩直十三布政司儒士舉人至少 23 人。據
　　　　《皇明三元考》載：「陳鑑，蓋州衛官籍，直隸長洲人，迨甲子（正統九年）
　　　　秋，潛出考儒士，遂以書經中順天鄉試第三（二）名」；為正統九年甲子科舉
　　　　人。故明代儒士舉人至少 1014 名。
〔註 20〕該時段至少錄取舉人 18880 名，參見郭培貴，《明代學校科舉與任官制度研
　　　　究》，北京：中國大百科全書出版社，2014 年 6 月，第 377 頁。
〔註 21〕洪武至永樂時期進士總數為 2871 人，係筆者根據郭培貴《中國科舉制度通史·
　　　　明代卷》之《明代歷科會試會元、殿試狀元及其錄取名數表》（第 570～576 頁）
　　　　洪武至永樂間各科進士數累加而來。

儒士進士數陡增也主要緣於《浙江通志》、《福建通志》及《永樂十年進士登科錄》〔註22〕等文獻的記載。

第二，宣德至天順為穩步發展時期。該時段明朝共舉行 13 科鄉試，至少錄取儒士舉人 149 人，占明代儒士舉人總數的 14.7%。其特點是各科儒士舉人明顯增多，每科平均達 11.4 人，是洪、永間的 7.1 倍；儒士舉人占同期舉人總數的 1.24%〔註23〕，是洪、永間的 2.7 倍。該時段儒士舉人數呈穩步上升狀態。宣德時期儒士舉人占該時段儒士舉人總數的 18.8%，正統時期為 15.4%，景泰、天順時期皆為 32.8%，沒有出現上升幅度陡增的情況。該時段明朝共舉行 13 科殿試，至少錄取儒士進士 67 人，占明代儒士進士總數的 27.5%。其特點是各科儒士進士明顯增多，每科平均達 5.1 人，是洪、永間的 3.2 倍，儒士進士數占同期進士總數的 3%〔註24〕，是洪、永間的 3.7 倍。這些數據都說明該時段儒士舉人數、儒士進士數總體上呈穩步發展狀態。這與此期社會秩序穩定，經濟恢復並得到持續發展，實行鄉試定額錄取及會試分南、北卷並進而分南、北、中卷有著直接關係。隨著社會秩序的安定，讀書應舉之士不斷增多，而官學生員有具體額數的限制，雖然正統間增設「附學」生員，但仍滿足不了士人應舉的需求，以「儒士」身份應舉者也就逐漸增多。

第三，成化至弘治為鼎盛時期。該時段明朝共舉行 14 科鄉試，至少錄取儒士舉人 449 人，占明代儒士舉人總數的 49.3%。其顯著特點是各科儒士舉人平均達 32 人，是宣德至天順間的 2.8 倍；儒士舉人占同期舉人總數的 3.39%〔註25〕，是宣德至天順時期的 2.7 倍。該時段明朝共舉行 14 科殿試，至少錄取儒士進士 100 人，占明代儒士進士總數的 41%。其顯著特點是各科儒士進

〔註22〕《浙江通志》、《福建通志》、《永樂十年進士登科錄》的版本為臺北商務印書館 1986 年版《景印文淵閣四庫全書》第 522 冊、《景印文淵閣四庫全書》第 529 冊；1969 年版臺北學生書局《明代登科錄彙編》第 1 冊。

〔註23〕該時段中正統三年、景泰元年、四年三科鄉試不拘額數，宣德元年至天順六年 10 科鄉試實行定額錄取，舉人總數至少 11948 人，係筆者通過郭培貴《明代學校科舉與任官制度研究》之《明代鄉試錄取額數的變化及舉人總數》中相關數據累加而來，北京：中國大百科全書出版社，2014 年，第 377～378 頁。

〔註24〕宣德至天順時期進士總數為 2195 人，係筆者根據郭培貴《中國科舉制度通史‧明代卷》之《明代歷科會試會元、殿試狀元及其錄取名數表》宣德至天順間各科進士數累加而來，上海：上海人民出版社，2015 年，第 570～576 頁。

〔註25〕成化至弘治間舉人總數至少為 13235 人，係筆者根據郭培貴《明代學校科舉與任官制度研究》之《明代全國鄉試定額錄取時期錄取舉人統計表》成化至弘治間各科舉人數累加而來，第 378 頁。

士平均達 7.14 人，是洪、永間的 4.46 倍，是宣德至天順間的 1.4 倍。以上數據都說明該時段儒士舉人數、儒士進士數都達到鼎盛。其因主要有二：首先，得力於儒士自身具有較強的應舉能力及對讀書應舉的渴望與努力。其次，成、弘間是明代科舉的鼎盛期，「社會各階層對科舉考試都趨之若鶩，普遍予以高度關注」〔註26〕。加之應舉之士不斷增多，官學生員額數有限，以「儒士」身份應舉者不斷增加。

　　第四，正德至嘉靖為初顯衰落期。該時段明朝共舉行 20 科鄉試，至少錄取儒士舉人 238 人，占明代儒士舉人總數的 23.5%。相比鼎盛時期，其顯著特點是各科儒士舉人明顯減少，每科平均為 11.9 人，下降 20.1 人；儒士舉人占同期舉人總數 1%〔註27〕，下降 2.39 個百分點。該時段明朝共舉行 20 科殿試，至少錄取儒士進士 46 人。相比鼎盛時期，其顯著特點是各科儒士進士明顯減少，每科平均為 2.3 人，下降 4.84 人；儒士進士數占明代儒士進士的 18.9%，下降 22.1 個百分點；儒士進士數還不及鼎盛期的二分之一。其因主要有三：首先，官辦學校教育的優勢和不斷發展是其減少的主要原因〔註28〕。明朝自開辦官學教育之始，就把科舉與空前完備的官辦學校教育緊密有機結合起來，並一以貫之的加以發展。其教學內容完全以科舉考試科目為中心，且鄉試主考官於景泰三年後專聘教官充任，成為生員後還享有「除本身外，戶內優免二丁差徭」的優待〔註29〕，這自然對應舉之士來說具有很強的吸引力。第二，此階段鄉試錄取率和會試錄取率較鼎盛期都有所下降〔註30〕，同時就意味著儒士中式者持續減少。第三，明廷對儒士應試者採取抑制措施。如嘉靖六年丁亥科考，南直隸規定「儒士入闈，自後遇試總不出三名」。〔註31〕即在科考中對儒士採取抑制措施，如此一來，參加鄉試儒士將明顯減少，這也意味者儒士舉人、儒士進士總數的下降。

　　第五，隆慶至崇禎為急劇衰落期。該時段明朝共舉行 26 科鄉試，至少錄

〔註26〕 郭培貴：《明代科舉史事編年考證》，北京：科學出版社，2008 年，第 331 頁。
〔註27〕 正德至嘉靖間舉人總數至少為 23675 人，係筆者根據郭培貴《明代學校科舉與任官制度研究》之《明代全國鄉試定額錄取時期錄取舉人統計表》正德至嘉靖間各科舉人數累加而來，第 378 頁。
〔註28〕 郭培貴：《中國科舉制度通史·明代卷》，上海：上海人民出版社，第 93 頁。
〔註29〕 申時行：萬曆《明會典》，北京：中華書局，1989 年，第 454 頁。
〔註30〕 郭培貴：《明代學校科舉與任官制度研究》，第 349，357 頁。
〔註31〕 〔明〕莊起元：《鶴坡公年譜》，《北京圖書館藏珍本年譜叢刊》第 54 冊，第 322 頁。

取儒士舉人 38 人，占明代儒士舉人總數的 3.75%。相比鼎盛時期，其特點是各科儒士舉人陡然減少，每科平均為 1.5 人，下降 30.5 人；儒士舉人占同期舉人總數的 0.1%〔註 32〕，下降 3.29 個百分點。該時段明朝共舉行 24 科殿試，至少錄取儒士進士 6 人，占同期進士總數的 0.069%，下降 40.93 個百分點。其因主要有三：首先，仍是官辦學校教育的優勢及其不斷發展，使得生員額數不斷增加，生員額數至明末不下 50 萬人〔註 33〕。生員這一應試群體的不斷增加，就意味著儒士及其他「雜流」應試群體的減少。其次，科舉考試中存在抑制儒士的傾向。如陳懿典，「萬曆丙子以儒士大收……當是時，學使喬壽齋猶欲抑諸儒士」〔註 34〕。「猶欲」一詞，說明科場中抑制儒士由來已久。其實，自成化時科場中就出現抑制儒士的情況〔註 35〕，一直延續至明末。其三，鄉試錄取率和會試錄取率持續下降〔註 36〕。

綜上所述，明代儒士舉人、儒士進士在不同時期的數量及其在舉人、進士總數中所佔比例的變化大致經歷了「幾」字型曲線，在反映自身變化的同時，也曲折反映了朝廷在各個時期對科舉政策的變遷。儒士群體通過自學自度「文已優通」，參加科舉並中式，比其他應試群體付出更為艱辛的努力。這不僅有利於不同人才素質特點的互補，而且對今天的素質教育有深刻的啟迪。

二、明代兩直十三布政司儒士舉人及儒士進士空間分布、特點及原因

統計明代兩直十三布政司儒士舉人及儒士進士空間分布情況，本文遵循以下原則：其一，儒士舉人及儒士進士總數取自上表 2-1《明代兩直十三布政司儒士舉人及儒士進士時間分布情況表》相關數據；其二，各府州縣儒士儒士舉人及儒士進士數量依據附錄 68 科《明代儒士舉人姓名、甲第、籍地及戶類統計表》及 57 科《明代儒士進士姓名、甲第、籍地及戶類統計表》中「籍地

〔註 32〕隆慶至崇禎間舉人總數至少為 32335 人，係筆者根據郭培貴《明代學校科舉與任官制度研究》之《明代全國鄉試定額錄取時期錄取舉人統計表》隆慶至崇禎間各科舉人數累加而來，第 378 頁。

〔註 33〕顧炎武：《顧亭林詩文集》卷 1《生員論》上，北京：中華書局，1983 年第 21 頁。

〔註 34〕陳懿典：《陳學士先生初集》卷 34《史企愚直指》，《四庫禁燬書叢刊》集部第 79 冊，北京：北京出版社，1997 年，第 620 頁。

〔註 35〕成化十七年狀元王華，參加成化十六年庚子科浙江鄉試，因是儒士，被鄉試主考官抑制為第二名，與解元失之交臂。參見何喬遠《名山藏》卷 67《臣詞林》，《續修四庫全書》史部第 425 冊，上海：上海古籍出版社，2002 年，第 70 頁。

〔註 36〕郭培貴：《明代學校科舉與任官制度研究》，第 349，357 頁。

信息」統計而來；其三，籍貫歸屬地以戶役役籍所在地即現籍地為統計標準；其四，籍地為衛所的儒士舉人及儒士進士將其歸入衛所駐地所在府州縣；其五，儒士舉人及儒士進士籍地精確到「縣」級行政單位，不能精確到縣的則統計入府（直隸州）。根據上述統計原則，筆者整理出明代兩直十三布政司儒士舉人及儒士進士的空間分布情況，詳見下表：

表2-2　明代兩直十三布政司儒士舉人及儒士進士空間分布情況表

北直隸儒士舉人、儒士進士空間分布統計表					
順天府					
縣名／衛所名	儒士舉人數	儒士進士數	縣名／衛所名	儒士舉人數	儒士進士數
宛平縣	10	4	大興縣	17	8
昌平州	1		順義縣	1	1
燕山右衛	1	1	右軍都督府	1	1
神武左衛	2	2	錦衣衛	15	8
彭城衛	1	1	通州／通州衛	3〔註37〕	1
騰驤左衛	2	1	牧馬千戶所	1	1
旗手衛	1	1	濟陽衛	1	1
太醫院	3	1	金吾左衛	1	
武驤右衛	2	1	武功左衛	1	
羽林左衛	1		義勇中衛	1	
平谷縣／營州中屯衛	1		密雲縣／密雲後衛	1	1
香河縣	1	1	龍驤衛	1	1
府軍前衛	1	1			
小計	儒士舉人至少71人；儒士進士至少37人				
保定府					
博野縣	1	1	雄縣	1	1
清苑縣	1		蠡縣	1	
大寧前衛	1				
小計	儒士舉人至少5人；儒士進士至少2人				

〔註37〕蔣承恩，通州衛人，正德八年儒士舉人，正德九年儒士進士。

河間府					
故城縣	1		任丘縣	2	
獻縣	1				
小計	儒士舉人至少 4 人				

大名府					
大名縣	1				
小計	儒士舉人至少 1 人				

其他					
順天府富戶	1	1	交阯交阯府 清威縣	1	1
總計	北直隸儒士舉人至少 83 人；儒士進士至少 41 人				

南直隸儒士舉人、儒士進士空間分布統計表

應天府					
縣名／衛所名／機構	儒士舉人數	儒士進士數	縣名／衛所名	儒士舉人數	儒士進士數
溧陽縣	1		上元縣	7〔註38〕	3
欽天監	3	2	江寧縣	7	1
金吾後衛	1		龍江右衛	1	
錦衣衛	5	3	羽林右衛	1	
旗手衛	1		豹韜左衛	1	
太醫院	1		留守左衛	1	1
小計	儒士舉人至少 30 人；儒士進士至少 10 人				

太平府					
當塗縣	1		繁昌縣	1	1
小計	儒士舉人至少 1 人；儒士進士至少 1 人				

揚州府					
寶應縣	1	1	泰州	1	
泰興縣	1	1			
小計	儒士舉人至少 3 人；儒士進士至少 2 人				

〔註38〕梅純，應天府，暫時歸為上元縣。

鳳陽府				
盱眙縣	1			
小計	儒士舉人至少 1 人			
鎮江府				
金壇縣	1	1		
小計	儒士舉人至少 1 人，儒士進士至少 1 人			
淮安府				
安東縣	1	1		
小計	儒士舉人至少 1 人			
安慶府				
鉛山縣	1		桐城縣	1
小計	儒士舉人至少 2 人			
常州府				
無錫縣	5	2	常熟縣	2
宜興縣	2		武進縣	2	1
小計	儒士舉人至少 11 人；儒士進士至少 3 人			
蘇州府				
崑山縣	1	1	吳縣	5	3
嘉定縣	1		太倉州	1
小計	儒士舉人至少 8 人；儒士進士至少 4 人			
徽州府				
祁門縣	4		休寧縣	1
歙縣	2		婺源縣	2	1
太平縣	1	1		
小計	儒士舉人至少 10 人；儒士進士至少 2 人			
松江府				
華亭縣	4	1	上海縣	1
小計	儒士舉人至少 5 人；儒士進士至少 1 人			
寧國府				
涇縣	1	1		
小計	儒士舉人至少 1 人；儒士進士至少 1 人			

池州府					
青陽縣	1				
小計	儒士舉人至少 1 人				
總計	南直隸儒士舉人至少 75 人，儒士進士至少 26 人				

浙江儒士舉人、儒士進士空間分布統計表

杭州府					
縣名／衛所名	儒士舉人數	儒士進士數	縣　名	儒士舉人數	儒士進士數
仁和縣	8	1	臨安縣	1	
錢塘縣	3	1	海寧縣	3	
餘杭縣	1				
注：《浙江通志》卷 135《明·舉人》載永樂二十一年癸卯科舉人：「李信，杭州儒士，甲辰（永樂二十二年——引者注）進士」，為儒士進士；因史料未具體載李信的籍貫地為杭州府下屬的哪個縣，故暫歸屬為杭州府；《景印文淵閣四庫全書》第 522 冊第 519 頁。					
小計	儒士舉人至少 17 人；儒士進士至少 3 人				
嘉興府					
秀水縣	1				
小計	儒士舉人至少 1 人				
紹興府					
餘姚縣	79	16	上虞縣	12	1
山陰縣	17	1	會稽縣	2	
新昌縣	2	1	蕭山縣	4	
小計	儒士舉人至少 116 人；儒士進士至少 19 人				
衢州府					
開化縣	7	4	常山縣	1	
小計	儒士舉人至少 8 人；儒士進士至少 4 人				
湖州府					
德清縣	1				
小計	儒士舉人至少 1 人				
嚴州府					
淳安縣	1				
小計	儒士舉人至少 1 人				

處州府					
松陽縣	2		青田縣	1	
小計	儒士舉人至少 3 人				
寧波府					
鄞縣	36	9	慈谿縣	57	9
奉化縣	2				
小計	儒士舉人至少 95 人；儒士進士至少 18 人				
金華府					
永康縣	1		金華縣	1	
小計	儒士舉人至少 2 人				
台州府					
黃岩縣	9	3	天台縣	5	1
臨海縣	2		太平縣	1	
小計	儒士舉人至少 17 人，儒士進士至少 4 人				
溫州府					
永嘉縣	1		樂清縣	1	
小計	儒士舉人至少 2 人				
總計	浙江儒士舉人至少 263 人，儒士進士至少 48 人				
福建儒士舉人、儒士進士空間分布統計表					
興化府					
縣名／衛所名	儒士舉人數	儒士進士數	縣　　名	儒士舉人數	儒士進士數
莆田縣	137	20	仙遊縣		
小計	儒士舉人至少 137 人，儒士進士至少 20 人				
泉州府					
晉江縣	27	5	泉州衛	1	
同安縣	5	3	南安縣	2	
小計	儒士舉人至少 35 人，儒士進士至少 8 人				
福州府					
閩縣	58	10	侯官縣	18	1
福清縣	12	2	連江縣	5	
長樂縣	17	1	懷安縣	5	1
惠安縣	1				

小計	儒士舉人至少 116 人，儒士進士至少 15 人				
漳州府					
漳浦縣	6	3	詔安縣	1	
南靖縣	1				
小計	儒士舉人至少 8 人，儒士進士至少 3 人				
邵武府					
邵武縣	1				
小計	儒士舉人至少 1 人，				
汀州府					
清流縣	1	1			
小計	儒士舉人至少 1 人，				
延平府					
南平縣	2				
小計	儒士舉人至少 2 人，				
福寧州（直隸州）					
福寧州	1				
小計	儒士舉人至少 1 人，				
總計	福建儒士舉人至少 301 人，儒士進士至少 46 人				
江西儒士舉人、儒士進士空間分布統計表					
饒州府					
縣名／衛所名	儒士舉人數	儒士進士數	縣 名	儒士舉人數	儒士進士數
樂平縣	1	1	餘干縣	2	
浮梁縣	1				
小計	儒士舉人至少 4 人，儒士進士至少 1 人				
南昌府					
豐城縣	17	7	南昌縣	10	
新建縣	1		進賢縣	3	2
小計	儒士舉人至少 31 人，儒士進士至少 9 人				
吉安府					
吉水縣	10	5	泰和縣	18	12
永豐縣	4	4	永新縣	2	2

安福縣	11	5	萬安縣	2	2
盧陵縣	1				
小計	儒士舉人至少48人，儒士進士至少30人				
臨江府					
新喻縣	6	4	新淦縣	2	1
小計	儒士舉人至少8人，儒士進士至少5人				
撫州府					
臨川縣	4	2	樂安縣	4	1
金溪縣	1		宜黃縣	1	1
小計	儒士舉人至少10人，儒士進士至少4人				
廣信府					
鉛山縣	1		上饒縣	1	
貴溪縣	1				
小計	儒士舉人至少3人				
瑞州府					
高安縣	2				
小計	儒士舉人至少2人				
總計	江西儒士舉人至少106人，儒士進士至少49人				

山東儒士舉人、儒士進士空間分布統計表

青州府					
縣名／衛所名	儒士舉人數	儒士進士數	縣　名	儒士舉人數	儒士進士數
益都縣	1	1			
小計	儒士舉人至少1人，儒士進士至少1人				
兗州府					
平陽縣	1		沂州	1	
小計	儒士舉人至少2人，				
總計	山東儒士舉人至少3人，儒士進士至少1人				

山西儒士舉人、儒士進士空間分布統計表

平陽府					
縣名／衛所名	儒士舉人數	儒士進士數	縣　名	儒士舉人數	儒士進士數
稷山縣	1		夏縣	1	

洪洞縣	1		臨汾縣	2	
小計	儒士舉人至少 5 人				
太原府					
陽曲縣	1		石州	1	
平定州守禦千戶所	1	1	太原縣	1	
小計	儒士舉人至少 4 人，儒士進士至少 1 人				
總計	山西儒士舉人至少 9 人，儒士進士至少 1 人				
陝西儒士舉人、儒士進士空間分布統計表					
漢中府					
縣名／衛所名	儒士舉人數	儒士進士數	縣　名	儒士舉人數	儒士進士數
南鄭縣	1	1			
小計	儒士舉人至少 1 人				
平涼府					
安東中護衛	1				
小計	儒士舉人至少 1 人				
西安府					
臨潼縣	1		咸寧縣	1	
鄠縣	1				
小計	儒士舉人至少 3 人				
延安縣					
中部縣	1		綏德州	1	
小計	儒士舉人至少 2 人				
總計	陝西儒士舉人至少 7 人，儒士進士至少 1 人				
河南儒士舉人、儒士進士空間分布統計表					
懷慶府					
縣名／衛所名	儒士舉人數	儒士進士數	縣　名	儒士舉人數	儒士進士數
修武縣	1				
小計	儒士舉人至少 1 人				
開封府					
滎陽縣	1		太康縣	1	

陳留縣	1		祥符縣	2	
小計	儒士舉人至少 5 人				
		河南府			
盧氏縣	1	1	洛陽縣／ 河南衛	2	
河南守禦 千戶所	1				
小計	儒士舉人至少 4 人，儒士進士至少 1 人				
		南陽府			
新野縣	2	1	內鄉縣	1	
郟縣	2		淅川縣	1	
小計	儒士舉人至少 6 人，儒士進士至少 1 人				
		汝寧府			
信陽州	2	1	光山縣	3	
羅山縣	2		息縣	1	
上蔡縣	1		西平縣	1	
光州	1	1			
小計	儒士舉人至少 11 人，儒士進士至少 2 人				
總計	河南儒士舉人至少 27 人，儒士進士至少 4 人				
		湖廣儒士舉人、儒士進士空間分布統計表			
		黃州府			
縣名／衛所名	儒士舉人數	儒士進士數	縣　　名	儒士舉人數	儒士進士數
麻城縣	11	1	黃岡縣	3	1
蘄水縣	2		黃梅縣	1	
小計	儒士舉人至少 15 人，儒士進士至少 2 人				
		衡州府			
藍山縣	1				
小計	儒士舉人至少 1 人，				
		荊州府			
松滋縣	1		石首縣	2	
江陵縣	1	1			
小計	儒士舉人至少 4 人，儒士進士至少 1 人				

郴州（直隸州）					
桂陽縣	1				
小計	儒士舉人至少1人，				
承天府					
荊門州	1	1			
小計	儒士舉人至少1人，儒士進士至少1人				
武昌府					
嘉魚縣	1	1	興國州	2	
崇陽縣	1	1			
小計	儒士舉人至少3人，儒士進士至少2人				
岳州府					
華容縣	1				
小計	儒士舉人至少1人，				
永州府					
道州	2				
小計	儒士舉人至少2人，				
總計	湖廣儒士舉人至少31人，儒士進士至少6人				

四川儒士舉人、儒士進士空間分布統計表

重慶府					
縣名／衛所名	儒士舉人數	儒士進士數	縣　名	儒士舉人數	儒士進士數
銅梁縣	2	2	巴縣	4	2
小計	儒士舉人至少6人，儒士進士至少4人				
成都府					
內江縣	6	4	綿州	2	2
小計	儒士舉人8人，儒士進士至少6人				
總計	四川儒士舉人至少14人，儒士進士至少10人				

雲南儒士舉人、儒士進士空間分布統計表

雲南府					
縣名／衛所名	儒士舉人數	儒士進士數	縣　名	儒士舉人數	儒士進士數
雲南左衛	1				
小計	儒士舉人至少1人				

大理府					
賓川州	1				
小計	儒士舉人至少 1 人				

臨安府					
通海縣	1				
小計	儒士舉人至少 1 人				
總計	雲南儒士舉人至少 3 人				

貴州儒士舉人、儒士進士空間分布統計表

貴州軍民府					
縣名／衛所名	儒士舉人數	儒士進士數	縣　　名	儒士舉人數	儒士進士數
貴州衛	2				
小計	儒士舉人至少 2 人				

其他					
貴州宣慰使司	1				
總計	貴州儒士舉人至少 3 人				

廣西儒士舉人、儒士進士空間分布統計表

潯州府					
縣名／衛所名	儒士舉人數	儒士進士數	縣　　名	儒士舉人數	儒士進士數
平南縣	1	1			
小計	儒士舉人至少 1 人，儒士進士至少 1 人				

桂林府					
全州	3	1	臨桂縣	2	1
桂林中衛	1	1			
小計	儒士舉人至少 5 人，儒士進士至少 3 人				

柳州府					
融縣	1		柳州衛	1	
小計	儒士舉人至少 2 人				

梧州府					
蒼梧縣	1				
小計	儒士舉人至少 1 人				
總計	廣西儒士舉人至少 9 人，儒士進士至少 4 人				

廣東儒士舉人、儒士進士空間分布統計表					
廣州府					
縣名／衛所名	儒士舉人數	儒士進士數	縣　　名	儒士舉人數	儒士進士數
南海縣	27	6	東莞縣	14	1
順德縣	13		番禺縣	11	
香山縣	1		增城縣	2	
新會縣	2				
小計	儒士舉人至少 70 人，儒士進士至少 7 人				
瓊州府					
瓊山縣	2				
小計	儒士舉人至少 2 人，				
潮州府					
程鄉縣	1		潮陽縣	1	
揭陽縣	1		饒平縣	1	
海陽縣	1				
小計	儒士舉人至少 5 人				
雷州府					
徐聞縣	1	1			
小計	儒士舉人至少 1 人，儒士進士至少 1 人				
總計	廣東儒士舉人至少 78 人，儒士進士至少 8 人				

通過上表 2-2 可知：明代儒士舉人及儒士進士的空間分布顯示出廣泛而又極不平衡的特點。兩直十三布政司皆有儒士舉人分布，除雲、貴兩布政司外，皆有儒士進士分布，顯示出其空間分布的廣泛性；但同時又顯示出很大的不平衡性，主要表現在以下四點：

其一，各省直間儒士舉人及儒士進士分布不平衡。從上表可知，明代各省直儒士舉人及儒士進士的空間分布呈現出三個鮮明層次：第一層次為福建、浙江、江西三布政司，儒士舉人總數占明代兩直十三布政司儒士舉人總數的66.3%，儒士進士總數占明代兩直十三布政司儒士進士總數的 58.8%；第二層次為北直隸、廣東、南直隸三布政司，儒士舉人總數占明代兩直十三布政司儒士舉人總數的 23%，儒士進士總數占明代兩直十三布政司儒士進士總數的30%；第三層次為湖廣、河南、廣西、山西、山東、雲南、貴州七布政司，儒

士舉人總數占明代兩直十三布政司儒士舉人總數的 10.7%，儒士進士總數占明代兩直十三布政司儒士進士總數的 11.2%。

其二，各省直府（直隸州）、縣間儒士舉人及儒士進士分布不平衡。如浙江寧波、紹興兩府儒士舉人總數占全省儒士舉人總數的 80.2%，儒士進士總數占全省儒士進士總數的 77%；而杭州、衢州、處州、嘉興、湖州、嚴州、台州、金華、溫州九府儒士舉人總數僅占全省儒士舉人總數的 19.8%，儒士進士總數僅占全省儒士進士總數的 33%；福建興化、福州兩府儒士舉人總數占全省儒士舉人總數的 84%，儒士進士總數占全省儒士進士總數的 76%，而泉州、漳州、邵武、汀州、延平、福寧州六府儒士舉人總數僅占全省儒士舉人總數的 16%，儒士進士總數僅占全省儒士進士總數的 24%。其他省直如北直、南直、江西、廣東、四川也呈現類似的不平衡性。

其三，省會及府治所在地儒士舉人及儒士進士分布集中。如順天府儒士舉人總數占全省儒士舉人總數的 87.6%，儒士進士數占全省儒士進士總數的 90%；廣州府儒士舉人總數占全省儒士舉人總數的 89.7%，儒士進士數占全省儒士進士總數的 87.5%；南海、番禹兩縣儒士舉人總數占廣州府儒士舉人總數的 54.2%，儒士進士總數占廣州府儒士進士總數的 85.7%；其他省會如成都府、桂林府，府治如閩縣、莆田縣、晉江縣也是儒士舉人及儒士進士分布集中的區域。

其四，南方儒士舉人及儒士進士最多，北方次之，西南最少〔註39〕。南方儒士舉人至少 851 人，占該表統計儒士舉人總數的 84.1%，儒士進士至少 182 人，占該表統計儒士進士總數的 74.8%；北方儒士舉人至少 127 人，占該表統計儒士舉人總數的 12.5%，儒士進士至少 47 人，占該表統計儒士進士總數的 19.3%；西南儒士舉人至少 33 人，占該表統計儒士舉人總數的 3.4%，儒士進士至少 14 人，占該表統計儒士進士總數的 5.9%。

筆者以為上述特點應是各省直在科舉氛圍、民間教育、政治資源、經濟狀況、科舉實力及歷史文化積澱等因素綜合作用下的結果：

第一，科舉氛圍。科舉氛圍的濃厚程度是影響儒士舉人及儒士進士分布的重要因素。如浙江餘姚縣「其民好學篤志，尊師擇友，誦弦之聲相聞，下

〔註39〕此處「北方」包括北直隸、山西、山東、河南、陝西五省直，「南方」包括南直隸（鳳陽、廬江、安慶三府及徐、滁、和三州除外）、江西、浙江、福建、湖廣、廣東六省直；「西南」包括四川、雲南、貴州、廣西及南直隸所屬的鳳陽、廬江、安慶三府及徐、滁、和三州。

至窮鄉僻戶，恥不以詩書課其子弟，自農工商賈，鮮不知章句者」；〔註40〕會稽縣「儒風之盛冠於東州」〔註41〕；富陽縣「士習禮讓，慕高逸，亦專科舉之習，有弦誦之風焉」。〔註42〕江西吉安府「文風盛於江右，由六一之鄉里家有詩書以數萬戶，井廛人多儒雅，序塾相望，弦誦相聞」；〔註43〕吉水縣「百里之疆多業儒，五鄉遠近之間多世族……世族多故詩書之習盛……吉水之俗，其君子率重詩書」；〔註44〕建昌府「比屋弦誦於鄒魯同風……江右文風盛矣，有盛如建昌郡者乎？」福建興化府「詩書禮樂，為八閩之甲」；泉州府晉江縣「家詩書而戶業學，即卑微貧賤之極，亦以子弟知讀書為榮」。〔註45〕由此可見，儒士舉人及儒士進士集中分布的區域與當地科舉氛圍濃厚的程度有直接關係。

第二，民間教育。書院的普及程度是衡量當地民間教育發達程度的重要指標。明朝中期著名政治家李東陽說：「今文教熙洽，學校遍天下，固無俟乎此（書院）。顧人才日盛，而籍額有定員，則養蒙蓄銳以待天下之用者，雖多不厭。校諸前代所置，大小若殊，而作人之意，則一而已」。由此可見，書院和官辦學校的功能和目的一致，即為培養人才。只是官辦學校「籍額有定員」，因此許多未入官學的士子便以書院為讀書之所，凸顯出書院在儒士中式中的重要作用。筆者以《明一統志》中的相關記載統計出明代兩直十三布政司書院的數量，列表如下：

表2-3　明代兩直十三布政司書院數量表〔註46〕

布政司名	北直	南直	山東	山西	陝西	河南	浙江	福建	廣東	廣西	雲南	貴州	四川	湖廣	江西
書院數量	18	57	20	7	3	18	37	36	25	7	46	17	19	52	77

〔註40〕〔清〕周炳麟：《餘姚縣志》卷5《風俗》，《中國方志叢書》第500號，臺北：成文出版社，1983年影印本，第115頁。

〔註41〕〔清〕沈翼機：《浙江通志》卷99《風俗》，《景印文淵閣四庫全書》第521冊，臺北：臺灣商務印書館，1986年，第534頁。

〔註42〕〔清〕沈翼機：《浙江通志》卷99《風俗》，第520頁。

〔註43〕〔清〕陶成：《江西通志》卷26《風俗》，《景印文淵閣四庫全書》第513冊，臺北：臺灣商務印書館，1986年，第836頁。

〔註44〕〔清〕陶成：《江西通志》卷26《風俗》，第837頁。

〔註45〕〔清〕黃任：乾隆《泉州府志》卷20《風俗》，《中國地方志集成・福建府縣志輯》第22冊，第484頁。

〔註46〕該表書院數除雲南、貴州外，俱取自《明一統志》，雲南、貴州書院數依據《雲南通志》卷七《學校附書院》、《貴州通志》卷九《書院》所載累加而得。

　　由上表可知，江西、福建、浙江、南直隸等省書院數量位居前列。再如福建興化府莆田縣有 9 所書院，占全省書院總數的 25%〔註47〕；浙江紹興府至少有 20 所書院〔註48〕，占全省書院總數的 54%，而這兩府的儒士中式者在全省中位居首位，說明擁有書院數量與擁有儒士舉人數及儒士進士數具有一定的聯繫，其數量以及規模的大小應是影響儒士中式者分布的重要因素之一。但當地書院數量的多少及規模的大小並不能直接影響當地擁有儒士中式者數量，也與其他因素存在內在聯繫。除書院外，山林和寺院也成為未入官辦學校的士子們研習功課、交流學業的場所。如江西吉安府，「士生吉郡，非挾策遊郡國學校，則退而質疑辨於山林收徒之所」。〔註49〕福建晉江縣「嘉、隆以來，士人讀書多在開元、承天二寺……文廟兩廡、尊經閣、先賢祠宇及附郭山寺，皆老生耆宿受徒之所」。〔註50〕再如儒士狀元王華，「年十四讀書龍泉山寺」；成化二十年儒士進士陳雍，定期於山林之中集會，研習功課，傳觀所作文字。〔註51〕由此可見，民間教育的發達是促進當地儒士中式的重要條件。

　　第三，政治資源。政治資源及其所帶來的文化、交通、信息等資源無疑會對儒士應試帶來極大的優勢。如上所述，省會及府治所在地是儒士中式者分布集中的區域，就是顯例。尤其是福建興化府儒士舉人及儒士進士全部出自府治莆田縣，就應與莆田享有政治資源及其所帶來的文化、交通、信息等優勢息息相關。順天府作為全國的政治中心，其所擁有的政治資源具有其他省直無可比擬性，因此儒士中式者名列前茅也是情理之中。

　　第四，經濟狀況。這裡的經濟狀況主要指書院學田為就讀於書院的儒士提供物質基礎。如浙江紹興府紫山書院，「嘉靖十四年本府推官陳讓建，有廢寺

〔註47〕〔清〕宮兆麟：乾隆《興化府莆田縣志》卷 9《學校志》，第 37～39 頁，光緒乙卯年補刊本，第 37～39 頁。
〔註48〕〔清〕平恕：《紹興府志》卷 20《學校志‧書院》，《中國方志叢書》第 500 號，第 520～525 頁。
〔註49〕〔明〕王時槐：萬曆《吉安府志》卷 15《學校志》，《日本藏中國罕見地方志叢刊》第 9 冊，北京：書目文獻出版社，1991 年，第 208 頁。
〔註50〕〔清〕黃任：乾隆《泉州府志》卷 20《風俗》，《中國地方志集成‧福建府縣志輯》第 22 冊，上海：上海書店出版社，2000 年，第 484 頁。
〔註51〕〔明〕陳塏：《明南京工部尚書進階榮祿大夫簡庵陳公年譜》，《北京圖書館藏古籍珍本叢刊》第 41 冊，北京：北京圖書館出版社，2001 年，第 669 頁。

田一百七十四畝，供費四十二年」；〔註52〕泉州溫陵書院亦有學田；〔註53〕再如白鹿洞書院，「成化三年憲僉朝陽李公大齡大興洞學，節次置買田地山塘共一百餘畝，以給本洞；七年憲僉淳安徐公懷復撥樓賢寺田八十一畝以益之」，〔註54〕以周濟諸生貧困者；正德中桐城知縣沈教「建桐溪書院，置學田以造士」；〔註55〕嘉靖中太守嘉陵何公建白鷺書院，「出罰籍之金若干鍰，創田若干畝，以餼士之來學者，命曰學田」。〔註56〕書院建有學田，為就讀的士子提供了堅實的物質保障。

　　第五，科舉實力及歷史文化積澱。儒士中式者集中分布的區域江西、浙江、福建等省皆是科舉實力雄厚及歷史文化積澱深厚的省份。如江西，自唐以來便是科舉實力強省，進入明朝依然保持著強勁的科舉競爭力；〔註57〕江西的歷史文化積澱也很深厚，如吉安府「唐顏真卿從事吉州，鏘訇大節誦慕無窮；至歐陽修一代大儒，開宋三百年文章之盛，士相繼起者，必以通經學古為高，以救時行道為賢……家誦詩書，人懷慷慨，文章節義，遂甲天下」。浙江在明代也是科舉實力強省，擁有進士數在全國排名第二，〔註58〕進士家族數排名第一〔註59〕，其中明代全國擁有200名以上進士的縣僅9個，浙江餘姚、鄞縣、慈谿縣就佔了三分之一。〔註60〕浙江歷史文化積澱深厚，南宋時期是理學的重要傳播基地。「金華學派」、「永康學派」、「浙東學派」也爭相傳播自己的學術思想，成為「文賢人物之盛，前後相望」、「理學科名聲高」、「衣冠萃正，文藝儒術斯為之盛」的文化強省。福建在明代也是實力雄厚的科舉大省，歷史文化積

〔註52〕〔清〕平恕：乾隆《紹興府志》卷20《學校志》，《中國地方志集成·浙江府縣志輯》第39冊，上海書店出版社，2000年，第523～524頁。

〔註53〕〔清〕黃任：乾隆《泉州府志》卷13《學校一》，《中國地方志集成·福建府縣志輯》第22冊，上海：上海書店出版社，2000年，第308頁。

〔註54〕〔明〕李齡：《宮詹遺稿》卷3《白鹿洞書院贍學田記》，《四庫未收書輯刊》第5輯第17冊，北京：北京出版社，1997年，第352頁。

〔註55〕〔明〕徐象梅：《兩浙名賢錄》卷29《吏治·桐城縣知縣沈敬敷教》，《續修四庫全書》史部第542冊，上海：上海古籍出版社，2002年，第120頁。

〔註56〕〔明〕尹臺：《洞麓堂集》卷4《白鷺書院學田記》，《景印文淵閣四庫全書》第1277冊，臺北：臺灣商務印書館，1986年，第519頁。

〔註57〕曾小歡：《明代江西舉人群體研究》〔D〕，福建師範大學碩士論文，2015年。

〔註58〕吳宣德：《明代進士的地理分布》，香港：香港中文大學出版社，第59頁。

〔註59〕郭培貴、蔡惠茹：《論福建科舉在明代的領先地位及其成因》〔J〕，《福建師範大學學報》，2013年第6期，第109頁。

〔註60〕郭培貴、蔡惠茹：《論福建科舉在明代的領先地位及其成因》〔J〕，《福建師範大學學報》，2013年第6期，第106頁。

澱深厚，兩宋時期福建進士數位居全國之冠〔註61〕。雄厚的科舉實力及深厚的歷史文化積澱無疑對當地儒士應舉產生積極的影響。

由上可知，不同地區間的科舉競爭實際上是一種綜合實力的競爭。一個地區儒士中式者數量的多少，直接取決於當地儒士儒學素養的高低，而這又是由其科舉氛圍的濃厚、民間教育的發達程度、政治資源、經濟狀況及歷史文化積澱等諸多因素共同決定的。這啟示我們：未來的競爭是綜合素質的競爭，只有全面提升綜合素質，才能在激烈的競爭中佔據優勢。

第三節　科舉儒士落第現象分析

在科舉制度達到鼎盛的明代，科舉儒士落第者較為常見，可細分為以下兩類：一是鄉試落第，二是會試落第。

一、鄉試落第

考取功名由此而進仕途是人人都欣羨的事情，但明代中舉之難也是不爭的事實。明代鄉試錄取率「明初一般在 10% 上下；成、弘間定為 5.9%；嘉靖末年又降為 3.3%；而實際錄取率又低於此。」〔註62〕因此，科舉儒士包括其他應試者鄉試落第則是不可避免的事情。

（一）科舉儒士鄉試落第

科舉儒士參加鄉試未被錄取，即為落第，亦稱下第。如林嵩，「以儒士就府、縣試、提學試，輒首其列，科場屢躓」〔註63〕；李廷機，「十一歲從黃默堂先生。蓋是時，已能誦《詩》、《書》、《禮記》三經矣。戊午，以儒士應試，不第」〔註64〕。方叔傳，「生而穎悟絕倫。年十七，父教授臨安，隨之往，師蕭山蔡生，歸試臺司，以儒士預省，不利而還」〔註65〕。

〔註61〕郭培貴、蔡惠茹：《論福建科舉在明代的領先地位及其成因》〔J〕，《福建師範大學學報》，2013 年第 6 期，第 103 頁。

〔註62〕郭培貴：《明代科舉各級考試的規模及其錄取率》〔J〕，《史學集刊》2006 年第 12 期。

〔註63〕〔明〕鄭岳：《山齋文集》卷 18《明文直郎直隸咸縣知縣西軒林君墓誌銘》，《景印文淵閣四庫全書》第 1263 冊，第 113 頁。

〔註64〕〔明〕過庭訓：《本朝人物分省考》卷 71《福建泉州府‧李廷機》，《續修四庫全書》史部第 535 冊，上海：上海古籍出版社，2002 年，第 154 頁。

〔註65〕〔明〕沈一貫：《喙鳴文集》卷 19《傳‧方叔傳》，《四庫禁燬書叢刊》集部第

（二）科舉儒士鄉試落第原因

其一，鄉試試題相比於科考試題難度加大。如海瑞，嘉靖二十八年乙酉參加科考，「督學蔡公按試瓊州，試題為『不曰白乎』二句」〔註66〕。葉向高回憶其參加科考云：「（隆慶）五年壬申，余十四歲，從少師公館於平北里城山菴，不兩月，即赴邑試，邑令南陵許公夢熊一見奇之，且歎曰：『此必桂山先生子也』，府試亦前列。督學為吉州宋陽山先生，試二義一論。余未亭午即成，首以卷呈，先生閱之，甚稱善」〔註67〕。由此可知科考試題簡單且數量少，而鄉試「第一場，試《四書》義三道，每道二百字以上；《經》義四道，每道三百字以上；第二場，試論一道，三百字以上；判語五條；詔、誥、表內選考一道。第三場，試經史時務策五道；未能者，許減二道；俱三百字以上」〔註68〕。故「小試輒利而屢躓場屋者，人皆曰文章有命也，數奇不遇也。理固有之。其間有未盡然者。蓋小試止二三篇文字，窮日之力，盡堪鍊詞鑄意，點綴自工，至七篇黏手而首尾兩端，本來面目暴露矣」〔註69〕。其二，科舉儒士遭到朝廷有司人為抑制，以致落第。如陳懿典回憶云：「少時泮遊甚難，丙子以儒士大收，則吳老師從萬人中拔之。已入棘，吳老師在落卷中拔拙卷，朱批滿紙，幾為壓卷，而梟長意不合，竟格不上榜。吳老師不勝歎息。檄獎踰溢，降體慰藉。當是時，學使喬壽齋猶欲抑諸儒士，院取入棘者，以弟受知吳老師勉強收試」〔註70〕；重齋公，「累以儒士應試。弘治乙卯，南川公以春秋舉第一，葛山公亞之次，開卷得公，主司相謂曰：『麟《經》舉額幾何？陶氏舉其三乎？』遂罷之」〔註71〕。其三，受鄉試解額所限。王華在《弘治十一年戊午科順天府鄉試錄後序》中記載：「得士百三十有五人，乃會粹其名氏並刻其文之憂為

176冊，北京：北京出版社，1997年，第364頁。

〔註66〕〔明〕王國憲：《海忠介公年譜》，《北京圖書館藏珍本年譜叢刊》第49冊，北京：北京圖書館出版社，2001年，第298頁。

〔註67〕〔明〕葉向高：《蓬編》，《北京圖書館藏珍本年譜叢刊》第53冊，北京：北京圖書館出版社，2001年，第507頁。

〔註68〕郭培貴：《明代科舉史事編年考證》，北京：科學出版社，2008年，第15～16頁。

〔註69〕〔明〕王在晉：《越鐫》卷17《學政類·重實學》，《四庫禁燬書叢刊》集部第104冊，第444頁。

〔註70〕〔明〕陳懿典：《陳學士先生初集》卷34《史企愚直指》，《四庫禁燬書叢刊》集部第79冊，第620頁。

〔註71〕〔明〕陶望齡：《陶文簡公集》卷11《諸傳·重齋公》，《四庫禁燬書叢刊》集部第9冊，第503頁。

錄，以獻一時。可取之士，尚不止此，直以制額所限，姑抑之，以俟後舉耳！」
〔註72〕。劉春，主持正德二年丁卯科順天府鄉試，亦載：「集應試之士二千五
百有奇，中日而三試之既畢，參互以校，拔其優者，得百有三十五人焉。非尚
無可取者，制額不敢過也」〔註73〕。當然，鄉試落第的原因是多方面的，包括
儒士本人應試素質的高低，甚至包括自身運氣、考官秉性等細微因素，因此，
總的來說，鄉試落第應是上述諸多不利因素綜合作用的結果。

（三）科舉儒士鄉試落第後的出路

明代處於中國古代科舉的鼎盛階段，科舉文化深深影響著每一個莘莘學
子，考中進士不僅是個人的榮耀，整個家族也會因此受益，所以是光宗耀祖、
榮耀鄉里最好的證明。故科舉儒士鄉試落第後，「一般而言，他們都會積極參
加由府、州、縣官和提學官主持的進入府、州、縣學的考試，中式者即可入學
成為生員」〔註74〕，以俟再舉。即《明史‧選舉志》所載：「（充場儒士）中式
即為舉人，不中試仍候提學官歲試，合格，乃准入學」〔註75〕。科舉儒士入學
考試是非常嚴格的，「（儒士）願告入學者，俱候本道按臨之日，提調官務查鄉
貫明白，方許入試。如有朦朧送考者，訪出將本犯及經該官吏提問。其不待按
臨，輒赴省試及他處告考者，按責逓回。如有稱本道在他處批送入學，文書絕
非本職所行，作急申呈，以憑查究重治」〔註76〕。由此可知：儒士鄉試落第後
願告入學者，經提調官審查籍貫無誤，需候提學官於「按臨之日」考試，合格
者發給「文書」作為入學的憑證。詐冒籍貫、「不待按臨，輒赴省試及他處告
考者」或慌稱在他處經提學官考試准予入學者，俱「查究重治」，形成嚴密、
完備的入學程序，使基層官辦儒學教育在有序的軌道上運行。科舉儒士通過嚴
格的入學考試，即正式成為生員，再應舉業。如劉纓，「以儒士試，不利，乃
入縣學為弟子員。成化辛卯中應天鄉試，戊戌中禮部試，廷試賜同進士出身。

〔註72〕天一閣博物館整理：《弘治十一年戊午科順天府鄉試錄》，《天一閣藏明代科舉
　　　　錄選刊‧鄉試錄》，寧波：寧波出版社，2010 年。
〔註73〕天一閣博物館整理：《正德二年丁卯科順天府鄉試錄》，《天一閣藏明代科舉錄
　　　　選刊‧鄉試錄》，寧波：寧波出版社，2010 年。
〔註74〕郭培貴：《中國科舉制度通史‧明代卷》，上海：上海人民出版社，2015 年，
　　　　第 287 頁。
〔註75〕張廷玉：《明史》卷 69《選舉志》，第 1687 頁。
〔註76〕張邦奇：《張文定公環碧堂集》卷 18《四川學政》，《續修四庫全書》集部第 1337
　　　　冊，第 275 頁。

己亥，授湖廣武陵知縣」〔註77〕。周鈇，「正德己卯以儒士應試，補博士弟子員，遇廩卻讓，大為督學許松皋稱許。嘉靖乙酉中《易》亞魁，郡邑禮儀，堅辭不受，登丙戌龔用卿榜進士，觀大理寺政」〔註78〕。進入官辦學校成為生員是一種選擇，因為生員接受官辦學校針對性的、嚴格的應試訓練後，能較大提高自身的應試素質，在未來的科舉考試中具有較強的競爭力。當然，也有儒士鄉試落第後繼續勉勵自學，仍以儒士身份應舉者。如陳雍，「十六年庚子三十歲，應試。是歲道學胡公榮來校科舉，公以儒士入試；十七年辛丑三十一歲，會課。是歲公肆業於家，志益淬勵。十八年壬寅三十二歲，會課。十九年癸卯三十三歲，以《禮記》中浙江鄉試十名」〔註79〕，《成化十九年癸卯科浙江鄉試錄》載陳雍以儒士身份中舉〔註80〕。成為生員或者繼續以儒士身份應試，因人而異，需視自身實際情況而定。

在此需要說明的是，陳寶良先生在《明代儒學生員與地方社會》中援引李樂《見聞雜記》、張廷玉《明史·選舉志一》、李維楨《大泌山房集》三種史料的不同記載，如實陳述明代科舉儒士鄉試落第後的三種出路：李樂《見聞雜記》認為「祖宗朝儒士應試，仍作民生，不得入學」。即科舉儒士應試落第後，仍然是社會良民，但不准入學；《明史·選舉志一》認為（科舉）儒士中式即為舉人，不中式「仍侯提學官歲試」，合格者，乃准入學。李維楨《大泌山房集》則認為儒士鄉試落第後，可直接入學補博士弟子員。陳寶良先生對上述三種說法不置可否，認為或許兼而有之，在缺乏更確鑿史料的情況下，對此問題有待進一步考察〔註81〕。針對這個問題，如上所述，筆者贊同郭培貴教授的觀點，認為明代科舉儒士鄉試落第後，當然可以通過府、州、縣官和提學官主持的進入府、州、縣學的考試，合格就可以入學。科舉儒士入學的考試非常嚴格，並非如李維楨《大泌山房集》所載可直接入學補生員。因此，筆者認為李樂《見

〔註77〕 〔明〕祝允明：《甫田集》卷26《吳縣鳳凰裏劉纓年八十二狀》，《景印文淵閣四庫全書》第1273冊，第193頁。

〔註78〕 覺羅石麟等：《山西通志》卷199《藝文·明》，《景印文淵閣四庫全書》第549冊，第505頁。

〔註79〕 〔明〕陳塏：《明南京工部尚書進階榮祿大夫簡庵陳公年譜》，《北京圖書館藏珍本年譜叢刊》，北京：北京圖書館出版社，2001年，第670～671頁。

〔註80〕 天一閣整理：《成化十九年癸卯科浙江鄉試錄》，寧波：寧波出版社，2007年，第18頁。

〔註81〕 陳寶良：《明代儒學生員與地方社會》，北京：中國社會科學出版社，2005年，第255～256頁。

聞雜記》、李維楨《大泌山房集》所載明代科舉儒士出路問題欠妥。

二、會試落第

　　會試是實際上決定舉人是否中進士的關鍵考試，處於明代五級考試體系的第三層次。明代會試每科錄取額數皆臨期奏定，會試錄取率「自永樂四年至萬曆三十二年的平均錄取率為 8%，且呈逐漸下降之勢」〔註82〕。

（一）科舉儒士會試落第

　　如焦玄鑑，「督學使者楊公裁庵拔儒士第一人應試，試則列鄉書高等矣。辛丑，上太常不第，歸」〔註83〕；張孚一，「年二十四以儒士領正德丁卯應天鄉薦，迄嘉靖戊戌，凡十一上春官，弗售」〔註84〕；李應禎，「景泰癸酉以儒士中應天府鄉試第九人，禮部會試中乙榜」〔註85〕；周茂中，「癸卯鄉薦，實以儒士遺才舉云，自是凡八上公車弗第」〔註86〕。此類情況史籍中記載甚多，不勝枚舉。

（二）科舉儒士會試落第的原因

　　科舉儒士會試落第是綜合因素作用下的結果。首先，「取決於明廷對進士數量的需求和應試者的多少，而本質上則是取決於供進士應選的官缺狀況」〔註87〕。明制，殿試無黜落，因此「會試中式與否也就成為決定應試者能否獲得進士功名關鍵的一步，而進士實質上是一種選官資格，每取一名進士就意味著朝廷應依例授予其一個相應的官缺」〔註88〕，官缺的有限性，決定著會試錄取的名額。即正德八年禮部奏言：「惟我朝進士之科，初無定數；近年數科多三百名，間有三百五十名。皆因時酌取，以備官使」〔註89〕。其次，「由於科

〔註82〕郭培貴：《中國科舉制度通史・明代卷》，第 388～389 頁。

〔註83〕〔明〕焦竑：《焦氏澹園集》卷 31《兵部職方清吏司主事洪譚焦公墓誌銘》，《四庫禁燬書叢刊》集部第 61 冊，第 368 頁。

〔註84〕〔明〕莫如忠：《崇蘭館集》卷 19《明故福建建陽縣知縣雲川張公墓誌銘》，《四庫全書存目叢書》集部第 105 冊，濟南：齊魯書社，1997 年，第 1 頁。

〔註85〕〔明〕錢穀：《吳都文粹續集》卷 42《南京太僕少卿李公墓誌銘》，《景印文淵閣四庫全書》第 1386 冊，臺北：臺灣商務印書館，1986 年，第 343 頁。

〔註86〕〔明〕黃鳳翔：《田亭草》卷 13《廣東四會縣知縣杜林周公墓誌銘》，《四庫禁燬書叢刊》集部第 44 冊，北京：北京出版社，1997 年，第 560 頁。

〔註87〕郭培貴：《明史選舉志考論》，北京：中華書局，2006 年，第 196 頁。

〔註88〕郭培貴：《明史選舉志考論》，北京：中華書局，2006 年，第 196 頁。

〔註89〕〔明〕俞汝楫：《禮部志稿》卷七二《科試備考》，《景印文淵閣四庫全書》第 598 冊，臺北：臺灣商務印書館，1986 年，第 226 頁。

目單一、名額有限和考官衡文失誤等原因，明代有越來越多的有才之士被擋在科舉正途之外」〔註90〕，如上述儒士「凡十一上春官，弗售」等情況皆為顯例，真可謂是「高材生困此者多矣」〔註91〕。第三，名額的有限性即朝廷規定會試錄取名額是儒士舉人包括其他舉人會試落第客觀原因，而儒士自身應試素質的高低應是儒士舉人會試落第的另一大原因。因為明代官辦學校完全以科舉為軸心與導向，〔註92〕生員群體無論在應試素質、應試人數及朝廷在錄取傾向等方面都佔有絕對優勢，相比之下，儒士等其他應試群體處於劣勢地位。

（三）科舉儒士會試落第後的出路

一是可按制入國子監，以俟再舉。如趙璜，「成化丙午以儒士中鄉闈亞魁，錄經義為程序，弘治庚戌登進士」〔註93〕，《弘治三年進士登科錄》載其身份為國子生〔註94〕；留志淑，「十八卯角以儒士領弘治戊午鄉薦，登乙丑進士，授溫州府推官」〔註95〕，《弘治十八年進士登科錄》載其身份為國子生〔註96〕；孫應鰲，「年十九以儒士應鄉試，督學徐公樾一見大奇之，許必魁多士。放榜，果中第一人。嘉靖癸丑成進士，選庶吉士，改戶科給事中」，〔註97〕《嘉靖三十二年進士登科錄》載其身份為國子生；〔註98〕二是赴吏部銓選官職。如周泰，「正統戊午以儒士舉於鄉，再試禮部，不偶，授潮陽縣學教諭」〔註99〕；

〔註90〕郭培貴：《明代科舉制度的發展特徵與啟示》〔J〕，《清華大學學報》，2006 年 6 期。

〔註91〕顧起元：《客座贅語》卷 9《盛伯年》，北京：中華書局，1987 年，第 283 頁。

〔註92〕郭培貴：《明代科舉制度的發展特徵與啟示》〔J〕，《清華大學學報》，2006 年 6 期。

〔註93〕〔明〕過庭訓：《本朝人物分省考》卷 66《江西吉安府・趙璜》，《續修四庫全書》史部第 533 冊，上海：上海古籍出版社，2002 年，第 59 頁。

〔註94〕《弘治三年進士登科錄》，《天一閣藏明代科舉錄選刊》第三函，寧波：寧波出版社，2006 年。

〔註95〕〔明〕過庭訓：《本朝人物分省考》卷《福建泉州府・留志淑》，《續修四庫全書》史部第 533 冊，第 154 頁。

〔註96〕《弘治十八年進士登科錄》，《天一閣藏明代科舉錄選刊》第三函，寧波：寧波出版社，2006 年，第 52 頁。

〔註97〕〔明〕過庭訓：《本朝人物分省考》卷 115《貴州全省・孫應鰲》，《續修四庫全書》史部第 533 冊，第 146～147 頁。

〔註98〕《嘉靖三十二年進士登科錄》，《天一閣藏明代科舉錄選刊》第三函，寧波：寧波出版社，2006 年。

〔註99〕〔明〕吳寬：《家藏集》卷 73《故樂會知縣周公墓表》，《景印文淵閣四庫全書》第 1255 冊，第 722 頁。

周茂中，「癸卯鄉薦，實以儒士遺才舉云，自是凡八上公車弗第，越乙丑，而兄贈公之子良賓舉進士，公喜謂吾志有託矣。乃謁銓部得四會令」〔註100〕；張孚一，「年二十四以儒士領正德丁卯應天鄉薦，迄嘉靖戊戌，凡十一上春官，弗售。公歎曰：『始余以弱冠越黌序舉於鄉，乃今連晚弗售，蓋業勤懈先後殊也。命夫！』因謁選銓曹，授山東淄川縣令」〔註101〕。三是繼續以儒士身份應舉。如焦玄鑑，（嘉靖）庚子，督學使者楊公裁庵拔儒士第一人應試，試則列鄉書高等矣。辛丑，上太常不第，歸⋯⋯（隆慶）戊辰成進士」〔註102〕。而《隆慶二年進士登科錄》載焦玄鑑仍是以儒士中進士。〔註103〕當然，這屬於違反朝廷規定且屬少數情況。

第四節　科舉儒士棄舉現象分析

棄舉即放棄科舉考試，具體而言就是放棄鄉試和會試，同時也就意味著放棄了競取科舉功名。

一、棄考鄉試

在科舉考試競爭空前激烈的明代，科舉儒士棄舉現象屢見不鮮，洪武時期即有儒士棄舉。如「洪武三十年二月，是月，黃岩儒士陶宗儀，率諸生赴禮部試讀《大誥》，賜鈔歸。宗儀少試有司，一不中，即棄舉子業」〔註104〕；泰州人良鏓，「以儒士六遊場屋，卒以數奇不第，遂棄舉」〔註105〕；張紹慶，「弱冠以儒士第一人應畿闈試，張宗目屬焉。然君數奇，更六試皆詘，棄舉不復為」〔註106〕。

〔註100〕〔明〕黃鳳翔：《田亭草》卷13《廣東四會縣知縣周公墓誌銘》，《四庫禁燬書叢刊》集部第44冊，第560頁。

〔註101〕〔明〕莫如忠：《崇蘭館集》卷19《明故福建建陽縣知縣雲川張公墓誌銘》，《四庫全書存目叢書》集部第105冊，第1頁。

〔註102〕焦竑：《焦氏澹園集》卷31《兵部職方清吏司主事洪譚焦公墓誌銘》，《四庫禁燬書叢刊》集部第61冊，第368頁。

〔註103〕屈萬里主編，《明代登科錄彙編》第17冊，臺北：學生數據，1969年，第8888頁。

〔註104〕〔清〕夏燮：《明通鑒》紀十一，長沙：嶽麓書社，1999年點校本，第385頁。

〔註105〕〔明〕李春芳：《貽安堂集》卷7《贈通議大夫兵部右侍郎墓誌銘》，《四庫全書存目叢書》集部第113冊，第203頁。

〔註106〕〔明〕繆昌期：《從野堂存稿》卷4《故太學生環浦張君暨配瞿孺人合葬墓表》，《四庫禁燬書叢刊》集部第67冊，第228頁。

二、棄考會試

儒士梁寅,「累舉於鄉,不第,遂棄不復為」〔註107〕。再如張鯨,「十八以儒士就試,由縣而府而憲院皆首擢,已而,十試鄉闈、會,不一偶,人以為命云」〔註108〕。科舉儒士屢試不第,在此情況下,史籍雖無明載其棄舉,但實際已經主觀放棄了科舉考試。

三、科舉儒士棄舉的原因

科舉儒士棄舉的原因是多樣的。因屢挫考場而棄舉應是儒士棄舉最為常見原因,「只是因其絕大多數無出色表現而在史籍中難尋其蹤跡而已」〔註109〕。此外,還有儒士因重振家業、家庭遭遇不測、入試脫冠檢括而棄舉。如科舉儒士吳思沐,「父左泉公諱尚,蚤卒。公時九歲,太孺人食而教之,嘗丙夜呼起披衣坐,曰:『兒勿美寢,兒先世昌阜,一旦衰落,孺子能自樹重振家聲,吾他日死即瞑目耳!』未幾,母病劇,公侍奉湯藥,跬步不離。即歿,哀毀甚。以儒士應有司,不偶。公度儒不能自拔於前人,遂棄舉,輒趨彭城賈」〔註110〕。盧珌,「成化庚子,有司薦以儒士應試。庚子後數年,以父罹仇,禍幾不測,奔走赴愬凡六年,事始白,舉業遂廢」〔註111〕;三洲公,「諱訥,字世仁,才韻回拔,以儒士應試。故事,試者皆脫冠披襟檢括而入,公謂曰:『非待士禮,遂棄牘還』」〔註112〕。

四、科舉儒士棄舉後的出路

一是棄舉從商。科舉儒士吳思沐,「以儒士應有司,不偶。度儒不能自拔於前人,遂棄舉,輒趨彭城賈……公賈乃在廣濟博施,遇所識窮乏者,兼利第

〔註107〕〔明〕過庭訓:《本朝人物分省考》卷62《江西臨江府・梁寅》,《續修四庫全書》史部第533冊,第699頁。

〔註108〕〔明〕張邦奇:《張文定公靡悔軒集》卷9《明故贈南京兵部武庫司主事張公暨配安人顧氏墓誌銘》,《續修四庫全書》史部第1337冊,第81頁。

〔註109〕劉明鑫、郭培貴:《明代士子的棄考及其成因》〔J〕,《教育與考試》,2013年第6期。

〔註110〕〔明〕鮑應鼇:《瑞芝山房集》卷11《光祿寺署丞樂菴吳公傳》,《四庫禁燬書叢刊》集部第141冊,北京:北京出版社,1997年,第253頁。

〔註111〕〔明〕程文德:《程文恭公遺稿》卷20《古齋盧處士墓碣》,《四庫全書存目叢書》集部第90冊,濟南:齊魯書社,1997年,第283頁。

〔註112〕〔明〕陶望齡:《陶文簡公集》卷11《譜傳・三洲公訥》,《四庫禁燬書叢刊》集部第9冊,第506頁。

施。其為所親劃策，大都量人受事，量事受值。度三年賈，餘一年之蓄，即以一年之蓄為別樹置，而召其門內某某來受事」〔註113〕；二是從事塾師、遊幕等社會職業。如科舉儒士蕭瑄，「以儒士三試京闈，不偶，開門授徒，從遊者雲集，多所造就……守備南京總兵官成國朱公雅好賢重士，聞之亟遣人禮致先生。先生往拜之，公一見，若平生恨相見之晚。時饋遺於其家，其為人所重如此。雖不仕而教授於鄉，足以自得良時勝日」〔註114〕。三是躬耕自給。如曹大夏，「以儒士應試有司，不錄，乃退而躬耕」〔註115〕。

　　科舉儒士雖因種種因素棄舉，但他們並沒有對科舉制度橫加指責，而認為是命運使然。部分科舉儒士在激烈的競爭中主觀性的選擇棄舉，擺脫了科舉的束縛，轉而從事更加符合自己的謀生之道，從而也更有利於實現自己的社會功能和文化功能，使自己的人生價值與社會價值緊密結合併予以實現。故總體而言，科舉儒士棄舉不失為一種務實和明智的選擇，對今天的素質教育仍具有一定的借鑒意義。

〔註113〕　〔明〕鮑應鰲：《瑞芝山房集》卷 24《光祿寺署丞樂菴吳公傳》，《四庫禁燬書叢刊》集部第 141 冊，第 253 頁。

〔註114〕　〔明〕倪謙：《倪文僖集》卷 29《儒士蕭先生墓誌銘》，《文淵閣四庫全書》集部第 1245 冊，臺北：臺灣商務印書館，1986 年，第 562 頁。

〔註115〕　〔明〕張居正：《張太嶽先生文集》卷 13《敕封承德郎刑部山西司主事雲谷曹公墓表》，《四庫全書存目叢書》集部第 113 冊，濟南：齊魯書社，1997 年，第 490 頁。

第三章　明代儒士入仕途徑的變遷

　　明代「儒士」有薦舉、善書、纂修、教習勳臣子弟、乞恩、傳奉、捐納等
入仕途徑，在入仕之前須經過官府認定其身份。「儒士」在有明一代都是朝廷
選官的一個來源，但在不同時期卻表現出不同的入仕特點。本章的重點是探討
儒士在明代不同時期入仕途徑的變遷及其原因，並努力揭示這種變遷與當時
明代的政局的關係。

第一節　洪武至天順時期：薦舉為主，善書、纂修和 教習勳臣子弟為輔

　　洪武至天順時期儒士的入仕途徑以薦舉為主，善書、纂修和教習勳臣子弟
為輔。此時薦舉包括儒士在內的勝國人才入仕成為統治者探索選官機制進而
鞏固統治的急務，故薦舉成為主流。薦舉和其他輔助性入仕途徑是朝廷招納儒
士參與政權建設的重要舉措，都是為封建君主專制政體以及與之相適應的封
建官僚制度服務而存在。

一、薦舉

　　薦舉儒士作為明初重要的選官來源是統治者基於主客觀的歷史條件而
作出的重大決策。所謂薦舉〔註 1〕，是指「皇帝下詔，責成各級官員向朝廷

〔註 1〕包括徵辟和薦舉，為行文簡便，概以「薦舉」稱之。詳見郭培貴《明史選舉志
　　　　考論》，北京：中華書局，2006 年，第 264 頁。

推薦各類人才由皇帝加以策問然後遴選錄用。」〔註2〕儒士經薦舉入仕,是明代儒士入仕的一個重要途徑。但經薦舉入仕之前,須通過官府認定「儒士」身份。

(一)明代薦舉儒士身份確認

洪武元年,明太祖即下詔:「懷才抱德之士,所在官司用心詢訪,具實申達,以憑禮聘。」〔註3〕據萬曆《明會典‧敕諭授職到任須知》載:「其間儒者或有精通經典,或有長於文章,或有牧民馭眾之能,或有幹辦小才之用。皆當察其能否,記其姓名,一可訪問以補政治,二可充貢以資任用。」〔註4〕在開國之初,明太祖即下詔,令地方官訪舉境內「懷才抱德」之士。並授予地方官到任須知:規定地方官到任之後,須訪知境內「或精通經典,或長於文章」之士,記錄在須知冊上,「以補政治」及「充貢以資任用」。如林世隆自撰墓誌銘:「葉公錫以庶吉士出宰邑,荷不鄙建立義學,以禮幣招我典教,又舉為境內儒士,名載須知冊。」〔註5〕這就是地方有司薦舉「儒士」的依據。洪武十七年,定訪舉賢才的程序,使得訪舉儒士的程序更加規範化:「令知州、知縣等官會同境內耆宿長者,訪求德行聲名著於州里之人。先從鄰里保舉,有司再驗言、貌、書、判,方許進呈。若不行公同精選者,坐以重罪。」〔註6〕即地方官會同境內耆宿訪舉儒士,首先須「鄰里保舉」,次則「有司再驗言、貌、書、判」,符合標準者,向朝廷舉薦,如違反程序,致使訪舉不精者,坐以重罪。社會良民經地方有司認可以「儒士」薦舉至中央外,還須通過朝廷考試才能最終予以確認儒士身份,考試的機構為吏部、禮部和翰林院。如「(胡)子祺,吉安吉水人。洪武三年,以儒士舉赴京,試於吏、禮二部,中選者十九人。」〔註7〕陳布,「洪武六年以儒士徵,試吏部,中選。」〔註8〕疇

〔註2〕展龍,《明洪武時期徵薦制度考論》,〔J〕,《史學月刊》2009年8期。

〔註3〕〔明〕申時行:萬曆《明會典》卷13《吏部‧訪舉》,北京:中華書局,1989年,第83頁。

〔註4〕〔明〕申時行:萬曆《明會典》卷13《吏部‧訪舉》,第83頁。

〔註5〕〔明〕錢穀:《吳都文粹續集》卷41《林世隆自撰墓誌銘》,《景印文淵閣四庫全書》第1368冊,第368頁。

〔註6〕〔明〕申時行:萬曆《明會典》卷13《吏部‧訪舉》,第83頁。

〔註7〕〔明〕楊士奇等:《明太祖實錄》卷一〇六「洪武九年六月戊子」,第1769頁。

〔註8〕〔明〕鄭真:《滎陽外史集》卷8《約齋記》,《景印文淵閣四庫全書》第1234冊,第15頁。

莊九，「以儒士徵，試吏部。」〔註9〕有時候皇帝還會親自考試，如「洪武六年朝廷大徵天下儒士，浙江參政徐本首彥良應薦，待詔闕下，奏對稱旨，擢太子正字。」〔註10〕張羽，「洪武四年以儒士徵至京師，應對不稱旨，放還。」〔註11〕洪武二十六年定考試儒士程序：「通曉經書儒士⋯⋯俱各訪求到官，審無過犯違礙，不拘名數，差人伴送到部。如儒士、秀才，（吏部）出題考試，果否通經⋯⋯仍取本戶丁糧數目，作何營生，及戶內有無雜役事故，供結明白，然後發送，選部選用。如將鄙陋不堪之人，一概朦朧濫舉，原舉官吏，依貢舉非其人律問罪。」〔註12〕永樂間，考試儒士的衙門發生變化，轉移至翰林院。如儒士郭張善，「永樂十五年六月，升儒士郭張善為翰林院檢討。張善⋯⋯自陳幼孤，賴繼母陳氏撫教而成，願出仕報效。上令翰林試其文，可取，故有是命。」〔註13〕另據筆者考證，雖然永樂年間考試薦舉儒士的機構為翰林院，但尚未形成制度規定，仁、宣時期考試薦舉儒士的中央機構仍為吏部。如洪熙元年十月，「擢儒士楊翥為行在翰林院檢討。翥以經明行修舉，行在吏部試所學優等，故有是命。」〔註14〕宣德十年十一月，「擢儒士盧忠為直隸太平府儒學訓導。初，忠以經明行修應薦吏部，驗忠軍籍無人補伍，上命試其才學，可取⋯⋯故有是命。」〔註15〕直至正統十四年，始形成制度規定：即萬曆《明會典》載「正統十四年詔各處舉到儒士，照永樂年間事例，送翰林院嚴加考試選用，不中者，發原籍為民。」〔註16〕

（二）儒士經薦舉入仕

受時局及相關人才選拔政策調整之影響，明朝薦舉儒士入仕又呈現出鮮明的階段性特徵。筆者以《明實錄》為主要依據，茲把收集到的薦舉儒士入仕情況列表於下：

〔註 9〕〔明〕鄭真：《滎陽外史集》卷 11《燕壘記》，《景印文淵閣四庫全書》第 1234 冊第 43 頁。

〔註 10〕〔明〕楊士奇等：《明太祖實錄》卷一八七「洪武二十年十一月甲寅」，第 2803 頁。

〔註 11〕〔明〕尹守衡：《皇明史竊》卷 97《張羽傳》，《續修四庫全書》第 317 冊，第 553 頁。

〔註 12〕〔明〕申時行：萬曆《明會典》卷 13《吏部・訪舉》，第 83 頁。

〔註 13〕〔明〕楊士奇等：《明太宗實錄》卷一九〇「永樂十五年六月辛亥」，第 2015 頁。

〔註 14〕〔明〕楊士奇等：《明宣宗實錄》卷十「洪熙元年冬十月丙寅朔」，第 260 頁。

〔註 15〕〔明〕李賢：《明英宗實錄》卷十一「宣德十年十一月庚寅」，第 210 頁。

〔註 16〕〔明〕申時行：萬曆《明會典》卷 13《吏部・訪舉》，第 83 頁。

表 3-1　洪武時期薦舉儒士入仕信息表〔註17〕

任用或提拔時間	姓名或名數	初擢官職	卷／頁
洪武三年七月丁亥朔	貝瓊等十人	授官	54／1059
洪武三年七月甲寅	陶凱	翰林應奉	54／1068
洪武三年九月	徐一夔等四人	授官	56／1114
洪武四年	歐陽性	靜寧州知州	170／2589
洪武六年三月乙丑	趙俶等七人	國子助教	80／1455～1456
洪武六年六月丁卯	杜彥良	太子太正	83／1490
洪武六年十二月庚申	朱右等三人	翰林編修	86／1540
洪武六年十二月庚申	孫作	太平府儒學教授	同上
洪武十年夏四月丙戌	王鈍	禮部主事	111／1852
洪武十年秋七月庚辰	趙晉	東宮文學	113／1868
洪武十二年冬十月癸巳	吳沈	翰林院待制	126／2019
洪武十二年十一月甲午	吳玄 張經道 高柄 耿祿	刑部員外郎 兵部員外郎 工部員外郎 吏部員外郎	127／2022
洪武十二年	五百三十人	除官	128／2042
洪武十三年五月癸卯	十一人	皆授以官	131／2088
洪武十三年六月庚午	趙楫	試通政司參議	132／2094
洪武十三年九月丙午	王本等六人	四輔官	133／2114
洪武十三年十一月丙辰	宋訥	國子助教	134／2132
洪武十四年二月乙亥	鄭王德 常孔麟	河南右參議 廣東右參議	135／2146
洪武十四年三月癸巳	黃桐生 陳多遜	福建右參議 山東鹽運使	136／2151
洪武十四年四月戊辰	伍朝賓	諫院左正言	137／2162
洪武十四年九月辛丑	張璲	福建左布政使	138／2191
洪武十四年九月辛丑	王廉	陝西左布政使	138／2191
洪武十四年九月辛丑	安處善 徐子民 曹岱	湖廣右布政使 山東右布政使 浙江右布政使	同上

〔註17〕史料依據為《明太祖實錄》，臺灣「中研院」歷史語言研究所 1962 年校印本。

洪武十四年九月辛丑	梁伯興 彭友信 韓宜可 李宜之	河南右布政使 北平右布政使 山西右布政使 江西右布政使	同上
洪武十四年十二月壬子	張子源	禮部試侍郎	140／2210
洪武十四年十二月壬子	張宗德	兵部試侍郎	140／2210
洪武十五年四月癸卯	吳顒	國子監祭酒	144／2269
洪武十五年九月乙卯	蕭尚仁	平涼府儒學訓導	148／2330
洪武十五年九月庚申	邢浩	河南布政使司左布政使	148／2331
洪武十五年九月庚申	鄒伯源	右參政	同上
洪武十五年九月庚申	盧友常	山東布政使司左布政使	同上
洪武十五年九月庚申	張翼	左參議	同上
洪武十五年九月庚申	周尚文	右參議	同上
洪武十五年九月庚申	郭思齊	北平布政使司左參政	同上
洪武十五年九月庚申	許允恭	右參議	同上
洪武十五年九月庚申	吳昭	山西布政使司右布政使	同上
洪武十五年九月庚申	邵勉	左參政	同上
洪武十五年九月庚申	錢壽祿	右參政	同上
洪武十五年九月庚申	劉安禮	左參議	同上
洪武十五年九月庚申	王惟善	右參議	同上
洪武十五年九月庚申	陳宗顏	陝西布政使司右布政使	同上
洪武十五年九月庚申	齊瞻所	四川布政使司左布政使	同上
洪武十五年九月庚申	宣彥	右參政	同上
洪武十五年九月庚申	趙麟、苟文甫等	監察御史	同上
洪武十五年九月癸亥	王存中等五百三十一人	試僉事	148／2332
洪武十五年九月癸亥	王嘉會、彭無黨	國子監博士	同上
洪武十五年九月己丑	蕭惟大等九人	按察司副使、僉事	148／2338
洪武十五年冬十月己亥	劉埒	左司諫兼左庶子	149／2353
洪武十五年十一月辛酉	余詮	文華殿大學士	150／2360
洪武十六年十一月庚子	王訥	山東僉事	58／2441

洪武十六年四月戊子	全思誠	文華殿大學士	153／2397
洪武十七年六月丙子	藍子貞	左副都御史	162／2518
洪武十七年六月丙子	張伯益	右副都御使	162／2518
洪武十七年二月己巳	許獻夫	浙江右參議	159／2462
洪武十七年六月己丑	饒仲恭	翰林院博士	162／2520
洪武十七年六月己丑	張庸	翰林院博士	同上
洪武十七年八月癸丑	陳玄 林文	右僉都御史 司經局試正字	164／2535
洪武十七年十月庚子	共五十人	各道試監察御史	167／2557
洪武十八年春正月甲戌	劉三吾	左春坊左贊善	170／2583
洪武二十年十一月乙酉	岳宗原等九人	布政司官	187／2798
洪武二十一年二月辛酉	劉邦彥	福建右參議	188／2823
洪武二十一年二月戊辰	盧彥昭 孫景宣	四川右參議 陝西右參議	188／2827

　　由上表可知，洪武年間薦舉儒士入仕呈現出以下特徵：第一，規模大。如「洪武十五年九月己亥」，一次性擢升儒士王存中等五百三十一人為試僉事；「洪武十七年十月庚子」一次性擢拔儒士共五十人為各道試監察御史。第二，除官範圍廣，數量多。其中，侍郎 2 人，四輔官 6 人，大學士 1 人，通政司參議 1 人，翰林官 5 人，東宮官 5 人，副都御史 2 人，僉都御史 1 人，諫院官 1 人，布政使 14 人，參政 4 人，參議 12 人。僅「洪武十五年九月庚申」，薦舉儒士直接授官布政使 5 人，參政 5 人，參議 5 人，監察御史 2 人。上至中央院、部、司、監等官，在外布、按二司官，下至府、州、縣正官和教官，薦舉儒士「由布衣而擢為大僚者不可勝數」。在此需說明的是，《表 3-1》中所錄僅是薦舉儒士直接授官的小部分，而更多的儒士經此途徑授官者，《實錄》未載，但「管中窺豹」，由此可見洪武時期薦舉儒士之盛況。第三，對薦舉儒士直接授官者進行試職。如趙楫，洪武十三年為試通政司參議；張子源，張宗德，洪武十四年十二月壬子為禮部、兵部試侍郎。儒士入仕之前無從政經驗，因此對其進行試職既有利於熟悉政務、提高行政效率，又對約束官員貪污腐化，具有重大的意義，是洪武朝對整頓吏治的重大探索。第四，洪武後期，薦舉儒士直接授官者明顯減少。除與統治者把開科取士設置為選官來源主體的國家制度息息相關外，還有一個更為重要的原因就是薦舉儒士與統治者設想達到的人

才標準相差甚遠，即洪武二十四年明太祖所言：「朕自御宇以來，擢用儒士布列百司，思得其人，以稱其任，而卒少見，其故何也？〔註18〕」因此，薦舉儒士「不得其人」是薦舉儒士次數減少的更深層次的原因。

表3-2　永樂至天順時期薦舉儒士入仕信息表〔註19〕

任用或提拔時間	姓名或名數	初擢官職	卷／頁
洪武三十五年秋七月辛卯	曾日章	翰林院侍讀	10上／158
洪武三十五年十二月乙丑	軒伯昂	山東布政司參議	15／279
永樂六年夏四月丙午	項民蘇	監察御史	78／1058
永樂七年二月戊戌	鄭佐	中書舍人	88／1175
永樂十五年六月辛亥	郭張善	中書舍人	190／2015
永樂十六年六月乙巳	蘇鎰	中書舍人	201／2090
洪熙元年夏四月戊申	吳納	監察御史	9上／287
洪熙元年七月戊子	儀銘	行在禮科給事中	4／104
洪熙元年冬十月丙寅朔	楊翥	行在翰林院檢討	10／260
宣德二年五月辛未	董轟	承天門待詔	28／747
宣德五年五月乙卯	鄒循	翰林院待詔	66／1558
宣德十年十一月庚寅	盧忠	太平府儒學訓導	11／210
天順五年春正月癸亥	董序	中書舍人	324／6708

由《表3-2》可知：與洪武年間相比，永樂後，薦舉儒士入仕途徑日益走向沒落。具體表現為：第一，規模小。永樂後，再也沒有出現洪武年間大規模授予薦舉儒士官職的情況。第二，直接授予薦舉儒士官職多為品秩低、清要的職位。第三，下詔薦舉儒士次數大規模縮減。造成上述局面的主要原因有：民間人才枯竭，學校及客觀、公正的科舉選才制度的日益完備，薦舉儒士過程中的營私舞弊現象日趨嚴重。〔註20〕

〔註18〕〔明〕胡廣：《明太祖實錄》卷一五二「洪武二十四年八月戊辰」，臺北：「中研院」史語所，1962年，第3107頁。

〔註19〕「洪武三十五年秋七月辛卯」至「永樂十六年六月乙巳」的史料依據為《明太宗實錄》，「洪熙元年夏四月戊申」為《明仁宗實錄》，「洪熙元年冬十月丙寅朔」至「宣德五年五月乙卯」為《明宣宗實錄》，「宣德十年十一月庚寅」至「天順五年春正月癸亥」為《明英宗實錄》，餘下依次為《明孝宗實錄》、《明世宗實錄》。

〔註20〕郭培貴：《明史選舉志考論》〔M〕，北京：中華書局，2006：293。

二、善書

據《明會典》載:「國初,設鑄印局,專管鑄造內外諸司印信。」〔註21〕「凡鑄印局,舊額設大使、副使各一員,食糧儒士二名……每遇考選儒士……訪保身家無過,楷、篆精熟、兼通文理子弟,起送赴部,會同吏部堂上官考選。嘉靖十五年題准,鑄印局儒士許設三名,本部會同吏部考選收局。首名食糧辦事,第二名、第三名習學,遇有糧缺,挨次考補。」〔註22〕「楷、篆精熟、兼通文理」的社會良民經官府考選合格後成為禮部鑄印局儒士,具備儒士身份也就意味著獲得選官資格。據《明會典》載,鑄印局儒士食糧辦事三年後,依次升補鑄印局副使、大使。如果食糧滿日,鑄印局暫時無缺,「願告外選者,補除府檢校」〔註23〕;「有告願守本局員缺者」,諮送吏部授予冠帶,候缺選補。如果鑄印局一時缺官,但無食糧滿日儒士,則選擇食糧日久者,由吏部題授署理職務,等食糧滿日實授。〔註24〕嘉靖十九年,朝廷為緩解財政危機,「許鑄印局聽缺食糧儒士,納銀一百二十兩,諮送吏部冠帶,辦事半年,照依本等資格選用」。〔註25〕鑄印局「專管鑄造內外諸司印信」,是保證明朝國家機器有序運轉的重要部門,善書儒士雖職小位微,但起著不可替代的作用,因此,終明之世禮部鑄印局儒士都可由此進入仕途。

三、纂修

儒士經地方官舉薦至中央,經朝廷考試合格認定其儒士身份後,一般而言可直接授予官職,不過,薦舉儒士也有以纂修典籍而入仕者。據《翰林記》載:「凡書成進御,例有升賞酬勞也」。〔註26〕如洪武三年秋七月,「續修《元史》成……授儒士張宣等官。」〔註27〕永樂元年,「纂修《實錄》成,題奉欽依儒士、

〔註21〕〔明〕申時行:《明會典》卷39《禮部三十七·印信》,北京:中華書局,1989年,第457頁。

〔註22〕〔明〕申時行:《明會典》卷117《禮部七十五·儀制清吏司》,第611頁。

〔註23〕〔明〕申時行:《明會典》卷117《禮部七十五·儀制清吏司》,第611頁。

〔註24〕〔明〕俞汝楫:《禮部志稿》卷99《選補局官》,《景印文淵閣四庫全書》第598冊,第790~791頁。

〔註25〕〔明〕俞汝楫:《禮部志稿》卷99《選補局官》,《景印文淵閣四庫全書》第598冊,第792~793頁。

〔註26〕〔明〕黃佐:《翰林記》13《修書升賞》,《景印文淵閣四庫全書》第596冊,第1001頁。

〔註27〕〔明〕胡廣:《明太祖實錄》卷六四「洪武三年秋七月甲戌」,第8211頁。

監生、生員王孟易等除主事、御史、中書舍人等官。」〔註28〕宣德五年，「以兩朝《實錄》成，升儒士鄒循為待詔」。〔註29〕纂修典籍是明朝統治者大力弘揚文化傳承的表現形式，此後一以貫之的繼承這一做法。而儒士則是纂修典籍中不可或缺的人選，遇有纂修之勞的儒士，例有獎賞或升授官職，至明末不變。

四、教習勳臣子弟

明初，為教習勳臣子弟，朝廷規定「凡教習勳臣子弟，公、侯、伯家例設教書儒士一人。正統元年令公、侯、伯保除，三年無過，得除訓導於本都督府帶俸」。〔註30〕換言之，教習勳臣子弟的教書儒士身份只須公、侯、伯保舉，朝廷默認而已，這就不可避免存在所舉非人、徇私舞弊的現象。景泰五年，「吏科言：『近者公、侯、駙馬、伯奏保家塾教書儒士往往不通經書，不飭行檢，惟事請託，濫膺冠帶，尋授以職有玷名器。自後務須教書三年，送翰林院考試，中式給與冠帶，考不中，考發回為民，其考中者，又三年照例授職，滿九載赴吏部考核，方許改升。』從之」。這就把確認教習勳臣子弟的教書儒士身份的職責明確歸屬翰林院。只有通過翰林院考試合格者，方許依例照本等資格選官。

洪武至天順時期，儒士入仕以薦舉為主，善書、纂修和教習勳臣子弟為輔。儒士以「通經」為主要特徵，本身具有較高文化素養，在最高統治者探索到適合的選官制度之前，成為備選官員甚至是高級官員的重要群體也是必然趨勢，是儒士入仕的主流途徑。禮部鑄印局「專管鑄造內外諸司印信」，善書儒士為具體辦事人員，職位卑下，不受朝野重視，本質上則是適應專制主義中央集權的需要。儒士因纂修和教習勳臣子弟有功被授予官職，但級別不高，數量不多，是封建君主專制政體及與之相適應的官僚體制下的產物，與善書一樣在儒士入仕之途中發揮著輔助性作用。

第二節　景泰至嘉靖：傳奉為主，多途並用

明中期儒士入仕之途有薦舉，善書，纂修，教習勳臣子弟，乞恩，傳奉，捐納。薦舉如張雷，「夏文愍公見其書而賞之，以儒士薦入朝，受知世廟，供

〔註28〕〔明〕李默：《吏部職掌》文選三《求賢‧公侯教讀》，四庫全書存目叢書史部
　　　　第 258 冊，第 53 頁。
〔註29〕〔明〕楊士奇：《明宣宗實錄》卷四八「宣德五年六月乙丑」，第 1558 頁。
〔註30〕〔明〕李默，《吏部職掌》文選三《求賢‧公侯教讀》，第 52 頁。

奉館局授序班」〔註31〕；善書如林應禧，「以楷書儒士授鴻臚寺序班。與修《武宗實錄》，累官順天府丞」；〔註32〕纂修典籍者如趙訓夫，「以儒士隸禮部鑄印局⋯⋯凡朝廷寶冊，制誥、誥敕、經筵講章、榜文試錄多出其手。預修《大明會典》，加正七品祿」。〔註33〕成化十三年撫寧候朱永奏保教書儒士汪忝，教習勳臣子弟有功，乞授官職。吏部「覆准止給冠帶，再候書辦三年，另題職事」。〔註34〕另外，教習勳臣子弟的儒士如跟隨公、侯、伯出征立有軍功者，也可由朝廷授予官職。如成化二年定襄伯郭登奏保教書儒士陳沫隨征有功，乞加職級。吏部「查有節次記功文冊，題准升中軍都督府經歷司都事，跟隨辦事。」〔註35〕弘治十三年，成山伯王鏞奏保儒士丁松。吏部議准：「近年各處奏保教書，俱係黜退生儒，及仕宦無行子弟營謀合。將成山伯訓導於聽選訓導並監生內挑選，著為定例。」〔註36〕此後，教習勳臣子弟的人選從聽選訓導以及監生內挑選，而教習儒士則退出歷史舞臺。

　　儒士乞恩始於景泰間，即景泰六年，「擢寫誥命儒士趙貞為中書科舍人，從其援例乞恩也」。〔註37〕此後日益泛濫，如成化七年，「授習字儒士仲蘭為中書舍人。近時，習字中書者，非大臣子不得與。而蘭以其伯父任太醫院判，供事內御藥房，故夤緣乞恩，詔特許之，不為例」。〔註38〕儒士乞恩入仕之途的出現，完全取決於皇帝個人的施政理念，根源於封建君主專制體制。在封建君主專制時代，君主完全可憑個人的喜好對選官原則施加影響。作為正常銓選之外不符合朝廷選官機制而存在的途徑，實可視為傳奉之濫觴。它影響了朝廷政治資源分配的原則，與官本位體制格格不入，不利於維護統治階級內部各種勢力之間的平衡，因而此後退出歷史舞臺也是必然。

　　傳奉始於成化間。何謂傳奉？據《菽園雜記》載：「生員、儒士、匠丁、

〔註31〕〔明〕何三畏：《雲間志略二》，《明代傳記叢刊·綜錄類》第41冊，臺北：明文書局，1991年，第47頁。

〔註32〕〔清〕孫岳頒：《御定佩文齋書畫譜》，《景印文淵閣四庫全書》第820冊，臺北：臺灣商務印書館，1986，第703頁。

〔註33〕〔明〕李東陽：《懷麓堂集》卷88《大理寺左寺正趙生訓夫墓誌銘》，《景印文淵閣四庫全書》第1250冊，第937頁。

〔註34〕〔明〕李默：《吏部職掌》文選三《求賢·公侯教讀》，第52頁。

〔註35〕〔明〕李默：《吏部職掌》文選三《求賢·公侯教讀》，第52頁。

〔註36〕〔明〕李默：《吏部職掌》文選三《求賢·公侯教讀》，第52頁。

〔註37〕〔明〕陳文：《明英宗實錄》卷五二「景泰六年七月與丑」，第5549頁。

〔註38〕〔明〕劉吉：《明憲宗實錄》卷一七「成化七年三月己亥」，第1834頁。

樂工、勳戚、廝養，凡高資者，皆與並進，名曰傳奉。蓋命由中出，不由吏部銓選，故名。」〔註39〕儒士傳奉入仕集中在成化、弘治、正德三朝，為詳細探究儒士傳奉入仕的特點，以三朝《實錄》為依據，茲列表如下：

表 3-3　成化至正德時期傳奉儒士入仕信息表

時　　間	姓名或名數	初擢官職	卷／頁
成化九年十一月庚子	杜昌	鴻臚寺序班	122／2350
成化十二年春正月丙寅	許瀚、金匙	鴻臚寺序班	149／2729
成化十八年九月癸亥	周文玉 謝瑛、楊鉞	鴻臚寺主簿 鴻臚寺序班	232／3966
成化十八年十一月乙卯	黃鉞 李眅	鴻臚寺主簿 通政司知事	234／3984～3985
成化十九年二月乙酉	湯瑄、李琪	鴻臚寺序班	237／4030
成化十九年六月甲申	解繪、翁澄、李聰、陳洪	鴻臚寺序班	241／4080
成化十九年九月甲辰	湯圭	鴻臚寺序班，文華殿書辦	244／4135
成化十九年冬十月庚申朔	梁鎧	太常寺博士	255／4149
成化十九年十二月丁卯	沈祿等五人	鴻臚寺署丞	247／4176
成化十九年十二月戊寅	金鐸等十二人	鴻臚寺序班	247／4181
成化十九年庚辰	朱祚、王玘	錦衣衛所鎮撫	247／4183
成化十九年十二月甲申	馬驄、陳南金 蕭鎪、聞忠 呂選	鴻臚寺序班 工部司務 通政司知事	247／4185
成化二十年秋七月	李成	中書舍人	254／4301
成化二十年九月丙戌	於翔 李惠等五人	錦衣衛所鎮撫 鴻臚寺序班	256／4319
成化二十年冬十月庚申	鍾宏、孫瓚 王栻等四人	工部司務 鴻臚寺序班	257／4341
成化二十年冬十月己巳	孫聰	禮部司務	257／4344
成化二十年冬十月丁丑	劉本洪等四人	鴻臚寺序班	257／4350
成化二十年十一月丙戌	唐銳等五人	工部司務	258／4354

成化二十年十二月甲子	幹源	兵部司務	259／4372
成化二十年十二月庚辰	俞貴 俞詳	鴻臚寺序班 文思院副使	259／4381
成化二十冬十月癸卯	高良臣	鴻臚寺序班	271／4581
成化二十一年十二月己亥	王杰	鴻臚寺序班	273／4605
成化二十二年二月癸巳	倪翊、王軾	鴻臚寺序班	275／4629
成化二十二年二月己未	仝泰	中書舍人	275／4632
成化二十二年三月戊午	劉瑭等六人	御用監辦事	276／4650
成化二十三年八月戊辰朔	王輔、李全、徐昌	御用監辦事	293／4967
弘治十二年正月戊子	惠祥	中書舍人	146／2570
正德五年十二月辛亥	劉沂	鴻臚寺序班	70／1560

　　由上表可知：傳奉儒士持續時間長，從成化九年持續到正德五年，時間長達四十餘年之久；授官範圍廣，涉及鴻臚寺、太常寺、兵部、禮部、工部、文思院、中書舍人、通政司、錦衣衛、御用監等衙門；儒士傳奉授官集中在成化十九年、二十年，且鴻臚寺序班在傳奉的官職中佔據很大比重。傳奉儒士授官產生了極其惡劣的影響：第一，直接加重了百姓的經濟負擔，百姓不堪其橫征暴斂，紛紛陷入窮困的境地。如成化二十一年，吏部尚書尹旻等言：「在京大職額外增多，及傳奉升授寫經書儒士、匠官等通計二千餘人，其俸祿、皂隸皆出於民，不可勝算。」〔註40〕第二，傳奉官職多為閒曹，儒士傳奉官也是真正意義的冗官，但他們皆是享有國家俸祿的在編人員，必然會加重國家的財政負擔。正如時人言「廝役雜流之冒濫，莫此為甚，而府庫日竭矣！」〔註41〕第三，對正常的銓選制度造成衝擊，破壞了正常有序的仕進之途。如成化十九年冬，吏科都給事中王瑞「以傳奉冗員淆亂仕路，率同官奏曰：『祖宗設官有定員，初無倖進之路，近始有納粟冠帶之制，然止榮其身，不任以職。今幸門大開，鬻販如市……妄竊名器，逾濫至此，有識寒心。」〔註42〕傳奉儒士始於並集中於成化年間，「可以說，是一個具有藝術家氣質的皇帝，一批懂得討好皇帝並同時為自己謀利的宦官，一批能夠通過種種辦法令皇帝宦官高興並從中獲益的三教九流之徒，共同上演了一齣鬧劇，一齣傳奉官的

〔註40〕〔明〕劉吉：《明憲宗實錄》卷260「成化二十一年春正月乙丑」，第4389頁。
〔註41〕〔明〕楊廷和：《明武宗實錄》卷70「正德五年十二月辛亥」：第1560頁。
〔註42〕〔清〕張廷玉，《明史》卷180《列傳第68·王瑞》，北京：中華書局，1974年，第4777頁。

鬧劇」，〔註43〕是特定時代的產物，代表著皇室和特權階級的需求。然而，「這種升授的方式所帶來的後果將影響整個社會、將使價值觀念變得更加功利、將使官場變得更加腐敗」〔註44〕，且直接加重朝廷的財政負擔，帶有根本性的危害，造成「府庫日竭矣！」的嚴重局面。「具有出身優勢的官員為維護自身和集團利益，往往會在其所認定的任官範圍內排斥其他出身者」。〔註45〕在以上諸多因素的綜合作用下，嘉靖初期，傳奉儒士被視為弊政而廢止。

儒士捐納始於嘉靖十九年。據《禮部志稿》載：「嘉靖十九年，禮、工二部為大工，方殷費用不貲，開納儒士四十名，每名納銀二百五十兩」。〔註46〕換言之，社會良民只要按規定繳納一定的貲財，不論是否具備「楷、篆精熟，兼通文理」，就可得到官府的認可，從而被授予禮部鑄印局儒士的頭銜。如郭汝桐，「會軍興得入粟拜官，公遂入貲為禮部儒士，授福建按察司經歷。」〔註47〕同時為擴大財政來源也為緩解禮部鑄印局儒士仕途淹滯，明令鑄印局聽缺食糧儒士納銀者，不僅可獲得吏部冠帶，而且辦事半年就可選官。捐納儒士的危害是巨大的，它的實行主要為緩解財政危機，只能實行一時。對此，明朝的統治者有著清醒的認識，嘉靖帝曾言：「令講求足國裕邊之要，毋專恃此，以為長策。」〔註48〕在此需要指出的是，此後因財用日益匱乏，儒士捐納範圍不斷擴充，成為明廷緩解財政危機的重要手段之一，但多為中下級職位，發揮著輔助性角色的作用。

這一時期，儒士入仕之途為多途並用，除延續以往的入仕途徑外，以傳奉為主流，主要受皇帝個人施政措施及所處歷史條件的影響。如成化皇帝沉湎享樂，愛好文學，詞曲，「以天縱之姿，篤意經史……乃一時供奉之臣，仰副淵衷，多克以材藝自見者」。〔註49〕上之所好，下必趨之，儒士帶著功利性目的迎合皇帝的喜好，「傳奉升授而導致的社會價值觀念的變化也由此興起，迅速

〔註43〕方志遠：《「傳奉官」與明成化時代》〔J〕，《歷史研究》，2007 年第 1 期。
〔註44〕方志遠：《「傳奉官」與明成化時代》〔J〕，《歷史研究》，2007 年第 1 期。
〔註45〕郭培貴：《論明中後期銓選的「獨重進士」》〔J〕，《河南師範大學學報》，2003年第 5 期。
〔註46〕〔明〕俞汝楫：《禮部志稿》卷 99《儒士納例》，第 792～793 頁。
〔註47〕〔明〕董裕：《董司寇文集》卷 13《明中都留守司經歷郭君墓表》《四庫未收書輯刊》第 5 輯第 22 冊，北京：北京出版社，1997 年，第 732 頁。
〔註48〕〔明〕徐階：《明世宗實錄》卷 533「嘉靖四十三年四月丁丑」，第 8699 頁。
〔註49〕程敏政：《篁墩文集》卷 29《應詔揮毫詩序》，《景印文淵閣四庫全書》第 1252冊，第 508 頁。

由京師輻射到全國各地」。〔註50〕

第三節　隆慶至崇禎：捐納為主，日漸式微

　　明末，依然延續著以往的儒士入仕途徑。如程元化，於萬曆十二年由儒士薦舉任宛平縣主簿；〔註51〕隆慶元年四月，「重錄《大典》書成，題准儒士程大憲添注鴻臚寺署丞、儒士章伯輝等添注鴻臚寺序班等職；儒士願告外任，各照序班對品外除」〔註52〕；萬曆間，善書儒士馬繼文、徐繼申為禮部儀制清吏司員外郎兼司經局正字。〔註53〕這一時期，隨著邊事頻繁，財政大匱，儒士捐納更加泛濫，危害也更巨大。崇禎二年奏准「加運判、正提舉各納銀八百兩、州同六百兩、五城副兵馬、州判，各五百兩。布、按二司經歷、布政司正理問各四百兩。如係監、儒出身，方許准納」〔註54〕。而提舉、運副等官，「昔年原以正途升除，今且以儒士、吏員為之，而提舉一官臕悅尤至。動有粵援之囑、千金之賂，私橐日盈，民生日困，自丞簿而下又勿論矣。」〔註55〕儒士捐納無異於「飲鴆止渴」，但此時的明王朝不得不藉此斂聚資財緩解財政危機，最終則是隨著明王朝的覆亡而落幕。

　　明末，由儒士起家者已不多見，朝廷依然保留儒士經薦舉、善書、纂修入仕之途，除能在政治上能夠發揮有限作用外，也是明朝「恪守祖制」在政治層面的反映。隨著明朝政治日益腐敗，最高統治者或為享樂或為挽救危局以斂聚錢財為急務，故捐納成為儒士入仕的主流。

　　以上主要論述明代儒士入仕途徑的變遷。在此，筆者認為仍有必要作一下補充說明：第一，儒士除在洪武朝選官體系中一度處於較有影響的地位外，此後逐漸衰弱以至淪為以進士為核心的選官體系的輔助性角色，處於邊緣化地

〔註50〕方志遠：《「傳奉官」與明成化時代》〔J〕，《歷史研究》，2007年第1期。

〔註51〕〔明〕沈應文：《萬曆順天府志》卷4《政事志》，《四庫全書存目叢書》史部第208冊，第146頁。

〔註52〕〔明〕李默，吏部職掌文選三《求賢·纂修恩例》，《四庫全書存目叢書》史部第208冊，第54頁。

〔註53〕天一閣整理：萬曆二年進士登科錄，《天一閣藏明代科舉錄選刊·登科錄》第七函，寧波：寧波出版社，2006，第3頁。

〔註54〕〔明〕畢自嚴：《度支奏議·山西司卷一》，《續修四庫全書》史部第490冊，上海：上海古籍出版社，2012：第469頁。

〔註55〕〔明〕葉向高：《明神宗實錄》卷434「萬曆三十五年六月乙巳」，第8211頁。

位。儒士經薦舉、善書、纂修典籍、教習勳臣子弟入仕，充分發揮著獨特的社
會功能和文化功能，是維繫明代國家權力機構正常運作不可或缺的紐帶；儒士
經乞恩、傳奉、捐納入仕，是專制主義皇權體制下的產物，對明代整個官僚集
團的腐朽、惡化起了推波助瀾的作用，對整個社會產生了明顯消極的影響。第
二，明代儒士在選官體系中被邊緣化也是必然趨勢。隨著時間的推移，明代儒
士素質不斷下降。通經儒士「或藉倚父兄之勢而膺薦，或私通賄賂而得舉。既
非殊才，驟致美職」，〔註56〕善書儒士則多經乞恩、傳奉、捐納入仕。在與客
觀因素即明中後期銓選「獨重進士」的綜合作用下，〔註57〕這一局面的形成帶
有主客觀必然性。第三，明中後期，儒士仕至高官者遭到朝野上下的排斥，備
受打壓。如隆慶元年四月，「奪侍郎張電誥命。先是，禮科都給事中辛自修、
河南道監察御史王好問等各言：『黃冠雜流，文、英、匠作鄙役，本士論所不
齒……電以儒士習書，遂濫卿貳，悉當追論，以示創懲。』禮部議覆俱從之。」
〔註58〕這既是科舉功名成為決定士人地位和朝廷政治資源分配的主要因素的
結果〔註59〕，又是既得利益集團不願分享政治資源的突出表現。

〔註56〕〔明〕楊士奇：《明英宗實錄》卷255「景泰六年閏六月壬申」，第5504頁。

〔註57〕郭培貴：《論明中後期銓選的「獨重進士」》〔J〕，《河南師範大學學報》，2003
　　　　年第5期。

〔註58〕〔明〕徐學聚：《國朝典匯》卷125《禮部二十三・恤典》，《四庫全書存目叢
　　　　書》史部第266冊，第52頁。

〔註59〕郭培貴：《明代科舉發展的特徵與啟示》〔J〕，《清華大學學報》，2006年第6
　　　　期。

第四章　明代儒士的歷史貢獻

　　明代「儒士」在入仕期間大多都能做到恪盡職守，盡職盡責。在勤政惠民、勇於進諫、秉公執法、廉潔奉公等方面政績顯著；在地方社會中，他們造福一方、扶危救困，表現出高度的責任感和使命感；在文化方面，他們纂修典籍、制禮作樂、推動地方文教事業發展；對當時的社會及後世歷史產生深遠的影響。

第一節　儒士的政治貢獻

一、勤政惠民

　　明代儒士在行政任職期間多能做到恪盡職守，造福一方。如艾彭，「洪武初以儒士薦，授潮州同知，擢東昌知府，潮人感其惠愛，嘗立主侑祀於韓公廟。守東昌，築堤捍江，自黑龍渦至魏家灣六十里，民獲安居焉。」〔註1〕王璉，「洪武初以儒士歷寧波知府」，〔註2〕「毀境內淫祠，三皇祠亦在毀中。或以為疑，璉曰：『不當祠而祠曰淫，不得祠而祠曰瀆。惟天子得祭三皇，於士庶人無預，毀之何疑？』」〔註3〕黃哲，洪武初以儒士「知東阿縣，吏胥初以儒士易之。（哲）剖決如流，案牘無滯。且不事繳繞苛察，民樂其寬。時經毛貴亂後，

〔註1〕〔清〕陶成：《江西通志》卷77《人物‧吉安府》，《景印文淵閣四庫全書》第515冊，臺北：臺灣商務印書館，1986年，第635頁。

〔註2〕〔明〕朱國禎：《涌幢小品》卷13《埋羹撤茶》，上海：上海古籍出版社，2012年，第232頁。

〔註3〕〔清〕張廷玉：《明史》卷143《列傳第三十一‧王璉》，北京：中華書局，1974年點校本，第4061頁。

民多流徙他鄉，聞哲善政復業者，無慮數千人，戶口日滋。四年，遷東平府通判，東阿士民涕泣攀留。」〔註4〕陳仲晉，「洪武六年，由儒士拜江山知縣。有惠愛於民，上特旨褒嘉之。」〔註5〕儒士葉守禮，「洪武初以監察御史改知縣事，奏遷縣治，士民稱便。文章政事卓有可稱」，林鍾，「洪武中由儒士任崑山訓導，入侍經筵，應制有詩，擢知縣事。蒞政廉能，銳意風化。惡民間喪禮乖節，論禁甚嚴，夷風不變。」〔註6〕郭汝桐，「入貲為禮部儒士……會天長缺令長，檄公往署。公至天長，愛民下士。天長苦逋稅，為之邸；例耗條緩急而蘇息之；獄多冤枉滯為之釋呈；誤貸贖鍰而全活之；士鮮振樹為之捐貲課業，崇飭節行以鳳勵之，天長之民怙公為「乳保」。公亦喜得天長以自試所長，蓋不踰年幾於政通民和矣。」〔註7〕高千晦，以禮部儒士授鴻臚寺序班，「補餘干縣主簿。縣擋水衛郭外，捍以大堤數十里，而鄉薦紳多負郭田，堤壞輒役縣夫治，蓋小民食其勞而薦紳有其利，故積歲無功。令憂之，一以囑君。君曰『是易耳』。乃計畝出夫，並為部落法勒之。不十日，堤告成。」〔註8〕儒士在任職地一展所長，惠政親民，因而受到人們的挽留及紀念，直至今天仍有深刻的啟迪。

二、勇於進諫、秉公執法

在行政任職期間湧現出一批勇於進諫的儒士官員。如王度，「部使者以明經儒士薦，起家拜山東道監察御史，繩糾務，持大體，疏十餘上，多見用。」〔註9〕儒士黃哲知東阿縣時，「聞有司欲復堰黃陵岡，哲建議謂此乃胡元覆轍，不可以為法事，遂寢。尋上疏陳時務數十事，皆人所難言。上怒其狂，會山東守臣奏哲捐俸修先聖祠，築積水湖堤有成績，乃釋不問。」〔註10〕金忠，「靖

〔註4〕〔明〕過庭訓：《本朝分省人物考》卷110《廣東廣州府‧黃哲》，《續修四庫全書》史部第536冊，上海：上海古籍出版社，2002年，第205頁。

〔註5〕〔明〕過庭訓：《本朝分省人物考》卷70《福建福州府‧陳仲晉》，《續修四庫全書》史部第535冊，上海：上海古籍出版社，2002年，第138頁。

〔註6〕〔明〕陳光前：萬曆《慈利縣志》卷15《秩官》，《天一閣藏明代方志選刊》第59冊，上海：上海古籍書店，1964年，第3頁。

〔註7〕〔明〕董裕：《董司寇文集》卷13《明中都留守司經歷郭君墓表》，《四庫未收書輯刊》第5輯第22冊，北京出版社，1997年影印本，第732頁。

〔註8〕〔明〕焦竑：《焦氏澹園集》卷28《鴻臚寺序班高君千晦墓誌銘》，《四庫禁燬書叢刊》集部第61冊，北京：北京出版社，1997年，第322頁。

〔註9〕〔明〕焦竑：《國朝獻徵錄》卷65《監察御史王度傳》，《續修四庫全書》史部第528冊，第554頁。

〔註10〕〔明〕過庭訓：《本朝分省人物考》卷110《廣東廣州府‧黃哲》，第205頁。

難事起，以儒士入見……永樂二年累官兵部尚書兼詹事府事。輔導儲君以正直自持，言無不盡，尤見優待。」〔註11〕李原名，「洪武十五年，以通經儒士舉為御史。二十年使平緬歸，言：『思倫發懷詐窺伺，宜嚴邊備。靖江王以大理印行令旨，非法，為遠人所輕。』稱旨，擢禮部尚書。自是遠方之事多諮之。」〔註12〕洪武十五年二月，「以福建儒士沈士榮為待詔。士榮抗疏言天下事，謂當修治省刑，且請給筆札條列事宜。或入侍左右，劇論庶事，雅重其鯁直，賜手詔褒重之。」〔註13〕此外，還湧現出一批秉公執法，打擊權貴的儒士官員。如臧哲，洪武間「以儒士舉授禮部主事，轉兵馬指揮。發奸摘伏，不避權豪。」〔註14〕彭通，「洪武四年由儒士舉……九年三月與方徵等十六人偕轉監察御史，常奉命巡京郡，薦達賢能，攻擊貪暴，有能聲。升山西布政司參政，通單車赴任，能以公廉滌積弊。河東運司官匿羨餘，不以實聞，廉得其情，遂置於法，朝廷賜寶鈔旌之」〔註15〕，「有吳印者，故五臺寺僧也。以才辨受知為陝西方面官，家人橫肆，偶以事干通，通直其罪，斥辱之，修其事以聞。」〔註16〕禮部儒士於潛，知東阿縣，「有內使過河上，徵發甚亟。桎一士人於舟，公往譬訟之，辭色俱厲，內使意動，遂釋士人。郡中以此才公。」〔註17〕儒士吳訥，洪熙中授監察御史，「敬慎廉直，不務矯飾。宣德初，出按浙江，以振風紀植綱常為務……繼按貴州恩威並行，蠻人畏服。」〔註18〕這些敢於直諫、秉公執法的儒士官員對促進明初吏治的清明，社會生產力持續向前發展，作出了應有的貢獻。

〔註11〕〔明〕雷禮：《國朝列卿記》卷14《國初詹事府詹事行實‧金忠》，《續修四庫全書》史部第522冊，第257頁。

〔註12〕〔清〕張廷玉：《明史》卷136《列傳第二十四‧李原名》，第3938頁。

〔註13〕〔明〕廖道南：《殿閣詞林記》卷21《直諫》，《景印文淵閣四庫全書》第452冊，第396頁。

〔註14〕〔明〕胡廣：《明太祖實錄》卷121「洪武十一年十二月戊辰」，臺北：「中研院」史語所1962年校印本，第1966頁。

〔註15〕〔明〕過廷訓：《本朝分省人物考》卷110《廣東廣州府‧彭通》，《續修四庫全書》史部第536冊，第211頁。

〔註16〕〔清〕儲大文：《山西通志》卷85《名宦‧彭通》，《景印文淵閣四庫全書》第545冊，臺北：商務印書館，1986年，第65頁。

〔註17〕〔明〕于慎行：《穀城山館文集》卷19《明故山東東平州判官北溪於公墓誌銘》，《四庫全書存目叢書》集部第147冊，濟南：齊魯書社，1997年，第577頁。

〔註18〕〔清〕張廷玉：《明史》卷158《列傳第四十六‧吳訥》，北京：中華書局1974年點校本，第4317頁。

三、廉潔奉公

儒士官員群體中，也不乏不計個人得失、廉潔奉公者。如陳本，「洪武二年由儒士薦知海康縣事。創置公宇，編集版圖，優恤孤老，流移者悉為之所，遠近歸附七十餘家。堤渠圩岸，靡不修築，後卒於官。囊無餘資，民為賻殯。」林弼，「洪武元年己酉秋八月以儒士登春官……奉使安南……使還，王命中使密以五百金夜投公榻去。翌日，安南從官復進金五百。公曰：『我等為中國使，顧受外夷賕，去國萬里，即不受，何以自白？乃俾其進賀，使武漢碑裝以白於朝。』至日入奏上曰：『外夷敬中國，使禮宜賂中國使，去萬里外，不撓國法，兩盡其道。』亟返其國，上器重之。」〔註19〕彭通，以儒士舉，「與方徵等十六人偕轉監察御史……用事者遣人以金帛賂之，通辭不可，其人強之受，通欲以上聞，乃已。」〔註20〕儒士王璉，知寧波府，「自奉儉約，一日，饌用魚羹，璉謂其妻曰：『若不憶吾啖草根時耶？』命撤而埋之。人號『埋羹太守』。」〔註21〕松江府檢校言某，「入粟為禮部儒士……秩得檢校松江。在官幾年，惠愛謹廉……在禮部，一日思省而歸，及聞詔輩選中書，往而後矣。禮部公訝之，曰：『母病始瘳，不忍遽去也。』始冀以文顯，不得而冀以書，書幾顯矣！不得而竟垂翅於幕中之除，噓之者盈朝。」〔註22〕儒士官員以身作則，清正廉潔，對激揚正氣、改善吏治意義重大。

四、具有軍事指揮才能

儒士群體中亦不乏具有軍事才能者，尤為一大特色。「陳應隆……授禮部冠帶儒士。徵羅旁，獻策圖劃，統義兵力戰有功，及事平，關道撫民之功居最。」〔註23〕教習勳臣子弟儒士陳洙，「才識過人，智謀超眾，練達治體，熟諳兵法。一向隨軍在兩廣各哨剿殺流賊，凡百籌劃，允合事機。」〔註24〕儒士岑伯高，

〔註19〕〔明〕王廉：《中順大夫知登州府事梅雪林公墓誌銘》，《林登州集》附錄，《景印文淵閣四庫全書》第1227冊，1986年，第202頁。
〔註20〕〔明〕過廷訓：《本朝分省人物考》卷110《廣東廣州府·彭通》，《續修四庫全書》史部第536冊，上海：上海古籍出版社，2002年，第211頁。
〔註21〕〔清〕張廷玉：《明史》卷143《列傳第三十一·王璉》，第4061頁。
〔註22〕〔明〕徐渭：《徐文長逸稿》卷22《言檢校墓誌銘》，《四庫全書存目叢書》集部第145冊，第559頁。
〔註23〕〔清〕魯曾煜：《廣東通志》卷47《人物志·陳應隆》，《景印文淵閣四庫全書》第564冊，第275頁。
〔註24〕〔明〕葉盛：《葉文莊公奏疏》卷13《摘發衛所以資守禦疏》，《四庫全書存目叢書》史部第58冊，第620～621頁。

－72－

協助王守仁平定蠻夷作亂，「深入諸夷，仰布朝延之德，下宣本院之誠。是以諸夷孚信之速至於如此，本生實與有力焉。」〔註25〕儒士宋訥，「獻安邊策，曰『今海內既安，蠻夷奉貢，惟沙漠胡虜未遵聲教。若置之不治，則恐歲久醜類為患邊圉，若欲窮追遠擊，又恐六師往遠萬里饋運艱難，士馬疲勞。陛下欲為聖子神孫萬世之計，要不過謹備邊之策耳。備邊固在於屯兵，實兵又在乎屯田……布列沿邊之地，遠近相望，首尾相應，耕作以時，訓練有法，遇敵則戰，寇去則耕，此長久安邊之策也。又何必勞師萬里，求僥倖之功以取無用之地哉！』上嘉納之，遂令邊軍皆屯田，且耕且守，著為令。」〔註26〕儒士在平定叛亂、安邦定國等方面積極建言獻策，或身體力行，對保障政局穩定、促進社會發展作出了傑出的貢獻。

第二節　儒士的社會貢獻

明代儒士在地方社會中表現出高度的責任感和使命感，其社會貢獻主要體現在積極參與地方社會建設，表現形式為造福一方、扶危救困。

一、造福一方

禮部冠帶儒士鄭道治，「賈鳩茲，（父）奉山翁為諸義舉，費之如注水而公應之如源泉。暢父之志，成父之義。自新安及鳩茲數百里內無不誦奉山翁義聲者，則公以也……如在其他處造橋利涉，礧石治塗，捐資倡議無所靳。」〔註27〕科舉儒士吳思沐，「嘗念河徙而暗椿巉石伏河中，舟觸之立破，大為公私船艘者苦也。乃囑其族人某，白於總河楊大司空，而自捐金募夫清河，悉若拔除之，數百里內一旦安流。又糧艘銜尾入閘，小船競利輒沒，公為造舟利涉而又以岸傾圮，遑遑壓舟，請於官，累石築岸，舟至可維，無土崩覆溺之患，當事者建坊以旌公。」〔註28〕正統中，閩地寇起，擾亂社會治安，「有老人言

〔註25〕〔明〕陳子龍：《明經世文編》卷132《王文成公集三・犒獎儒士岑伯高諭》，北京：中華書局，1962年，第1305頁。

〔註26〕〔明〕焦竑：《國朝獻徵錄》卷73《國子監祭酒宋公訥傳》，《續修四庫全書》史部第529冊，第70頁。

〔註27〕〔明〕鮑應鰲：《瑞芝山房集》卷《禮部儒士仁菴鄭公行狀》，《四庫禁燬書從刊》集部第141冊，北京：北京出版社，1997年影印本，第228頁。

〔註28〕〔明〕鮑應鰲：《瑞芝山房集》卷《光祿寺署丞樂菴吳公傳》，《四庫禁燬書從刊》集部第141冊，北京：北京出版社，1997年影印本，第255頁。

賊在尤溪山中。欲降，遣人往可撫。而有眾疑憚，莫敢往。惟儒士周鑄與千戶龔遂奇毅然請行，率數騎入深山中……盡降其眾而還」〔註 29〕。禮部冠帶儒士鄧養泉，「捧邑大夫之檄，命以耆德往督方田。養泉曰：『往役，義也。昔橫渠張氏謂縱不能行之天下，猶可驗之一鄉，謂斯役也。敢不供命』。遂殫力竣事」。〔註 30〕儒士雖然不在廟堂，但在地方事務中積極參政，自覺把自身行動與地方有司保持高度一致，從而實現了自身價值與社會價值的統一。

二、扶危救困

如科舉儒士吳思沐，「度儒不能自拔於前人，輒趨彭城賈。公賈乃在廣濟博施，遇所識窮乏者，兼利第施。其為所親劃策，大都量人受事，量事受值……門內之人徒手赤貧者，各各漸有其宛財，冠婚喪蒸，奉父母，長子孫，葺廬舍，諸費一切能自具。」〔註 31〕禮部儒士鄭道治，「視族人之孤寡者，恤之；姻親之匱乏者，周之。嘗捐千金為先祠樹坊表，聞於郡邑大夫，咸義之……而至於為人排難解紛，睦鄰銷寡，即不難過自挹損。里少年嘗戲劇競噪，敢往不顧，禍且叵測。公頃身為解，廣延邑中縉紳先生居間以戢其焰。人謂公是舉可與王彥方、陳仲弓相揖也。」〔註 32〕禮部冠帶儒士程燧，「其賈之所入也，十六以應門戶供伏臘，十四以贍宗黨、周危困。」〔註 33〕儒士盧珎，「尤喜周恤。暑施茶以濟渴，寒立木橋以濟涉水，行旅賴焉。歲除，念獄囚無餔者，飲食之，率以為常。有貧不能贖淹繫者，亟憐而贖之……嘗遊黃塘，見醉人臥雪中，掖之歸。更衣浴之，得解批，詰旦，解者追及，俛首叩地曰：『公即生我也。』後復遇醉者水田間，擁之如前。明辰，飯而去，不問為誰。平生憫人之貧而急人之困，大率類此」。〔註 34〕儒士在地方事務中充分發揮了自己的社會功能，

〔註 29〕朱國楨：《湧幢小品》，《續修四庫全書》子部第 1173 冊，上海：上海古籍出版社，2002 年，第 457 頁。

〔註 30〕〔明〕董裕：《董司寇文集》，《四庫未收書輯刊》第 5 輯第 22 冊，北京：北京出版社，1997 年，第 642 頁。

〔註 31〕〔明〕鮑應鼇：《瑞芝山房集》卷《光祿寺署丞樂菴吳公傳》，《四庫禁燬書從刊》集部第 141 冊，北京：北京出版社，1997 年影印本，第 254 頁。

〔註 32〕〔明〕鮑應鼇：《瑞芝山房集》卷《禮部儒士仁菴鄭公行狀》，《四庫禁燬書從刊》集部第 141 冊，北京：北京出版社，1997 年影印本，第 228 頁。

〔註 33〕〔明〕陳懿典：《陳學士先生初集》卷 11《新安處士纓泉程公墓誌銘》，《四庫禁燬書從刊》集部第 141 冊，北京：北京出版社，1997 年影印本，第 213 頁。

〔註 34〕〔明〕程文德：《程文恭公遺稿》卷 20《墓碣・古齋盧處士墓碣》，《四庫全書存目叢書》集部第 90 冊，北京：北京出版社，1997 年影印本，第 284 頁。

參與地方社會秩序的重建，作出了力所能及的社會貢獻。

第三節　儒士的文化貢獻

儒士是一個具有較高儒家文化素養的群體，在布陳王道、推廣教化以促進社會文化發展方面有許多建樹。主要表現在以下幾個方面。

一、纂修典籍、制禮作樂

儒士以纂修典籍為己任，為傳統文化在明代的傳承與發展貢獻頗多。如「修《公子》書及《務農技藝商賈》書成。先是，儒士熊鼎、朱夢炎等至建康，延居上賓館，令纂修是書……至是書成，命頒行之。」〔註35〕洪武三年二月，「詔續修《元史》。時儒士歐陽佑等採摭故元元統以後事實還朝……儒士趙壎、朱右、貝瓊……俞同十四人同纂修。」〔註36〕洪武三年十二月，「《大明志》書成。先是，命儒士魏俊民、黃箎、劉儼、丁鳳、鄭思先、鄭權六人編類天下州、郡地理形勢、降附始末。為書凡天下行省十二府、一百二十州、一百八縣、八百八十七安撫司、三長官司、一東至海、南至瓊崖、西至臨洮、北至北平。至是書成。」〔註37〕鄒濟，「洪武十五年舉通經儒士授餘杭訓導……靖難後，大臣薦修高廟實錄。已而修《永樂大典》，諸儒臣推為總裁。」〔註38〕此外，儒士還制禮作樂，進一步完備明代禮樂制度。如洪武二年八月，「詔儒臣修纂禮書……於是儒士徐一夔、梁寅等至京……因命與諸儒同纂修。」〔註39〕儒士梁寅，朱元璋「徵天下名儒，修述禮樂，以新一代之制。寅就徵已六十餘矣。時以禮、律、制誥分為三局。寅在禮局中討論精審，諸儒皆推服之。」〔註40〕任昂，「洪武初年以儒士薦舉……昂及翰林院儒士定嫡妾封贈例，頒示中外。」〔註41〕李原名，「洪武中以通經儒士舉……魯王檀薨，詔議喪制。原名等奏曰：『考制喪制，宜輟朝五日，皇帝於諸子無服，宜素服，五日而除；諸王齊衰期

〔註35〕〔明〕胡廣：《明太祖實錄》卷21「丙午十一月壬辰」，第308頁。
〔註36〕〔明〕胡廣：《明太祖實錄》卷49「洪武三年二月乙丑」，第965頁。
〔註37〕〔明〕胡廣：《明太祖實錄》卷49「洪武三年十二月辛酉」，第1149頁。
〔註38〕〔明〕過庭訓：《本朝分省人物考》卷42《浙江杭州府·鄒濟》，《續修四庫全書》史部第534冊，第106頁。
〔註39〕〔明胡廣：《明太祖實錄》卷49「洪武二年八月庚寅」，第875頁。
〔註40〕〔明〕胡廣：《明太祖實錄》卷198「洪武二十二年十二月甲子」，第2979頁。
〔註41〕〔明〕俞汝楫：《禮部志稿》卷51《列傳·尚書任昂》，《景印文淵閣四庫全書》第597冊，第951頁。

年，以日易月，十三日；素服期年，世子、郡王與親王同；公主服齊衰期年，下嫁者服大功九月，郡主服同公主，諸王妃及靖江王世子、郡王皆服小功五月。從之。」〔註42〕明初儒士推動禮儀文化發展與時局息息相關，充分發揮了「經世致用」的歷史作用。

二、推動地方文教事業發展

儒士講授經史，傳道授業，創建儒學，有力推動了明代文教事業的發展。早在至正十九年，朱元璋就「命寧越知府王宗顯開郡學。延儒士葉儀、宋濂為五經師；戴良為學正、吳沈、徐原等為訓導。時喪亂之餘，學校久廢，至是，始聞弦誦之聲，無不欣悅。」〔註43〕再如儒士鄭駒，為郡學訓導，「以材藝薦成均者，歲有其人。朔、望講經反覆明暢，郡守諦聽而竦敬焉……四明文獻之邦，儒服為盛，任府、州、縣者多至二百餘人。先生遂領金華府義烏縣儒學教諭。諸生受業，訓以知行體用之說。漸漬成就，如時雨之化。踰年入貢禮部者凡三之一。」〔註44〕徐一夔，「洪武六年以儒士薦授杭州府儒學教授，通經學古。當國家肇開學校而克嚴規範，以身率之……繼得實授，再蒞益申條教，一時學徒成就，試之有司，多獲舉首。至今稱教授之賢難乎其繼云。」〔註45〕儒士陳埙，積極響應知縣「令各都會處建社一區，社必有學，學必有堂」的號召，「慨慷好義，堪督工直，出於官役，出於鄉木石，取之淫祠不堪，改社學者，不足官給之。埙等其督各役，趨事撙節，勤敏如治其家」〔註46〕。泉州府學，「成化十八年，郡人致仕運判張庸偕儒士王宗、賀士高倡率重建書室，立祠堂以祀詹。旁為房舍，以棲學者」。〔註47〕安慶府儒學，「舊在正觀門外，元末毀於兵火。明洪武初，儒士趙好德知安慶府，即山谷書院創建。」〔註48〕儒士積

〔註42〕 〔明〕俞汝楫：《禮部志稿》卷 51《列傳·尚書李原名》，《景印文淵閣四庫全書》第 597 冊，第 952 頁。
〔註43〕 〔明〕胡廣：《明太祖實錄》卷 7「至正十九年己亥春正月甲午朔」，第 80 頁。
〔註44〕 〔明〕鄭真：《榮陽外史集》卷 42《亡兄金華府義烏縣儒學教諭鄭先生行狀》，《景印文淵閣四庫全書》第 1234 冊，第 261 頁。
〔註45〕 〔明〕徐學聚：《兩浙名賢錄》卷 12《教授徐大章一夔》，《續修四庫全書》史部第 542 冊，第 372～373 頁。
〔註46〕 〔明〕葉春及：《石洞集》，《景印文淵閣四庫全書》集部第 1286 冊，臺北：臺灣商務印書館，1986 年，第 556 頁。
〔註47〕 〔明〕黃仲昭：《八閩通志》，福州：福建人民出版社，2006 年，第 1105 頁。
〔註48〕 〔清〕黃之雋：《江南通志》卷 89《學校志·學宮三·安慶府》，《景印文淵閣四庫全書》第 509 冊，第 487 頁。

極參與地方文教事業，促進了地方文教事業的興盛，不僅源於這一社會群體本身具有較高的文化素養，源於對文教事業的重視，更重要的是儒士以繼承和弘揚中華優秀傳統文化為己任，「薪火相傳」，把自身的文化功能與社會功能相結合，至今對我們仍有深刻的啟迪。

三、著書立說

儒士對傳統文化的另一大貢獻是著書立說。以《千頃堂書目》（上海古籍出版社 2001 點校本）為依據，茲把搜集到的明代儒士的著作列表於下。

表 4-1　儒士著述統計表

姓　　名	身份確認	著　　作	卷／頁
梁寅	《明太祖實錄》卷 44／875	《周易參義》、《尚書纂義》、《詩經演義》、《詩考》、《周禮注》、《春秋考義》、《宋史略》、《元史略》、《石門集》、《策要》	卷 1《易類》／1、卷 1《書類》／19、卷 1《詩類》27、卷 1《詩類》27、卷 2《三禮類》／36、卷 2《春秋類》／60、卷 4《編年類》／120、卷 4《編年類》／120、卷 17《別集類》／452、卷 32《制舉類》／784
汪克寬	《名山藏》（續修四庫全書史部第 425 冊）卷 2《典謨記》／459	《詩集傳音義會通》、《經禮補逸》、《周禮類要》、《春秋胡傳附錄纂疏》、《環谷集》、《六書本義》、《通鑒綱目凡例考異》、《春秋作義要訣》	卷 1《詩類》／27、卷 2《三禮注》／35、卷 2《三禮類》／36、卷 2《春秋類》／60、卷 17《別集類》／451、卷 3《小學類》／95、卷 5《史學類》／143、卷 32《制舉類》／784
陶宗儀	《明通鑒》（嶽麓書社 1999 年點校本）卷 11／385	《四書備遺》、《說郛》、《書史會要》、《淳化帖考》、《蘭亭帖目印章考》、《漢隸釋西域梵文》、《南村詩集》	卷 3《四書類》／88、卷 15《類書類》／400、卷 15《類書類》／416、卷 15《類書類》／416、卷 15《類書類》／416、卷 17《別集類》／455
葉儀	《明太祖實錄》卷 7／80	《周易集解》、《四書直說》、《潛書》、《南陽山房稿》	卷 1《易類》／1、卷 3《四書類》／88、卷 11《儒家類》／297、卷 17《別集類》／461
范祖幹	《明太祖實錄》卷 6／74	《大學中庸發微》、《群經指要》、《讀書記》、《柏軒集》	卷 2《三禮類》／46、卷 3《經解類》／81、卷 11《儒家類》／297、卷 17《別集類》／461

吳訥	《罪惟錄》列傳卷18／253	《小學集解》、《性理群書補注》、《文字辨體題辭》、《思庵集》、《歷代名臣諫疏》、《文章辨體》、《晦庵文鈔》、《晦庵詩鈔》、《草廬文粹》	卷3《小學類・附小學》／105、卷11《儒家類》／298、卷15《類書類》／416、卷18《別集類》／492、卷30《表奏類》／735、卷31《總集類》／757、卷32《文史類》／782、卷32《文史類》／782、卷32《文史類》／782
王禕	《明太祖實錄》卷6／73	《大事記續編》、《造邦勳賢略》、《華川卮調》、《文訓》、《華川前後集》	卷4《編年類》／120、卷5《別史類》／125、卷11《儒家類》／297、卷11《儒家類》／297、卷15《類書類》／408、卷17《別集類》／449
宋訥	《本朝分省人物考》（續修四庫全書史部553冊）卷10／219	《東郡志》、《西隱集》	卷6《地理類上》／158、卷17《別集類》／449
桂彥良	《明太祖實錄》卷187／2803	《清節集》、《太平十三策》	卷17《別集類》／450、卷30《表奏類》／736
徐一夔	《兩浙名賢錄》（續修四庫全書史部第542冊）卷8／372～373	《杭州府志》、《宋行宮考》、《始豐類稿》	卷7《地理類上》／179、卷8《地理類下》／225、卷17《別集類》／452
劉三吾	《明太祖實錄》卷170／2583	《璵署集》、《春坊集》、《北園集》、《知非集》、《化鶴集》、《正氣集》、《坦坦齋集》	卷17《別集類》／449、後面著作皆同上
夏煜	《明太祖實錄》卷4／43	《允中集》	卷17《別集類》／448
孫炎	《明太祖實錄》卷4／43	《左司集》	卷17《別集類》／448
朱世廉	《明太祖實錄》卷49／965	《朱世廉文集》	卷17《別集類》／451
張孟兼	《明太祖實錄》卷49／965	《白石山房稿》	卷17《別集類》／451
張簡	《明太祖實錄》卷49／965	《白羊山樵集》	卷17《別集類》／452
張宣	《明太祖實錄》卷49／965	《青陽集》、《四書貼本》	卷17《別集類》／451、卷3《四書類》／88

胡翰	《明太祖實錄》卷7／80	《胡仲子集》	卷17《別集類》／451
朱右	《明太祖實錄》卷49／965	《白雲稿》、《性理本原》	卷17《別集類》／451、卷11《儒家類》／297
楊士奇	《明英宗實錄》卷268／5691	《三朝聖諭錄》、《北京紀行錄》、《楊氏家乘》、《文淵閣書目》、《文籍志》、《東里集》、《東里詩集》、《東里續集》、《歷代名臣奏議》、	卷5《別史類》／127、卷8《地理類》／215、卷10《譜系類》／290、卷10《簿錄類》／294、卷10《簿錄類》／294、卷18《別集類》／487、同上、同上、卷30《表奏類》／735
吳與弼	《明英宗實錄》卷272／5752	《康齋日錄》、《康齋文集》	卷11《儒家類》／299、卷19《別集類》／512

上表所示明代儒士著述主要集中在傳統文獻的經、史、集三大部分，內容廣泛涉及政治、軍事、歷史、書法、文學、經學等各個方面，主要集中在經學和史學兩大方面。

經學以吳與弼最具有代表性，在明代經學發展史上佔據重要地位。《明史》本傳載「其門人最著者曰胡居仁、陳獻章、婁諒，次曰胡九韶、謝復、鄭伉。」〔註49〕皆是明代著名的經學家。與弼之學「實能兼採朱、陸之長而刻苦自立，其及門弟子陳獻章得其靜觀涵養，遂開白沙之宗；胡居仁得其篤志力行，遂啟餘干之學。有明一代兩派遞傳，皆自與弼倡之。」〔註50〕其學集中反映在《康齋文集》和《康齋日錄》中。

史學以楊士奇最具有代表性。楊士奇主編《歷代名臣奏議》是一部有裨益治國理政的史書。全書共三百五十卷，分君德、聖學、孝親、敬天、郊廟、治道、法祖、儲嗣、宗室、經國、守成、都邑、封建、仁民、用人、選舉、考課、水利、賦役、禦邊、四裔等64門類，輯錄包括管仲、陳平、賈誼、諸葛亮、魏徵、歐陽修、王安石、司馬光等名臣奏疏八千餘篇，「凡歷代典制沿革之由，政治得失之故，實可與通鑑、三通互相考證」，〔註51〕具有很高的史料價值。此外，楊士奇還編有《東里文集》，文集中的記、序、跋、傳、銘、詩、辭、

〔註49〕〔清〕張廷玉：《明史》卷282《列傳第一百七十·儒林一·吳與弼》，第7241頁。
〔註50〕〔清〕永瑢等：《欽定四庫全書總目》卷170《集部二十三·別集類二十三·康齋文集》，《景印文淵閣四庫全書》第4冊，第514頁。
〔註51〕〔明〕楊士奇：《歷代名臣奏議·提要》，《景印文淵閣四庫全書》第433冊，第1頁。

賦等，為研究明初的典制、人物、政治提供了豐富可信的史料，具有很高的參考價值。

餘　論

通過前文對該群體的研究，筆者以為以下幾個方面還需作進一步的補充說明：

第一，在明朝其他部門中，亦有社會良民因善書經考選以「儒士」身份從事某種職業者。如文華殿、武英殿、仁智殿、中書科、隸屬內閣的制敕房、誥敕房、御用監、史館等機構中皆設「儒士」，主要從事篆刻、謄錄、纂修等工作。據《吏部職掌》載：「文華殿辦事由禮部會選善書監生、儒士，題准司禮監提督，於中書舍人衙門食糧三年，該監題送本部授職。」〔註1〕若文華殿辦事儒士有缺，則將禮部及各處起送精通楷書人等，「揀選年歲相應者共五十一名，取具印信保結，令各自備試卷。本（禮）部彌封，印鈐當堂，嚴加考試。」〔註2〕武英殿、仁智殿書辦，由禮部儒士選補。即社會良民因擅長書法經考選入禮部為儒士，再選補到文華殿、武英殿、仁智殿從事書辦工作。中書科、隸屬內閣的制敕房、誥敕房也設有儒士。如「履祥子子壽，以善書選為中書科儒士。」〔註3〕「凡制敕、誥敕兩房中書官，舊例皆以舉人、監生、儒士相兼取用。」〔註4〕御用監也考選善書、篆刻儒士，主要為皇帝服務。如御用監太監王瑞等題稱「儒士李鼎等六名革退為民，各不應役，即今造成上用生活並寶纛、

〔註1〕〔明〕李默：《吏部職掌》，《四庫全書存目叢書》史部第258冊，濟南：齊魯書社，1997年，第50頁。

〔註2〕〔明〕俞汝楫：《禮部志稿》卷99《收考儒士》，《景印文淵閣四庫全書》第597冊，第792頁。

〔註3〕〔明〕羅洪先：《念庵文集》卷16《明故直隸滁州判官北山龍君墓誌銘》，《景印文淵閣四庫全書》第1275冊，第371頁。

〔註4〕〔明〕申時行：萬曆《明會典》，第24頁。

龍旗、龍床等項無人書篆。」〔註5〕詔吏部訪尋精通書篆人員，「吏部考試得吳一中等八名頗通楷書等字，乞要轉送御用監收用。奉聖旨：『吳一中等八名並前革退李鼎等六名都送御用監通考優劣來說，欽此。』」〔註6〕史館亦設置儒士，主要是從事纂修史書等工作。如嘉靖八年四月，「大學士楊一清薦浙江永嘉縣儒士葉幼學潛心典禮，乞量授館職，使隨史官供事纂述。上命授翰林院待詔，於史館供事。」〔註7〕善書儒士只需「楷、篆精熟，兼通文理」即可，「通經」已不是善書儒士必備的文化素養。

第二，儒士不由學校作養，主要受業於當時名儒、家人、或因文臣青睞而受業、或結社「會課」，互相交流學習經驗。但無論哪一種受業方式，都必須靠自己勤奮努力，刻苦攻讀，方能有所成就。師從名儒是中國古代重要的「授道解惑」的學習方式。如章時鸞，「嘉靖癸巳隨其從兄廉州府推官入太學，登祭酒東郭鄒先生之門，遂授《春秋》於淡軒錢先生，學成歸，以儒士中應天鄉試」〔註8〕儒士自小受良好家教的薰陶，由其家人傳授舉子業。如焦玄鑑，「父贈公執本業程督之無虛日。庚子，督學使者楊公裁庵拔儒士第一人應試，試則列鄉書高等矣」〔註9〕儒士因文采出眾受當時仕宦的賞識，故而受業。如呂本，「公幼而岐嶷，謝文正公一見，奇之曰：此兒峭健有氣力，異日遠到倍我。遂留讀書於汝仇湖。命子學士丕課之，與鄒公絢、諸公變通業。謝學士攜之北上鉛山，費文憲公一見大奇之，留與子同學，乙酉歸。以儒士高等試鄉試」〔註10〕。文人結社，定期集會，研習功課，傳觀所作文字，謂之「會課」。如陳雍，「（成化）十二年丙申，二十六歲，會課，十三年丁酉，二十七歲，會課，十六年庚子，三十歲，應試。是歲，道學胡公榮來校科舉，公以儒士入試」〔註11〕；可見結社會課，互相交流學問對提高儒士的舉業大有裨益。

〔註5〕〔明〕馬文升：《馬端肅奏議》卷12《重明詔信老臣以慎初政事》，《景印文淵閣四庫全書》第427冊，第822頁。

〔註6〕〔明〕馬文升：《馬端肅奏議》，《景印文淵閣四庫全書》第427冊，第820頁。

〔註7〕〔明〕徐階：《明世宗實錄》卷一〇〇「嘉靖八年四月壬午」，第2376頁。

〔註8〕過庭訓：《本朝分省人物考》，《續修四庫全書》史部第534冊，上海：上海古籍出版社，2002年，第64頁。

〔註9〕焦竑：《焦氏澹園集》，《四庫禁燬書叢刊》集部第61冊，北京：北京出版社，1997年，第368頁。

〔註10〕〔明〕雷禮：《國朝列卿紀》，《續修四庫全書》史部第522冊，上海：上海古籍出版社，2002年，第249頁。

〔註11〕〔明〕陳塏：《明南京工部尚書進階榮祿大夫簡庵陳公年譜》，《北京圖書館藏珍本年譜叢刊》第41冊，北京：北京圖書館出版社，2001年，第669～671頁。

　　明代儒士的知識來源非常寬廣，但若想學業有成，必須依靠自身的不懈努力，須勤奮攻讀方能有所成就。如楊繼盛誡其子云：「習舉業，只是要多記、多作。《四書》、本《經》記文一千篇，讀論一百篇，策一百問，表五十道，判語八十條。有餘功則讀《五經》白文好，古文讀一百篇，每日作文一篇，每月作論三篇，策二問」〔註12〕。外在的督促、鞭策，確實能產生一定的積極影響，倘若自身不刻苦，僅憑別人的督促、鞭策，終將一事無成。

　　第三，儒士在明代是一種身份，不是功名，不享有徭役優免權。如儒士劉文煥，「家貧，充賤更，許公為免役，勸令向學，卒成名士」〔註13〕。若儒士立功或向捐納銀兩，則可免役。如王守仁上奏平定思田之亂，撰犒獎儒士岑伯高諭，「本院撫臨之初，即用此生使之深入諸夷，仰布朝延之德，下宣本院之誠。是以諸夷孚信之速，至於如此，本生實與有力焉……免其雜泛差徭，明朝廷賞功之典彰，軍門激勵之道」〔註14〕。吏部候考儒士，「經考年久願補各王府良醫、典膳、典寶……缺……納完給冠帶，行查後選用……免本身雜差，有司禮侍」〔註15〕。徭役優免權是統治階級所獨享的封建特權，普通百姓如無功名就要承擔封建國家的賦役攤派。若為朝廷立功，或入貲成為封建統治階層的一員，則自當享有徭役優免權。

　　第四，明代處於科舉發展的鼎盛階段，各社會階層對科舉予以高度關注，人人期冀以此登科第，步入人生事業的巔峰。而官辦學校生員額數有限，致使部分士子不得不靠自學或入私學應舉，客觀上促進科舉儒士這一社會群體的形成。如費元祿，「少偓蹇弟子員，二十歲，甲午，自粵歸試，維楊邑侯鶴野袁公取第二，宣承郡丞斗山馮公取第一，武林督學虞皐查公亦取第一，即以儒士觀場，蓋異數也」〔註16〕。明代自中後期科場出現抑制科舉儒士的情況，再加上官辦學校具有的先天優勢及其不斷發展，科舉儒士群體在明後

〔註12〕楊繼盛：《椒山先生自著年譜》，《北京圖書館藏珍本年譜叢刊》第49冊，北京：北京圖書館出版社，2001年，第499頁。

〔註13〕〔明〕陳懿典：《陳學士先生初集》，《四庫禁燬書叢刊》集部第79冊，北京：北京出版社，1997年，第270頁。

〔註14〕〔明〕陳子龍：《明經世文編》卷132《王文成公集三·犒獎儒士岑伯高諭》，北京：中華書局，1962年，第1305頁。

〔註15〕〔明〕徐階等：《明世宗實錄》卷442「嘉靖三十五年十二月癸丑」，臺北：臺灣「中研院」史語所，1962年校印本，第7567～7568頁。

〔註16〕〔明〕費元祿，《甲秀園集》卷45《文部·訓字八十六條》，《四庫禁燬書叢刊》集部第62冊，北京：北京出版社，1997年，第645頁。

期逐漸減少。崇禎皇帝憂慮「教化不行，士風吏治日趨卑下」，於崇禎六年下令「童生必先入學，遇試必查德行，自儒童以及鄉、會，須有實跡，方許入場」，〔註17〕自此，儒童必先入學才能參加科舉考試，這也就意味「科舉必由學校」，以「儒士」為主體的非學校人員不得參加科舉，但此時明王朝也行將滅亡了。清代沿襲明末「科舉必由學校」的做法，「而且更為全面，更為嚴格地推行這一制度，使童試成為讀書人獲取功名的初試。除個別身份特殊的讀書人獲准外，一般未經入學的讀書人均無資格參加科舉考試」，〔註18〕因此，清代無科舉儒士這一群體。

〔註17〕〔清〕孫承澤，《春明夢餘錄》卷40《禮部二·貢舉》，《景印文淵閣四庫全書》第868冊，第652頁。

〔註18〕李世愉、胡平，《中國科舉制度通史·清代卷》，上海：上海人民出版社，2015年，第13頁。

參考文獻

一、古籍文獻

1. 〔東漢〕班固:《漢書》,中華書局 1964 年點校本。

2. 〔劉宋〕范曄:《後漢書》,中華書局 1965 年點校本。

3. 〔宋〕歐陽修:《新唐書》,中華書局 1975 年點校本。

4. 〔後晉〕劉昫:《舊唐書》,北京:中華書局,1975 年點校本。

5. 〔宋〕魏仲舉:《五百家注昌黎文集》,《景印文淵閣四庫全書》集部第 1074 冊,臺北:臺灣商務印書館,1986 年。

6. 〔宋〕王溥:《唐會要》,《景印文淵閣四庫全書》史部第 607 冊,臺北:臺灣商務印書館,1986 年。

7. 〔唐〕白居易:《白氏長慶集》,《景印文淵閣四庫全書》集部第 1080 冊,臺北:臺灣商務印書館,1986 年。

8. 〔宋〕李昉:《太平廣記》,《景印文淵閣四庫全書》子部第 1045 冊,臺北:臺灣商務印書館,1986 年。

9. 〔宋〕王欽若:《冊府元龜》,《景印文淵閣四庫全書》子部第 912 冊,臺北:臺灣商務印書館,1986 年。

10. 〔唐〕蕭嵩:《大唐開元禮》,《景印文淵閣四庫全書》史部第 646 冊,臺北:臺灣商務印書館,1986 年。

11. 〔清〕董皓:《欽定全唐文》,《續修四庫全書》集部第 1648 冊,上海:上海古籍出版社,2002 年。

12. 〔明〕湖廣等:《明太祖實錄》,臺北:臺灣中研院史語所,1962 年校印本。

13.〔明〕楊士奇等:《明太宗實錄》,臺北:臺灣中研院史語所,1962 年校印本。

14.〔明〕楊士奇等:《明仁宗實錄》,臺北:臺灣中研院史語所,1962 年校印本。

15.〔明〕楊士奇等:《明宣宗實錄》,臺北:臺灣中研院史語所,1962 年校印本。

16.〔明〕陳文等:《明英宗實錄》,臺北:臺灣中研院史語所,1962 年校印本。

17.〔明〕劉吉等:《明憲宗實錄》,臺北:臺灣中研院史語所,1962 年校印本。

18.〔明〕李東陽等:《明孝宗實錄》,臺北:臺灣中研院史語所,1962 年校印本。

19.〔明〕費宏等:《明武宗實錄》,臺北:臺灣中研院史語所,1962 年校印本。

20.〔明〕張居正等:《明世宗實錄》,臺北:臺灣中研院史語所,1962 年校印本。

21.〔明〕張居正等:《明穆宗實錄》,臺北:臺灣中研院史語所,1962 年校印本。

22.〔明〕葉向高等:《明神宗實錄》,臺北:臺灣中研院史語所,1962 年校印本。

23.〔明〕葉向高等:《明熹宗實錄》,臺北:臺灣中研院史語所,1962 年校印本。

24.《明代登科錄彙編》:臺北:學生書局,1969。

25.《天一閣藏明代科舉錄選刊·登科錄》,寧波:寧波出版社,2006 年。

26.《天一閣藏明代科舉錄選刊·會試錄》,寧波:寧波出版社,2007 年。

27.《天一閣藏明代科舉錄選刊·鄉試錄》,寧波:寧波出版社,2010 年。

28.〔明〕申時行等:萬曆《明會典》,北京:中華書局,1989 年影印本。

29.〔明〕俞汝楫:《禮部志稿》,《景印文淵閣四庫全書》史部第 597～598 冊,臺北:臺灣商務印書館,1986 年。

30.〔明〕黃佐:《翰林記》13《修書升賞》,《景印文淵閣四庫全書》第 596 冊,臺北:臺灣商務印書館,1986 年。

31.〔明〕黃佐:《殿閣詞林記》,《景印文淵閣四庫全書》第 452 冊,臺北:臺灣商務印書館,1986 年。

32.〔明〕王圻:《續文獻通考》,《四庫存目叢書》子部第 186 冊,濟南:齊魯書社,1995 年。

33.〔明〕李默·黃養蒙:《吏部職掌》,《四庫存目叢書》史部第 258 冊,濟

南：齊魯書社，1996 年。

34.〔清〕張廷玉：《明史》，北京：中華書局 1974 年點校本。

35.〔清〕黃汝成，《日知錄集釋》，上海：上海古籍出版社，2006 年。

36.〔清〕王夫之：《船山全書》，長沙：嶽麓書社，2011 年。

37.〔清〕黃宗羲：《明文海》，《景印文淵閣四庫全書》第 1458 冊，臺北：臺灣商務印書館，1986 年。

38.〔明〕陳循：《芳洲文集》，《四庫全書存目叢書》集部第 31 冊，濟南：齊魯書社，1997 年。

39.〔明〕費元祿，《甲秀園集》，《四庫禁燬書叢刊》集部第 62 冊，北京：北京出版社，1997 年。

40.〔明〕何三畏：《雲間志略》，《明代傳記叢刊》第 146 冊，臺北：臺灣明文書局，1991 年。

41.〔明〕葉向高：《蒼霞續草》，《四庫禁燬書叢刊》集部第 125 冊，北京：北京出版社，1997。

42.〔明〕王祖嫡《師竹堂集》，《四庫未收書輯刊》第 5 輯 23 冊，北京：北京出版社，1997 年。

43.〔明〕王世貞：《弇山堂別集》，北京：中華書局，1985 年點校本。

44.〔明〕過庭訓：《本朝分省人物考》，《續修四庫全書》史部第 533〜536 冊，上海：上海古籍出版社，2002。

45.〔明〕譚大初：《譚次川自訂年譜》，《北京圖書館藏珍本年譜叢刊》第 47 冊，北京：北京圖書館出版社，2001 年。

46.〔明〕莊起元：《鶴坡公年譜》，《北京圖書館藏珍本年譜叢刊》第 54 冊，北京：北京圖書館出版社，2001 年。

47.〔清〕顧炎武：《顧亭林詩文集》，北京：中華書局，1983 年。

48.〔明〕陳懿典：《陳學士先生初集》，《四庫禁燬書叢刊》集部第 79 冊，北京：北京出版社，1997。

49.〔明〕何喬遠：《名山藏》，《續修四庫全書》第 425 冊，上海：上海古籍出版社，2002。

50.〔清〕周炳麟：《餘姚縣志》，《中國方志叢書》第 500 號，臺北：成文出版社，1983 年。

51.〔清〕謝道承：《福建通志》，《景印文淵閣四庫全書》史部第 527 冊，臺

北：臺灣商務印書館，1986 年。

52.〔明〕黃仲昭：《八閩通志》，福州：福建人民出版社，2006 年。

53.〔清〕沈翼機：《浙江通志》，《景印文淵閣四庫全書》第 521 冊，臺北：臺
灣商務印書館，1986 年。

54.〔清〕陶成：《江西通志》，《景印文淵閣四庫全書》第 513 冊，臺北：臺灣
商務印書館，1986 年。

55.〔明〕：黃之雋：《江南通志》，《四庫全書》史部第 508 冊，臺北：臺灣商
務印書館，1986 年。

56.〔清〕黃任：乾隆《泉州府志》，《中國地方志集成·福建府縣志輯》第 22
冊，上海：上海書店出版社，2000 年。

57.〔清〕靖道謨：《雲南通志》，《景印文淵閣四庫全書》第 569 冊，臺北：臺
灣商務印書館，1986 年。

58.〔清〕靖道謨：《貴州通志》，《景印文淵閣四庫全書》第 571 冊，臺北：臺
灣商務印書館，1986 年。

59.〔清〕宮兆麟：乾隆《興化府莆田縣志》，光緒乙卯年補刊本。

60.〔清〕平恕：《紹興府志》，《中國方志叢書》第 500 號，臺北：成文出版
社，1983 年。

61.〔清〕王時槐：萬曆《吉安府志》，《日本藏中國罕見地方志叢刊》第 9 冊，
北京：書目文獻出版社，1991 年。

62.〔清〕孫岳頒：《御定佩文齋書畫譜》，《景印文淵閣四庫全書》子部第 819
冊，臺北：臺灣商務印書館，1986。

63.〔明〕李齡：《宮詹遺稿》，《四庫未收書輯刊》第 5 輯第 17 冊，北京：北
京出版社，1997 年。

64.〔明〕徐象梅：《兩浙名賢錄》，《續修四庫全書》史部第 542 冊，上海：上
海古籍出版社，2002 年。

65.〔明〕陳塏：《明南京工部尚書進階榮祿大夫簡庵陳公年譜》，《北京圖書館
藏珍本年譜叢刊》第 41 冊，北京：北京圖書館出版社，1999 年。

66.〔明〕何喬遠：《名山藏》，《續修四庫全書》史部第 425 冊，上海：上海古
籍出版社，2002 年。

67.〔明〕尹臺：《洞麓堂集》，《景印文淵閣四庫全書》第 1277 冊，臺北：臺
灣商務印書館，1986 年。

68.〔明〕鮑應鰲:《瑞芝山房集》,《四庫禁燬書叢刊》集部第 141 冊,北京:北京出版社,1997。

69.〔明〕王在晉:《越鐫》,《四庫禁燬書叢刊》集部第 104 冊,北京:北京出版社,1997。

70.〔明〕鄭岳:《山齋文集》,《景印文淵閣四庫全書》第 1263 冊,臺北:臺灣商務印書館,1986 年。

71.〔明〕沈一貫:《喙鳴文集》,《四庫禁燬書叢刊》集部第 176 冊,北京:北京出版社,1997。

72.〔明〕王國憲:《海忠介公年譜》,《北京圖書館藏珍本年譜叢刊》第 49 冊,北京:北京圖書館出版社,2001 年。

73.〔明〕葉向高:《蓬編》,《北京圖書館藏珍本年譜叢刊》第 53 冊,北京:北京圖書館出版社,2001 年。

74.〔明〕陶望齡:《陶文簡公集》,《四庫禁燬書叢刊》集部第 9 冊,北京:北京出版社,1997 年。

75.〔明〕程文德:《程文恭公遺稿》,《四庫存目叢書》集部第 90 冊,濟南:齊魯書社,1997。

76.張邦奇:《張文定公環碧堂集》,《續修四庫全書》集部第 1337 冊,上海:上海古籍出版社,2002 年。

77.〔明〕文徵明:《甫田集》,《景印文淵閣四庫全書》第 1273 冊,臺北:臺灣商務印書館,1986 年。

78.〔明〕焦竑:《焦氏澹園集》,《四庫禁燬書叢刊》集部第 61 冊,北京:北京出版社,1997。

79.〔明〕莫如忠:《崇蘭館集》,《四庫存目叢書》集部第 105 冊,濟南:齊魯書社,1997。

80.〔明〕錢穀:《吳都文粹續集》,《景印文淵閣四庫全書》第 1386 冊,臺北:臺灣商務印書館,1986 年。

81.〔明〕黃鳳翔:《田亭草》,《四庫禁燬書叢刊》集部第 44 冊,北京:北京出版社,1997。

82.〔明〕顧起元:《客座贅語》,北京:中華書局,1987 年點校本。

83.〔明〕李春芳:《貽安堂集》,《四庫存目叢書》集部第 113 冊,濟南:齊魯書社,1997 年。

84.〔明〕夏燮:《明通鑒》,長沙:嶽麓書社,1999 年。

85.〔明〕繆昌期:《從野堂存稿》,《四庫禁燬書叢刊》集部第 67 冊,北京:北京出版社,1997 年。

86.〔明〕張邦奇:《張文定公靡悔軒集》,《續修四庫全書》集部第 1337 冊,上海:上海古籍出版社,2002 年。

87.〔明〕倪謙:《倪文僖集》,《景印文淵閣四庫全書》集部第 1245 冊,臺北:臺灣商務印書館,1986 年。

88.〔明〕張居正:《張太嶽先生文集》,《四庫存目叢書》集部第 113 冊,濟南:齊魯書社,1997 年。

89.〔明〕鄭真:《滎陽外史傳》,《景印文淵閣四庫全書》集部第 1234 冊,臺北:臺灣商務印書館,1986。

90.〔明〕尹守衡:《皇明史竊》,續修四庫全書第 317 冊,上海:上海古籍出版社,2002 年。

91.〔明〕彭韶:《彭惠安集》,《景印文淵閣四庫全書》集部第 1247 冊,臺北:臺灣商務印書館,1986 年。

92.〔明〕朱國楨:《湧幢小品》,上海:上海古籍出版社,2012。

93.〔明〕畢自嚴:《度支奏議》,《續修四庫全書》史部第 487～490 冊,上海:上海古籍出版社,2002。

94.〔明〕李東陽:《懷麓堂集》,《景印文淵閣四庫全書》集部第 1250 冊,臺北:臺灣商務印書館,1986。

95.〔明〕陸容:《菽園雜記》,上海:上海古籍出版社,2012 年。

96.〔明〕董裕:《董司寇文集》,《四庫未收書輯刊》5 輯第 22 冊,北京:北京出版社,1998 年。

97.〔明〕程敏政:《篁墩文集》,《景印文淵閣四庫全書》第 1252 冊,臺北:臺灣商務印書館,1986 年。

98.〔明〕沈應文:《萬曆順天府志》,《四庫全書存目叢書》史部第 208 冊,濟南:齊魯書社,1997 年。

99.〔明〕徐學聚:《國朝典匯》,《四庫全書存目叢書》史部第 266 冊,濟南:齊魯書社,1997 年。

100.〔明〕陳光前:萬曆《慈利縣志》,《天一閣藏明代地方志選刊》,上海:上海古籍書店,1982 年。

101. 〔明〕焦竑:《國朝獻徵錄》,《續修四庫全書》史部第 525～530 冊,上海: 上海古籍出版社,2002 年。

102. 〔明〕雷禮:《國朝列卿記》,《續修四庫全書》史部第 521 冊,上海:上海 古籍出版社,2002 年。

103. 〔明〕于慎行:《谷城山館文集》,《四庫存目叢書》集部第 147 冊,濟南: 齊魯書社,1997。

104. 〔清〕儲大文:《山西通志》,《景印文淵閣四庫全書》第 545 冊,臺北:商 務印書館,1986 年。

105. 〔清〕魯曾煜:《廣東通志》,《景印文淵閣四庫全書》史部第 564 冊,臺 北:臺灣商務印書館,1986 年。

106. 〔清〕錢元昌:《廣西通志》,《景印文淵閣四庫全書》史部第 568 冊,臺 北:臺灣商務印書館,1986 年。

107. 〔明〕林弼:《林登州集》,《景印文淵閣四庫全書》集部第 1227 冊,臺北: 臺灣商務印書館,1986 年。

108. 〔明〕徐渭:《徐文長逸稿》,《四庫存目叢書》集部第 145 冊,濟南:齊魯 書社,1997。

109. 〔明〕陳子龍:《明經世文編》,北京:中華書局,1962 年。

110. 〔明〕葉盛:《葉文莊公奏疏》,《四庫存目叢書》史部第 58 冊,濟南:齊 魯書社,1997 年。

111. 〔明〕葉春及:《石洞集》,《景印文淵閣四庫全書》集部第 1286 冊,臺北: 臺灣商務印書館,1986 年。

112. 〔清〕永瑢等:《欽定四庫全書總目》,《景印文淵閣四庫全書》第 4 冊,臺 北:臺灣商務印書館,1986 年。

113. 〔明〕楊士奇:《歷代名臣奏議》,《景印文淵閣四庫全書》第 433 冊,臺 北:臺灣商務印書館,1986 年。

114. 〔明〕馬文升:《馬端肅奏議》,《景印文淵閣四庫全書》第 427 冊,臺北: 臺灣商務印書館,1986 年。

115. 〔明〕羅洪先:《念庵文集》,《景印文淵閣四庫全書》第 1275 冊,臺北: 臺灣商務印書館,1986 年。

116. 楊繼盛:《椒山先生自著年譜》,《北京圖書館藏珍本年譜叢刊》第 49 冊, 北京:北京圖書館出版社,2001 年。

二、今人論著

（一）專著

1. 黃留珠：《秦漢仕進制度》，西安：西北大學出版社，1985 年。
2. 黃留珠：《中國古代選官制度述略》，西安：陝西人民出版社，1989 年。
3. 吳霓：《中國古代私學發展諸問題研究》北京：北京社會科學出版社，1996 年。
4. 吳智和：《明代儒學教官》，臺北：學生書局，1992 年。
5. 杜婉言、方志遠《中國制度通史‧明代》，北京：人民出版社，1992 年。
6. 南炳文、湯綱《明史》，上海：上海人民出版社，2003 年。
7. 張顯清、林金樹《明代政治史》，桂林：廣西師範大學出版社，2003 年。
8. 錢茂偉：《國家、科舉與社會——以明代為中心的考察》，北京：北京圖書館出版社，2004 年。
9. 陳寶良：《明代儒學生員與地方社會》，北京：中國社會科學出版社，2005 年。
10. 潘星輝：《明代文官銓選制度研究》，北京：北京大學出版社，2005 年。
11. 郭培貴：《明史選舉志考論》，北京：中華書局，2006 年。
12. 郭培貴：《明代科舉史事編年考證》，北京：科學出版社，2008 年。
13. 方志遠：《明代國家權力機構及運行機制》，北京：科學出版社，2008 年。
14. 吳宣德：《明代進士的地理分布》，香港：香港中文大學出版社，2009 年。
15. 吳宗國：《唐代科舉制度研究》，北京：北京大學出版社，2010 年。
16. 姜漢椿：《唐摭言校注》，上海：上海社會科學院出版社，2012 年。
17. 呂思勉：《隋唐五代史》，北京：北京聯合出版公司，2013 年。
18. 郭培貴：《明代學校科舉與任官制度研究》，北京：中國大百科全書出版社，2014。
19. 郭培貴：《中國科舉制度通史‧明代卷》，上海：上海人民出版社，2015。
20. 李世愉、胡平：《中國科舉制度通史‧清代卷》，上海：上海人民出版社，2015 年。
21. 吳恩榮：《明代科舉士子備考研究》，北京：光明日報出版社，2020 年。

（二）論文

1. 林麗月：《明初的察舉》，《明史研究論叢》第五輯。

2. 郭培貴：《論明中後期銓選的「獨重進士」》，《河南師範大學學報》，2003年第 5 期。

3. 郭培貴：《明代科舉的發展特徵與啟示》，《清華大學學報》，2006 年第 6 期。

4. 郭培貴：《明代科舉各級考試的規模及其錄取率》，《史學集刊》，2006 年第 12 期。

5. 方志遠：《「傳奉官」與明成化時代》，《歷史研究》，2007 年第 1 期。

6. 郭培貴：《二十世紀以來明代科舉研究述評》，《中國文化研究》，2007 年第 3 期。

7. 郭培貴：《關於明代科舉研究中幾個流行觀點的商榷》，《清華大學學報》，2009 年第 6 期。

8. 展龍：《明洪武時期徵薦制度考論》，《史學月刊》2009 年第 8 期。

9. 郭培貴：《關於明代科舉研究中幾個流行觀點的商榷》，《清華大學學報》，2009 年第 6 期。

10. 吳恩榮：《科考、遺才與大收：明代鄉試資格考試述論》，《安徽大學學報》2013 年第 5 期。

11. 郭培貴、蔡惠茹：《論福建科舉在明代的領先地位及其成因》，《福建師範大學學報》2013 年第 6 期。

12. 劉明鑫、郭培貴：《明代士子的棄考及其成因》，《教育與考試》，2013 年第 6 期。

附錄一　洪武三年至崇禎三年68科儒士舉人姓名、名次、籍地情況統計表

科　次	姓　名	現籍地	資料出處與備註
洪武三年庚戌	龔與時	福建興化府莆田縣	《福建通志》卷37《選舉五‧明舉人上》記載龔與時為洪武三年庚戌李升榜舉人，「儒士中式」（《景印文淵閣四庫全書》第529冊，臺北：臺灣商務印書館影印本，1986年，第167頁）。
	俞友仁	浙江杭州府仁和縣	黃瑜：《雙槐歲鈔》卷10《進士教授長史》載「洪武庚戌，仁和儒士俞友仁領薦，辛亥取會元，賜第在三甲，筮仕丞長山。辭，不能吏，改襄陽教諭」（中華書局1999年點校本，第216頁）。
洪武二十九年丙子	王宣	福建興化府莆田縣	《福建通志》卷37《選舉五‧明舉人上》記載王宣為洪武二十九年丙子李騏榜舉人，「儒士中式」（《景印文淵閣四庫全書》第529冊，第171頁）。
建文元年己卯	陳繼之	福建興化府莆田縣	《建文二年殿試登科錄》載「陳繼之，貫福建興化府莆田縣民籍，儒士……福建鄉試第五十二名」（《明代登科錄彙編》第1冊，臺北：臺灣學生書局1969年影印本，第19頁）；《福建通志》卷37《選舉五‧明舉人》記載陳繼之為建文元年己卯楊子榮榜舉人（《景印文淵閣四庫全書》第529冊，第172頁）。可知，陳繼之中建文元年舉人，繼中建文二年進士，為鄉、會、殿試連捷者，其中式身份應無變化。因其中進士身份為儒士，則其中舉身份也應為儒士。

	方孚	江西饒州府樂平縣	《建文二年殿試登科錄》載「方孚，貫江西饒州府樂平縣民籍，儒士……應天府鄉試第四十名」（《明代登科錄彙編》第 1 冊，第 17 頁）；《江西通志》卷 52《選舉四·明》載方孚為建文元年己卯科舉人（《景印文淵閣四庫全書》第 541 冊，第 693 頁）。可知，方孚中建文元年舉人，繼中建文二年進士，為鄉、會、殿試連捷者，其中式身份應無變化。因其中進士身份為儒士，則其中舉身份也應為儒士。
	嚴升	直隸太平府繁昌縣	《建文二年殿試登科錄》載「嚴升，貫直隸太平府繁昌縣，儒籍，儒士……應天府鄉試第二名」（《明代登科錄彙編》第 1 冊，第 53 頁）。康熙《繁昌縣志》卷八《選舉·舉人》載嚴升為建文元年舉人（康熙十四年刻本）。可知，嚴升中建文元年舉人，繼中建文二年進士，為鄉、會、殿試連捷者，其中式身份應無變化。因其中進士身份為儒士，則其中舉身份也應為儒士。
	劉迪簡	江西吉安府吉水縣	《建文二年殿試登科錄》載「劉迪簡，貫江西吉安府吉水縣，民籍，儒士……江西鄉試第三十三名」（《明代登科錄彙編》第 1 冊，第 53 頁）；《江西通志》卷 52《選舉四·明》載劉迪簡為建文元年己卯科舉人（《景印文淵閣四庫全書》第 514 冊，第 693 頁）。可知，劉迪簡中建文元年舉人，繼中建文二年進士，為鄉、會、殿試連捷者，其中式身份應無變化。因其中進士身份為儒士，則其中舉身份也應為儒士。
永樂三年乙酉	王遂	福建福州府閩縣	《福建通志》卷 37《明·舉人》記載王遂為永樂三年乙酉楊端儀榜舉人，「儒士中式」（《景印文淵閣四庫全書》第 529 冊，第 174 頁）。
	歐陽和	江西吉安府泰和縣	《永樂十年進士登科錄》載「歐陽和，貫江西吉安府泰和縣，民籍，儒士」（《明代登科錄彙編》第 1 冊，第 261 頁）；《江西通志》卷 52《選舉四·明》載歐陽和為永樂三年乙酉科舉人（《景印文淵閣四庫全書》第 514 冊，第 698 頁）。綜上，歐陽和中建文三年舉人，後中永樂十年進士。因其中進士身份為儒士，可知其會試下第後，並未按制入國子監，中舉身份應與殿試中式身份一致，故其中舉身份也應為儒士。
	曾鶴齡	江西吉安府泰和縣	《狀元圖考》卷 1 載：「齡既冠，以《書》經擅名，由儒士與兄椿齡同中鄉薦」（《明代傳記叢刊》學林類第 20 冊，臺灣明文書局，1991 年，第 67 頁）。

	曾高	江西吉安府吉水縣	《棗林雜俎·聖集》載：「洪武癸酉科，吉水曾秩舉江西鎖榜，同輩誚之。改名高，乙酉（永樂三年）又儒士登科」（《續修四庫全書》子部第 1134 冊，第 817 頁）。
永樂六年戊子	陳敏	福建福州府閩縣	《福建通志》卷 37《選舉五·明舉人》記載陳敏為永樂六年戊子楊慈榜舉人，「儒士中式」（《景印文淵閣四庫全書》第 529 冊，第 174 頁）。
	鄭瑛	福建福州府侯官縣	《福建通志》卷 37《選舉五·明舉人》記載鄭瑛為永樂六年戊子楊慈榜舉人，「儒士中式」（《景印文淵閣四庫全書》第 529 冊，第 174 頁）。
	劉長吾	江西吉安府永豐縣	《永樂十年進士登科錄》載「劉長吾，貫江西吉安府永豐縣，民籍，儒士」（《明代登科錄彙編》第 1 冊，第 221 頁）；《江西通志》卷 52《選舉四·明》載劉長吾為永樂六年戊子科舉人（《景印文淵閣四庫全書》514 冊第 700 頁）。綜上，劉長吾中永樂六年舉人，後中永樂十年進士。因其中進士身份為儒士，可知其會試下第後，並未按制入國子監，中式身份應與殿試中式身份一致，故其中舉身份也應為儒士。
永樂九年辛卯	戴禧	福建福州府閩縣	《福建通志》卷 37《選舉五·明舉人》記載戴禧為永樂九年辛卯林誌榜舉人，「儒士中式」（《景印文淵閣四庫全書》第 529 冊，第 176 頁）。
	林寰	福建福州府閩縣	《福建通志》卷 37《選舉五·明舉人》記載林寰為永樂九年辛卯林誌榜舉人，「儒士中式」（《景印文淵閣四庫全書》第 529 冊，第 176 頁）。
	林至	福建福州府福清縣	《福建通志》卷 37《選舉五·明舉人》記載林至為永樂九年辛卯林誌榜舉人，「儒士中式」（《景印文淵閣四庫全書》529 冊第 177 頁）。
	林森	福建福州府連江縣	《福建通志》卷 37《選舉五·明舉人》記載林森為永樂九年辛卯林誌榜舉人，「儒士中式」（《景印文淵閣四庫全書》529 冊第 177 頁）。
	曾真保	福建邵武府邵武縣	《福建通志》卷 37《選舉五·明舉人》記載曾真保為永樂九年辛卯林誌榜舉人，「儒士中式」（《景印文淵閣四庫全書》529 冊第 177 頁）。
	劉咸	江西吉安府泰和縣	《永樂十年進士登科錄》載「劉咸，貫江西吉安府泰和縣，軍籍，儒士」（《明代登科錄彙編》第 1 冊，第 213 頁；《江西通志》卷 52《選舉四·明》載劉咸為永樂九年辛卯科舉人（《景印文淵閣四庫全書》514 冊第 702 頁）。可知，劉咸中永樂九年舉人，繼中永樂十年進士，為鄉、會、殿試連捷者，

		其中式身份應無變化。因其中進士身份為儒士，則其中舉身份也應為儒士。
傅玉潤	江西臨江府新喻縣	《永樂十年進士登科錄》載「傅玉潤，貫江西臨江府新喻縣，民籍，儒士」（《明代登科錄彙編》第1冊，第236頁）；《江西通志》卷52《選舉四·明》載傅玉潤為永樂九年辛卯科舉人（《景印文淵閣四庫全書》第514冊，第702頁）。可知，傅玉潤中永樂九年舉人，繼中永樂十年進士，為鄉、會、殿試連捷者，其中式身份應無變化。因其中進士身份為儒士，則其中舉身份也應為儒士。
胡璉	江西臨江府新喻縣	《永樂十年進士登科錄》載「胡璉，貫江西臨江府新喻縣，匠籍，儒士」（《明代登科錄彙編》第1冊，第243頁）；《江西通志》卷52《選舉四·明》載胡璉為永樂九年辛卯科舉人（《景印文淵閣四庫全書》第514冊，第702頁）。可知，胡璉中永樂九年舉人，繼中永樂十年進士，為鄉、會、殿試連捷者，其中式身份應無變化。因其中進士身份為儒士，則其中舉身份也應為儒士。
王詢	江西吉安府永豐縣	《永樂十年進士登科錄》載「王詢，貫江西吉安府永豐縣，民籍，儒士」（《明代登科錄彙編》第1冊，第247頁）；《江西通志》卷52《選舉四·明》載王詢為永樂九年辛卯科舉人（《景印文淵閣四庫全書》第514冊，第702頁）。可知，王詢中永樂九年舉人，繼中永樂十年進士，為鄉、會、殿試連捷者，其中式身份應無變化。因其中進士身份為儒士，則其中舉身份也應為儒士。
羅通	江西吉安府吉水縣	《永樂十年進士登科錄》載「羅通，貫江西吉安府吉水縣，民籍，儒士」（《明代登科錄彙編》第1冊，第255頁）；《江西通志》卷52《選舉四·明》載羅通為永樂九年辛卯科舉人（《景印文淵閣四庫全書》第514冊，第702頁）。可知，羅通中永樂九年舉人，繼中永樂十年進士，為鄉、會、殿試連捷者，其中式身份應無變化。因其中進士身份為儒士，則其中舉身份也應為儒士。
傅玉良	江西臨江府新喻縣	《永樂十年進士登科錄》載「傅玉良，貫江西臨江府新喻縣，民籍，儒士」（《明代登科錄彙編》第1冊，第257頁）；《江西通志》卷52《選舉四·明》載傅玉良為永樂九年辛卯科舉人（《景印文淵閣四庫全書》第514冊，第702頁）。可知，傅玉良中永樂九年舉人，繼中永樂十年進士，為鄉、會、殿試連捷者，其中式身份應無變化。因其中進士身份為儒士，則其中舉身份也應為儒士。

永樂十二年甲午	潘正	福建福州府長樂縣	《永樂十二年福建鄉試錄》載:「第二十一名潘正,長樂縣儒士」(寧波出版社 2010 年影印本)。
	林希	福建福州府長樂縣	《永樂十二年福建鄉試錄》載:「第三十九名林希,長樂縣儒士」(寧波出版社 2010 年影印本)。
	陳惟待	福建福州府長樂縣	《永樂十二年福建鄉試錄》載:「第四十五名陳惟待,長樂縣儒士」(寧波出版社 2010 年影印本)。
	林添保	福建福州府福清縣	《永樂十二年福建鄉試錄》載:「第四十八名林添保,長樂縣儒士」(寧波出版社 2010 年影印本)。
	陳聰	福建福州府長樂縣	《永樂十二年福建鄉試錄》載:「第五十六名陳聰,長樂縣儒士」(寧波出版社 2010 年影印本)。
	鄭珞	福建福州府侯官縣	《永樂十二年福建鄉試錄》載:「第六十二名鄭珞,侯官縣儒士」(寧波出版社 2010 年影印本)。
	王用懌	福建福州府長樂縣	《永樂十二年福建鄉試錄》載:「第八十三名王用懌,長樂縣儒士」(寧波出版社 2010 年影印本)。
	董龢	福建福州府閩縣	《永樂十二年福建鄉試錄》載:「第八十四名董龢,長樂縣儒士」(寧波出版社 2010 年影印本)。
	嚴珊	浙江衢州府開化縣	《浙江通志》卷 134《選舉十二·明舉人》載嚴珊為永樂十二年舉人,「開化儒士」(《景印文淵閣四庫全書》第 522 冊,第 511 頁)。
	金關	浙江衢州府開化縣	《浙江通志》卷 134《選舉十二·明舉人》載金關為永樂十二年舉人,「開化儒士」(《景印文淵閣四庫全書》第 522 冊,第 513 頁)。
	徐健	浙江衢州府開化縣	《浙江通志》卷 134《選舉十二·明舉人》載徐健為永樂十二年舉人,「開化儒士」(《景印文淵閣四庫全書》第 522 冊,第 513 頁)。
永樂十五年丁酉	薩琦	福建福州府閩縣	《宣德五年進士登科錄》載「薩琦,貫福建福州府閩縣,民籍,儒士」(寧波出版社 2006 年影印本,第 8 頁);《福建通志》卷 37《選舉五·明舉人》載薩琦為永樂十五年丁酉科舉人(《景印文淵閣四庫全書》第 529 冊,第 179 頁)。綜上,薩琦中永樂十五年舉人,後中宣德五年進士。因其中進士身份為儒士,可知其會試下第後,並未按制入國子監,中舉身份應與殿試中式身份一致,故其中舉身份也應為儒士。
	羅繹	福建福州府閩縣	《福建通志》卷 37《選舉五·明舉人上》載羅繹為永樂十五年舉人,「儒士中式」(《景印文淵閣四庫全書》第 529 冊,第 179 頁)。
	吳源	福建福州府閩縣	《福建通志》卷 37《選舉五·明舉人上》載吳源為永樂十五年舉人,「儒士中式」(《景印文淵閣四庫全書》第 529 冊,第 179 頁)。

	林彤	福建福州府侯官縣	《福建通志》卷37《選舉五‧明舉人上》載林彤為永樂十五年舉人,「儒士中式」(《景印文淵閣四庫全書》第529冊,第179頁)。
	謝錡	福建福州府侯官縣	《福建通志》卷37《選舉五‧明舉人上》載謝錡為永樂十五年舉人,「儒士中式」(《景印文淵閣四庫全書》第529冊,第179頁)。
	馮實	福建福州府長樂縣	《福建通志》卷37《選舉五‧明舉人上》載馮實為永樂十五年舉人,「儒士中式」(《景印文淵閣四庫全書》第529冊,第179頁)。
	徐資用	福建興化府莆田縣	《福建通志》卷37《選舉五‧明舉人上》載徐資用為永樂十五年舉人,「儒士中式」(《景印文淵閣四庫全書》第529冊,第180頁)。
	翁長	福建興化府莆田縣	《福建通志》卷37《選舉五‧明舉人上》載翁長為永樂十五年舉人,「儒士中式」(《景印文淵閣四庫全書》第529冊,第180頁)。
	洪嶼	浙江嚴州府淳安縣	《福建通志》卷37《選舉五‧明舉人上》載洪嶼為永樂十五年舉人,「儒士中式」(《景印文淵閣四庫全書》第529冊,第179頁)。
	習嘉言	江西臨江府新喻縣	《國朝獻徵錄》記載「公習氏,諱經,字嘉言。江西新喻縣人……侍其父湘潭,改學《春秋》,日夜刻苦自勵。永樂丁酉(十五年),以儒士中湖廣鄉試,魁其經,明年登進士第」(《續修四庫全書》史部第525冊,第740頁)。可知,習嘉言中舉人身份為儒士。
	王愈	河南懷慶府修武縣	《國朝河南舉人名錄‧第二冊》載:「王愈,修武縣儒士」(寧波出版社2010年影印天一閣藏本,第6頁)
永樂十八年庚子	方立	福建福州府閩縣	《福建通志》卷37《選舉五‧明舉人上》載方立為永樂十八年舉人,「儒士中式」(《景印文淵閣四庫全書》第529冊,第180頁)。
	林元美	福建福州府閩縣	《福建通志》卷37《選舉五‧明舉人上》載林元美為永樂十八年舉人,「儒士中式」(《景印文淵閣四庫全書》第529冊,第180頁)。
	鄭崇	福建福州府侯官縣	《福建通志》卷37《選舉五‧明舉人上》載鄭崇為永樂十八年舉人,「儒士中式」(《景印文淵閣四庫全書》第529冊,第181頁)。
	黃文政	福建福州府長樂縣	《福建通志》卷37《選舉五‧明舉人上》載黃文政為永樂十八年舉人,「儒士中式」(《景印文淵閣四庫全書》第529冊,第181頁)。

潘財	福建福州府長樂縣	《福建通志》卷 37《選舉五・明舉人上》載潘財為永樂十八年舉人，「儒士中式」(《景印文淵閣四庫全書》第 529 冊，第 181 頁)。
高紹保	福建福州府長樂縣	《福建通志》卷 37《選舉五・明舉人上》載高紹保為永樂十八年舉人，「儒士中式」(《景印文淵閣四庫全書》第 529 冊，第 181 頁)。
王神祖	福建福州府福清縣	《福建通志》卷 37《選舉五・明舉人上》載王神祖為永樂十八年舉人，「儒士中式」(《景印文淵閣四庫全書》第 529 冊，第 181 頁)。
朱晅	福建福州府莆田縣	《福建通志》卷 37《選舉五・明舉人上》載朱晅為永樂十八年舉人，「儒士中式」(《景印文淵閣四庫全書》第 529 冊，第 181 頁)。
馮智	福建福州府莆田縣	《國朝河南舉人名錄・第二冊》(寧波出版社 2010 年影印本，第 15 頁)
王琳	直隸應天府溧陽縣	《國朝河南舉人名錄・第二冊》(寧波出版社 2010 年影印本，第 11 頁)
詹萬里	直隸太平府當塗縣	《國朝河南舉人名錄・第二冊》(寧波出版社 2010 年影印本，第 12 頁)
周同倫	浙江處州府松陽縣	《浙江通志》卷 135《選舉十三・明舉人》載周同倫為永樂十八年庚子科舉人，「松陽人，儒士」(《景印文淵閣四庫全書》第 522 冊，第 519 頁)。
王憲	浙江寧波府鄞縣	《浙江通志》卷 135《選舉十三・明舉人》載王憲為永樂十八年庚子科舉人，「鄞縣人，儒士」(《景印文淵閣四庫全書》第 522 冊，第 519 頁)。
徐熙春	浙江衢州府開化縣	《浙江通志》卷 135《選舉十三・明舉人》載徐熙春為永樂十八年庚子科舉人，「開化儒士」(《景印文淵閣四庫全書》第 522 冊，第 520 頁)。
潘田	浙江金華府永康縣	《浙江通志》卷 135《選舉十三・明舉人》載潘田為永樂十八年庚子科舉人，「永康儒士」(《景印文淵閣四庫全書》第 522 冊，第 521 頁)。
鍾復	江西吉安府永豐縣	《宣德八年進士登科錄》載「鍾復，貫江西吉安府永豐縣，民籍，儒士」(寧波出版社 2006 年影印天一閣藏本，第 7 頁)；《江西通志》卷 52《選舉四・明》載鍾復為永樂十八年庚子科舉人(《景印文淵閣四庫全書》第 514 冊，第 710 頁)。綜上，鍾復中永樂十八年舉人，後中宣德八年進士。因其中進士身份為儒士，可知其會試下第後，並未按制入國子監，中舉身份應與殿試中式身份一致，故其中舉身份也應為儒士。

	鄒來學	湖廣黃州府麻城縣	《宣德八年進士登科錄》載「鄒來學,貫湖廣黃州府麻城縣,軍籍,儒士」(寧波出版社 2006 年影印天一閣藏本,第 12 頁);《湖廣通志》卷三四《選舉志‧明舉人》載鄒來學為永樂十八年庚子科舉人(《景印文淵閣四庫全書》第 532 冊,第 305 頁)。綜上,鄒來學中永樂十八年舉人,後中宣德八年進士。因其中進士身份為儒士,可知其會試下第後,並未按制入國子監,中舉身份應與殿試中式身份一致,故其中舉身份也應為儒士。
永樂二十一年癸卯	蔡文璟	福建福州府閩縣	《福建通志》卷 37《選舉五‧明舉人》載蔡文璟為永樂二十一年癸卯科舉人,「儒士中式」(《景印文淵閣四庫全書》第 529 冊,第 182 頁)。
	張瑜	福建福州府閩縣	《福建通志》卷 37《選舉五‧明舉人》載張瑜為永樂二十一年癸卯科舉人,「儒士中式」(《景印文淵閣四庫全書》第 529 冊,第 182 頁)。
	林鈍	福建福州府閩縣	《福建通志》卷 37《選舉五‧明舉人》載林鈍為永樂二十一年癸卯科舉人,「儒士中式」(《景印文淵閣四庫全書》第 529 冊,第 182 頁)。
	林琚	福建福州府侯官縣	《福建通志》卷 37《選舉五‧明舉人》載林琚為永樂二十一年癸卯科舉人,「儒士中式」(《景印文淵閣四庫全書》第 529 冊,第 182 頁)。
	張衡	福建福州府侯官縣	《福建通志》卷 37《選舉五‧明舉人》載張衡為永樂二十一年癸卯科舉人,「儒士中式」(《景印文淵閣四庫全書》第 529 冊,第 182 頁)。
	林瑭	福建福州府侯官縣	《福建通志》卷 37《選舉五‧明舉人》載林瑭為永樂二十一年癸卯科舉人,「儒士中式」(《景印文淵閣四庫全書》第 529 冊,第 182 頁)。
	田均	福建福州府長樂縣	《福建通志》卷 37《選舉五‧明舉人》載田均為永樂二十一年癸卯科舉人,「儒士中式」(《景印文淵閣四庫全書》第 529 冊,第 182 頁)。
	陳潛	福建福州府福清縣	《福建通志》卷 37《選舉五‧明舉人》載陳潛為永樂二十一年癸卯科舉人,「儒士中式」(《景印文淵閣四庫全書》第 529 冊,第 182 頁)。
	黃興	福建福州府莆田縣	《福建通志》卷 37《選舉五‧明舉人》載黃興為永樂二十一年癸卯科舉人,「儒士中式」(《景印文淵閣四庫全書》第 529 冊,第 182 頁)。
	李銅	福建福州府莆田縣	《福建通志》卷 37《選舉五‧明舉人》載李銅為永樂二十一年癸卯科舉人,「儒士中式」(《景印文淵閣四庫全書》第 529 冊,第 182 頁)。

陳可晦	福建福州府莆田縣	《福建通志》卷 37《選舉五·明舉人》載陳可晦為永樂二十一年癸卯科舉人,「儒士中式」(《景印文淵閣四庫全書》第 529 冊,第 182 頁)。
鄭厚	浙江杭州府仁和縣	《浙江通志》卷 135《選舉十三·明舉人》載鄭厚為永樂二十一年庚子科舉人,「仁和儒士,甲辰進士」(《景印文淵閣四庫全書》第 522 冊,第 522 頁)。
潘靜	浙江處州府松陽縣	《浙江通志》卷 135《選舉十三·明舉人》載潘靜為永樂二十一年庚子科舉人,「松陽儒士」(《景印文淵閣四庫全書》第 522 冊,第 522 頁)。
詹昭	浙江衢州府常山縣	《浙江通志》卷 135《選舉十三·明舉人》載詹昭為永樂二十一年庚子科舉人,「常山儒士」(《景印文淵閣四庫全書》第 522 冊,第 523 頁)。
李信	浙江杭州府	《浙江通志》卷 135《選舉十三·明舉人》載李信為永樂二十一年庚子科舉人,「杭州儒士」(《景印文淵閣四庫全書》第 522 冊,第 523 頁)。
卜經	浙江杭州府臨安縣	《浙江通志》卷 135《選舉十三·明舉人》載卜經為永樂二十一年庚子科舉人,「臨安儒士」(《景印文淵閣四庫全書》第 522 冊,第 524 頁)。
蔣希孟	浙江處州府青田縣	《浙江通志》卷 135《選舉十三·明舉人》載蔣希孟為永樂二十一年庚子科舉人,「青田儒士」(《景印文淵閣四庫全書》第 522 冊,第 524 頁)。
張崑	浙江紹興府上虞縣	《浙江通志》卷 135《選舉十三·明舉人》載張崑為永樂二十一年庚子科舉人,「上虞儒士」(《景印文淵閣四庫全書》第 522 冊,第 524 頁)。
嚴蕙	浙江湖州府烏程縣	《浙江通志》卷 135《選舉十三·明舉人》載嚴蕙為永樂二十一年庚子科舉人,「烏程儒士」(《景印文淵閣四庫全書》第 522 冊,第 524 頁)。
壽安	浙江紹興府上虞縣	《浙江通志》卷 135《選舉十三·明舉人》載壽安為永樂二十一年庚子科舉人,「上虞儒士」(《景印文淵閣四庫全書》第 522 冊,第 525 頁)。
劉釗	江西吉安府泰和縣	《國朝河南舉人名錄·第二冊》載:「劉釗,泰和縣儒士」(寧波出版社 2010 年影印天一閣藏本,第 17 頁)。
羅寧	直隸淮安府安東縣	《國朝河南舉人名錄·第二冊》載:「羅寧,安東縣儒士」(寧波出版社 2010 年影印天一閣藏本,第 18 頁)。
田寧	山西平陽府稷山縣	《國朝河南舉人名錄·第二冊》載:「田寧,稷山縣儒士」(寧波出版社 2010 年影印天一閣藏本,第 20 頁)。

	廖莊	江西吉安府吉水縣	《宣德五年進士登科錄》載「廖莊,貫江西吉安府吉水縣,軍籍,儒士」(寧波出版社 2006 年影印天一閣藏本,第 19 頁);《江西通志》卷 52《選舉四·明》載廖莊為永樂二十一年癸卯科舉人(《景印文淵閣四庫全書》第 514 冊,第 713 頁)。綜上,廖莊中永樂二十一年舉人,後中宣德五年進士。因其中進士身份為儒士,可知其會試下第後,並未按制入國子監,中舉身份應與殿試中式身份一致,故其中舉身份也應為儒士。
宣德元年丙午	鄭亮	福建福州府閩縣	《福建通志》卷 37《選舉五·明舉人上》載鄭亮為宣德元年舉人,「儒士中式」(《景印文淵閣四庫全書》第 529 冊,第 183 頁)。
	朱環	福建福州府閩縣	《福建通志》卷 37《選舉五·明舉人上》載朱環為宣德元年舉人,「儒士中式」(《景印文淵閣四庫全書》第 529 冊,第 183 頁)。
	李匡	浙江台州府黃岩縣	《浙江通志》卷 135《選舉十三·明舉人》載李匡為宣德元年舉人,「黃岩儒士」(《景印文淵閣四庫全書》第 522 冊,第 525 頁)。
	王復	浙江寧波府慈谿縣	《浙江通志》卷 135《選舉十三·明舉人》載王復為宣德元年舉人,「慈谿儒士」(《景印文淵閣四庫全書》第 522 冊,第 525 頁)。
	王洪	浙江金華府金華縣	《浙江通志》卷 135《選舉十三·明舉人》載王洪為宣德元年舉人,「金華儒士」(《景印文淵閣四庫全書》第 522 冊,第 525 頁)。
	李筠	浙江寧波府慈谿縣	《浙江通志》卷 135《選舉十三·明舉人》載李筠為宣德元年舉人,「慈谿儒士」(《景印文淵閣四庫全書》第 522 冊,第 525 頁)。
	李笎	浙江寧波府慈谿縣	《浙江通志》卷 135《選舉十三·明舉人》載李笎為宣德元年舉人,「慈谿儒士」(《景印文淵閣四庫全書》第 522 冊,第 525 頁)。
	毛信	浙江紹興府餘姚縣	《浙江通志》卷 135《選舉十三·明舉人》載毛信為宣德元年舉人,「餘姚儒士」(《景印文淵閣四庫全書》第 522 冊,第 525 頁)。
宣德四年己酉	楊謙	福建福州府懷安縣	《福建通志》卷 37《選舉五·明舉人上》載楊謙為宣德四年己酉科舉人;「儒士中式」(《景印文淵閣四庫全書》第 529 冊,第 183 頁)。
	吳福	福建興化府莆田縣	《福建通志》卷 37《選舉五·明舉人上》載吳福為宣德四年己酉科舉人;「儒士中式」(《景印文淵閣四庫全書》第 529 冊,第 183 頁)。

賴世隆	福建汀州府清流縣	《福建通志》卷37《選舉五‧明舉人上》載賴世隆為宣德四年己酉科舉人；「儒士中式」（《景印文淵閣四庫全書》第529冊，第183頁）。
林璧	浙江台州府黃岩縣	《浙江通志》卷135《選舉十三‧明舉人》載林璧為宣德四年舉人，「儒士中式」（《景印文淵閣四庫全書》第522冊，第526頁）。
黃彥俊	浙江台州府黃岩縣	《浙江通志》卷135《選舉十三‧明舉人》載黃彥俊為宣德四年舉人，「黃岩儒士」（《景印文淵閣四庫全書》第522冊，第526頁）。
錢奐	浙江寧波府鄞縣	《正統元年進士登科錄》載「錢奐，貫浙江寧波府鄞縣民籍，儒士」（上海圖書館藏明正統刻本）；《浙江通志》卷135《選舉十三‧明舉人》載其為宣德四年己酉科舉人（《景印文淵閣四庫全書》第522冊，第527頁）。 綜上，錢奐中宣德四年舉人，後中正統元年進士。因其中進士身份為儒士，可知其會試下第後，並未按制入國子監，中舉身份應與殿試中式身份一致，故其中舉身份也應為儒士。
丁倫	江西臨江府新淦縣	《宣德五年進士登科錄》載「丁倫，貫江西臨江府新淦縣，民籍，儒士」（寧波出版社2006年影印本，第11頁）；《江西通志》卷52《選舉四‧明》載丁倫為宣德四年己酉科舉人（《景印文淵閣四庫全書》第514冊，第716頁）。可知，丁倫中宣德四年舉人，繼中宣德五年進士，為鄉、會、殿試連捷者，其中式身份應無變化。因其中進士身份為儒士，則其中舉身份也應為儒士。
虞瑛	陝西漢中府南鄭縣	《宣德五年進士登科錄》載「虞瑛，貫陝西漢中府南鄭縣，民籍，儒士」（寧波出版社2006年影印本，第22頁）；乾隆《南鄭縣志》卷六《選舉‧舉人》載其為宣德四年己酉科舉人（乾隆五十九年刻本）。可知，虞瑛中宣德四年舉人，繼中宣德五年進士，為鄉、會、殿試連捷者，其中式身份應無變化。因其中進士身份為儒士，則其中舉身份也應為儒士。
徐珵	順天府宛平縣	《宣德八年進士登科錄》載「徐珵，貫北直順天府宛平縣，匠籍，儒士」（寧波出版社2006年影印本，第10頁）；《江南通志》卷125《選舉志‧舉人一》載徐珵為宣德四年己酉科舉人（《景印文淵閣四庫全書》第510冊，第703頁）。可知，徐珵中宣德四年舉人，繼中宣德五年進士，為鄉、會、殿試連捷者，其中式身份應無變化。因其中進士身份為儒士，則其中舉身份也應為儒士。

	費永年	河南開封府滎陽縣	《國朝河南舉人名錄・第二冊》第27頁。
	劉慶	河南開封府太康縣	《國朝河南舉人名錄・第二冊》第28頁。
	白琮	河南南陽府新野縣	《宣德五年進士登科錄》載「白琮，貫河南南陽府新野縣，民籍，儒士」（寧波出版社2006年影印本，第30頁）；萬曆《南陽府志》卷一一《選舉表下・新野縣鄉貢》載其為永樂十八年舉人（萬曆五年刻本）。綜上，白琮中永樂十八年舉人，後中宣德五年進士。因其中進士身份為儒士，可知其會試下第後，並未按制入國子監，中舉身份應與殿試中式身份一致，故其中舉身份也應為儒士。
宣德七年壬子	王瑨	河南汝寧府信陽縣	《宣德八年進士登科錄》載「王瑨，貫河南汝寧府信陽縣，軍籍，儒士」（寧波出版社2006年影印本，第19頁）；《重修信陽縣志》卷二二《科甲表一・舉人》載其為永樂二十一年舉人（民國二十五年鉛印本）。綜上，王瑨中永樂二十一年舉人，後中宣德八年進士。因其中進士身份為儒士，可知其會試下第後，並未按制入國子監，中舉身份應與殿試中式身份一致，故其中舉身份也應為儒士。
	陳金	浙江紹興府上虞縣	《宣德八年進士登科錄》載「陳金，貫浙江紹興府上虞縣，民籍，儒士」（寧波出版社2006年影印本，第20頁）；《浙江通志》卷135《選舉十三・明舉人》載陳金為宣德七年壬子科舉人（《景印文淵閣四庫全書》第522冊，第27頁）。可知，陳金中宣德七年舉人，繼中宣德八年進士，為鄉、會、殿試連捷者，其中式身份應無變化。因其中進士身份為儒士，則其中舉身份也應為儒士。
	曾翬	江西吉安府泰和縣	《宣德八年進士登科錄》載「曾翬，貫江西吉安府泰和縣，民籍，儒士」（寧波出版社2006年影印本，第17頁）；《江西通志》卷52《選舉四・明》載曾翬為宣德七年壬子科舉人（《景印文淵閣四庫全書》第514冊，第717頁）。可知，曾翬中宣德七年舉人，繼中宣德八年進士，為鄉、會、殿試連捷者，其中式身份應無變化。因其中進士身份為儒士，則其中舉身份也應為儒士。
	潘洪	四川重慶府銅梁縣	《宣德八年進士登科錄》載「潘洪，貫四川重慶府銅梁縣，民籍，儒士」（寧波出版社2006年影印本，第19頁）；光緒《銅梁縣志》卷六《選舉志・舉人》載其中宣德元年舉人。綜上，潘洪中宣德元年舉人，後中宣德八年進士。因其中進士身份為儒

			士，可知其會試下第後，並未按制入國子監，中舉身份應與殿試中式身份一致，故其中舉身份也應為儒士。
宣德十年乙卯	楊德敷	江西吉安府泰和縣	《正統元年進士登科錄》載「楊德敷，貫江西泰和縣民籍，儒士」（上海圖書館藏本）；《江西通志》卷 52《選舉四‧明》載其為宣德十年己酉科舉人（《景印文淵閣四庫全書》第 514 冊第 718 頁）。可知，楊德敷中宣德十年舉人，繼中正統元年進士，為鄉、會、殿試連捷者，其中式身份應無變化。因其中進士身份為儒士，則其中舉身份也應為儒士。
	曾蒙簡	江西吉安府泰和縣	《正統十年進士登科錄》載：「曾蒙簡，貫江西吉安府泰和縣儒籍，儒士」（寧波出版社 2006 年影印本，第 8 頁）；《江西通志》卷 52《選舉四‧明》載其為宣德十年己酉科舉人（《景印文淵閣四庫全書》第 514 冊，第 718 頁）。綜上，曾蒙簡中宣德十年舉人，後中正統十年進士。因其中進士身份為儒士，可知其會試下第後，並未按制入國子監，中舉身份應與殿試中式身份一致，故其中舉身份也應為儒士。
	劉福	山東青州府益都縣	《正統元年進士登科錄》載「劉福，貫山東青州府益都縣儒籍，儒士」（上海圖書館藏明正統刻本）；《山東通志》卷十五之一《制科‧舉人》載劉福為宣德十年乙卯科舉人（《景印文淵閣四庫全書》第 540 冊，第 51 頁）。可知，劉福中宣德十年舉人，繼中正統元年進士，為鄉、會、殿試連捷者，其中式身份應無變化。因其中進士身份為儒士，則其中舉身份也應為儒士。
	成始終	直隸常州府無錫縣	《正統四年進士登科錄》載「成始終，貫直隸常州府無錫縣，民籍，儒士」（寧波出版社 2006 年影印本，第 29 頁）；《倪文僖集》卷 27《明故前奉政大夫湖廣按察司僉事成公墓表》載「公諱始終，敬之其字也，姓成氏……以儒士應宣德乙卯鄉試中式，登正統己未進士第」（《景印文淵閣四庫全書》第 1245 冊第 521 頁）。
正統三年戊午	顧孟喬	福建興化府莆田縣	《福建通志》卷 37《選舉五‧明舉人上》載顧孟喬中正統三年舉人，「儒士中式」（《景印文淵閣四庫全書》第 529 冊，第 185 頁）。
	林同	福建延平府南平縣	《福建通志》卷 37《選舉五‧明舉人上》載林同中正統三年舉人，「儒士中式」（《景印文淵閣四庫全書》第 529 冊，第 185 頁）。

	章繪	浙江寧波府鄞縣;順天府富戶	《正統四年進士登科錄》載「章繪,貫浙江寧波府鄞縣民籍;順天府富戶,儒士……順天府鄉試第三十三名」(寧波出版社2006年影印本,第15頁);《浙江通志》卷135《選舉十三・明舉人》載章繪為正統三年戊午科舉人(《景印文淵閣四庫全書》第522冊,第529頁)。可知,章繪中正統三年舉人,繼中正統四年進士,為鄉、會、殿試連捷者,其中式身份應無變化。因其中進士身份為儒士,則其中舉身份也應為儒士。
	左鼎	江西吉安府永新縣	《正統七年進士登科錄》載「左鼎,貫江西吉安府永新縣,民籍,儒士……江西鄉試第五十名」(寧波出版社2006年影印本,第12頁);《江西通志》卷53《選舉五・明》載左鼎為正統三年戊午科舉人(《景印文淵閣四庫全書》第514冊,第529頁)。綜上,左鼎中正統三年舉人,後中正統七年進士。因其中進士身份為儒士,可知其會試下第後,並未按制入國子監,中舉身份應與殿試中式身份一致,故其中舉身份也應為儒士。
	酆海	江西吉安府吉水縣	《正統七年進士登科錄》載「酆海,貫江西吉安府吉水縣,民籍,儒士……江西鄉試第四十八名」(寧波出版社2006年影印本,第40頁);《江西通志》卷53《選舉五・明》載酆海為正統三年戊午科舉人(《景印文淵閣四庫全書》第514冊,第529頁)。綜上,酆海中正統三年舉人,後中正統七年進士。因其中進士身份為儒士,可知其會試下第後,並未按制入國子監,中舉身份應與殿試中式身份一致,故其中舉身份也應為儒士。
正統六年辛酉	張洪	江西吉安府安福縣	《正統十年進士登科錄》載「張洪,貫江西吉安府安福縣民籍,儒士」(寧波出版社2006年影印本,第10頁);《江西通志》卷53《選舉五・明》載張洪為正統六年辛酉科舉人(《景印文淵閣四庫全書》第514冊,第721頁)。綜上,張洪中正統六年舉人,後中正統十年進士。因其中進士身份為儒士,可知其會試下第後,並未按制入國子監,中舉身份應與殿試中式身份一致,故其中舉身份也應為儒士。
	高安	江西吉安府永豐縣	《正統七年進士登科錄》載「高安,貫江西吉安府永豐縣,民籍,儒士」(寧波出版社2006年影印本,第42頁);《江西通志》卷53《選舉五・明》載高安為正統六年辛酉科舉人(《景印文淵閣四庫全書》第514冊,第721頁)。可知,高安中正統六年舉人,繼中正統七年進士,為鄉、會、殿試連

			捷者，其中式身份應無變化。因其中進士身份為儒士，則其中舉身份也應為儒士。
	徐昌	直隸蘇州府崑山縣	《正統十年進士登科錄》載「徐昌，貫直隸蘇州府崑山縣匠籍，儒士」（寧波出版社 2006 年影印本，第 18 頁）；《江南通志》卷 125《選舉志·舉人一》載徐昌為正統六年辛酉科舉人（《景印文淵閣四庫全書》第 510 冊，第 708 頁）。綜上，徐昌中正統六年舉人，後中正統十年進士。因其中進士身份為儒士，可知其會試下第後，並未按制入國子監，中舉身份應與殿試中式身份一致，故其中舉身份也應為儒士。
	彭時	江西吉安府安福縣	《皇明三元考》載：「狀元彭時，江西安福人……治春秋，儒士，辛酉舉人」（《四庫全書存目叢書》史部第 271 冊，第 96 頁）。
正統九年甲子	鄭佑	順天府大興縣民籍，浙江衢州府常山縣人	《景泰二年進士登科錄》載「鄭佑，順天府大興縣民籍；浙江衢州府常山縣人，儒士」（寧波出版社 2006 年影印本，第 51 頁）；《浙江通志》卷 135《選舉十三·明舉人》載鄭佑為正統九年甲子科舉人（《景印文淵閣四庫全書》第 522 冊，第 532 頁）。綜上，鄭佑中正統九年舉人，後中景泰二年進士。因其中進士身份為儒士，可知其會試下第後，並未按制入國子監，中舉身份應與殿試中式身份一致，故其中舉身份也應為儒士。
	陳鑑	遼東蓋州衛軍籍，南直隸蘇州府長洲縣人	《皇明三元考》載：「榜眼陳鑑（鑒），蓋州衛官籍，直隸長洲人，治甲子（正統九年）秋，潛出考儒士，遂以書經中順天鄉試第二名」（《四庫全書存目叢書》史部第 271 冊，第 96 頁）。
	許簏	直隸常州府無錫縣	康熙《常州府志》卷一六《選舉·鄉科》載許簏為正統九年舉人，「儒士中式」（康熙三十四年刻本）。
	陳雲鵬	浙江紹興府餘姚縣	《正統十年進士登科錄》載「陳雲鵬，貫浙江紹興府餘姚縣，民籍，儒士」（寧波出版社 2006 年影印本，第 19 頁）；《浙江通志》卷 135《選舉十三·明舉人》載陳雲鵬為正統九年甲子科舉人（《景印文淵閣四庫全書》第 522 冊，第 531 頁）。可知，陳雲鵬中正統九年舉人，繼中正統十年進士，為鄉、會、殿試連捷者，其中式身份應無變化。因其中進士身份為儒士，則其中舉身份也應為儒士。
	黃原謹	福建興化府莆田縣	雍正《福建通志》卷三十七《選舉五·明舉人上》載黃原謹為正統九年舉人，「儒士中式」（《景印文淵閣四庫全書》第 529 冊，第 187 頁）。

	林時讓	福建興化府莆田縣	雍正《福建通志》卷三十七《選舉五・明舉人上》載林時讓為正統九年舉人，「儒士中式」（《景印文淵閣四庫全書》第 529 冊，第 187 頁）。
	劉孜	江西吉安府萬安縣	《正統十年進士登科錄》載：「劉孜，貫江西吉安府萬安縣民籍，儒士」（寧波出版社 2006 年影印本，第 13 頁）；雍正《江西通志》卷 53《選舉五・明》載劉孜為正統九年甲子科舉人（《景印文淵閣四庫全書》第 514 冊，第 722 頁）。可知，劉孜中正統九年舉人，繼中正統十年進士，為鄉、會、殿試連捷者，其中式身份應無變化。因其中進士身份為儒士，則其中舉身份也應為儒士。
	陳寬	江西南昌府豐城縣	《正統十年進士登科錄》載「陳寬，貫江西南昌府豐城縣民籍，儒士」（寧波出版社 2006 年影印本，第 32 頁）；康熙《豐城縣志》卷三《科第志》載其為正統六年辛酉科舉人（康熙三年刻本）。綜上，陳寬中正統六年舉人，後中正統十年進士。因其中進士身份為儒士，可知其會試下第後，並未按制入國子監，中舉身份應與殿試中式身份一致，故其中舉身份也應為儒士。
正統十二年己酉	劉吉	直隸保定府博野縣	《正統十三年進士登科錄》載：「劉吉，貫北直隸保定府博野縣，軍籍，儒士」（寧波出版社 2006 年影印本，第 14 頁）；徐溥《故特進光祿大夫柱國少師兼太子太師吏部尚書華蓋殿大學士致仕贈太師諡文穆劉公神道碑銘》載：「公諱吉……稍長，讀書，從江右劉御史克彥學，穎敏勤勵，甚見稱許。正統丁卯登順天府鄉試，戊辰第進士」（《景印文淵閣四庫全書》第 1248 冊，第 663 頁）。
	李泰	北直順天府香河縣	《正統十三年會試錄》記載「第七十七名，李泰，順天府香河縣，儒士」（寧波出版社 2007 年影印本，第 12 頁）。按，李泰會試中式身份為儒士，說明其中舉身份與會試中式身份一致，未發生變化，其中舉身份也應為儒士。
	耿裕	河南河南府盧氏縣官籍；山西平定州人	《景泰五年進士登科錄》載：「耿裕，貫河南河南府盧氏縣，官籍，山西平定州人，儒士」（寧波出版社 2006 年影印本，第 12 頁）；雍正《山西通志》卷六六《科目二・明》載耿裕為正統十二年丁卯科舉人（《景印文淵閣四庫全書》第 544 冊，第 350 頁）。綜上，耿裕中正統十二年舉人，後中景泰五年進士。因其中進士身份為儒士，可知其會試下第後，並未按制入國子監，中舉身份應與殿試中式身份一致，故其中舉身份也應為儒士。

	鄭文	浙江紹興府餘姚縣	雍正《浙江通志》卷135《選舉十三·明舉人》載鄭文為正統十二年舉人,「餘姚儒士」(《景印文淵閣四庫全書》第522冊,第532頁)。
	李尚	浙江寧波府慈谿縣	雍正《浙江通志》卷135《選舉十三·明舉人》載李尚為正統十二年舉人,「慈谿儒士」(《景印文淵閣四庫全書》第522冊,第532頁)。
	李讓	浙江台州府黃岩縣	雍正《浙江通志》卷135《選舉十三·明舉人》載李讓為正統十二年舉人,「黃岩儒士」(《景印文淵閣四庫全書》第522冊,第533頁)。
	黃溫	福建福州府閩縣	雍正《福建通志》卷37《選舉五·明舉人上》載黃溫為正統十二年舉人,「儒士中式」(《景印文淵閣四庫全書》第529冊,第187頁)。
景泰元年庚午	相傑	順天府大興縣匠籍,直隸松江府華亭縣人	《景泰二年進士登科錄》載:「相傑,貫順天府大興縣籍,直隸松江府華亭縣人,匠籍,儒士,治春秋……順天府鄉試第三十七名」(寧波出版社2006年影印本,第20頁);崇禎《松江府志》卷三四《鄉舉》載其中景泰元年庚午科舉人(《日本藏中國罕見地方志叢刊》第23冊,第880頁)。可知,相傑中景泰元年舉人,繼中景泰二年進士,為鄉、會、殿試連捷者,其中式身份應無變化。因其中進士身份為儒士,則其中舉身份也應為儒士。
	張瑄	順天府大興縣匠籍,浙江仁和縣人	《景泰二年進士登科錄》載:「張瑄,貫順天府大興縣,浙江仁和縣人,匠籍,儒士」(寧波出版社2006年影印本,第44頁);雍正《浙江通志》卷135《選舉十三·明舉人》載張瑄為景泰元年庚午科舉人(《景印文淵閣四庫全書》第522冊,第536頁)。可知,張瑄中景泰元年舉人,繼中景泰二年進士,為鄉、會、殿試連捷者,其中式身份應無變化。因其中進士身份為儒士,則其中舉身份也應為儒士。
	鄭宗成	福建福州府閩縣	雍正《福建通志》卷37《選舉五·明舉人上》載鄭宗成為景泰元年舉人,「儒士中式」(《景印文淵閣四庫全書》第529冊,第188頁)。
	潘汝輔	福建福州府懷安縣	雍正《福建通志》卷37《選舉五·明舉人上》載潘汝輔為景泰元年舉人,「儒士中式」(《景印文淵閣四庫全書》第529冊,第188頁)。
	施伯淳	福建福州府長樂縣	雍正《福建通志》卷37《選舉五·明舉人上》載施伯淳為景泰元年舉人,「儒士中式」(《景印文淵閣四庫全書》第529冊,第188頁)。
	鄭華	福建興化府莆田縣	雍正《福建通志》卷37《選舉五·明舉人上》載鄭華為景泰元年舉人,「儒士中式」(《景印文淵閣四庫全書》第529冊,第188頁)。

	陳思綱	福建興化府莆田縣	雍正《福建通志》卷 37《選舉五‧明舉人上》載陳思綱為景泰元年舉人，「儒士中式」（《景印文淵閣四庫全書》第 529 冊，第 188 頁）。
	陸升	浙江溫州府永嘉縣	雍正《浙江通志》卷 135《選舉十三‧明舉人》載陸升為景泰元年舉人，「永嘉儒士」（《景印文淵閣四庫全書》第 522 冊，第 536 頁）。
	陳嘉猷	浙江紹興府餘姚縣	雍正《浙江通志》卷 135《選舉十三‧明舉人》載陳嘉猷為景泰元年舉人，「餘姚儒士」（《景印文淵閣四庫全書》第 522 冊，第 536 頁）。
	童緣	浙江杭州府錢塘縣	《景泰二年進士登科錄》載：「童緣，貫浙江杭州府錢塘縣，匠籍，大興縣儒士」（寧波出版社 2006 年影印本，第 26 頁）；雍正《浙江通志》卷 135《選舉十三‧明舉人》載童緣為景泰元年庚午科舉人（《景印文淵閣四庫全書》第 522 冊，第 536 頁）。可知，童緣中景泰元年舉人，繼中景泰二年進士，為鄉、會、殿試連捷者，其中式身份應無變化。因其中進士身份為儒士，則其中舉身份也應為儒士。
	毛傑	浙江紹興府餘姚縣	《景泰五年進士登科錄》載：「毛傑，貫浙江紹興府餘姚縣，民籍，儒士」（寧波出版社 006 年影印本，第 68 頁）；雍正《浙江通志》卷 135《選舉十三‧明舉人》載童緣為景泰元年庚午科舉人（《景印文淵閣四庫全書》第 522 冊第 534 頁）。綜上，毛傑中景泰元年舉人，後中景泰五年進士。因其中進士身份為儒士，可知其會試下第後，並未按制入國子監，中舉身份應與殿試中式身份一致，故其中舉身份也應為儒士。
	陳僎	直隸蘇州府吳縣	《景泰元年應天府鄉試錄》載：「十四名陳僎，吳縣儒士」（寧波出版社 2010 年影印本，第 1 頁）。
	馬顯	直隸淮安府山陽縣	《景泰元年應天府鄉試錄》載：「一百八十三名馬顯，山陽縣儒士」（寧波出版社 2010 年影印本，第 1 頁）。
景泰四年癸酉	黎庸	交阯交阯府清威縣	《景泰五年進士登科錄》載：「黎庸，貫交阯交阯府清威縣，民籍，儒士」（寧波出版社 2006 年影印本，第 53 頁）；揆諸史籍，未見載黎庸中舉年份，因其中進士身份為儒士，中舉身份應與殿試中式身份一致，故其中舉身份也應為儒士。
	潘傑	應天府上元縣	《景泰五年進士登科錄》載：「潘傑，貫應天府上元縣，匠籍，儒士」（寧波出版社 2006 年影印本，第 41 頁）；《江南通志》卷 126《選舉志‧舉人二》載潘傑為景泰四年癸酉科舉人（《景印文淵閣四庫

		全書》第 510 冊，第 714 頁）。可知，潘傑中景泰四年舉人，繼中景泰五年進士，為鄉、會、殿試連捷者，其中式身份應無變化。因其中進士身份為儒士，則其中舉身份也應為儒士。
金紳	應天府上元縣	《景泰五年進士登科錄》載：「金紳，貫應天府上元縣，官籍，儒士」（寧波出版社 2006 年影印本，第 79 頁）；《江南通志》卷 126《選舉志・舉人二》載金紳為景泰四年癸酉科舉人（《景印文淵閣四庫全書》第 510 冊，第 716 頁）。可知，金紳中景泰四年舉人，繼中景泰五年進士，為鄉、會、殿試連捷者，其中式身份應無變化。因其中進士身份為儒士，則其中舉身份也應為儒士。
汪翰	直隸徽州府祁門縣	弘治《徽州府志》卷 6《選舉・科第》載汪翰為景泰四年舉人，「儒士中式」（《天一閣藏明代方志選刊》第 29 冊，第 27 頁）。
李振聞	直隸徽州府祁門縣	弘治《徽州府志》卷 6《選舉・科第》載李振聞為景泰四年舉人，「儒士中式」（《天一閣藏明代方志選刊》第 29 冊，第 27 頁）。
張元沖	河南汝寧府光州光山縣	《國朝河南舉人名錄・第二冊》載：「張元沖，光山縣儒士」（寧波出版社 2010 年影印本，第 52 頁）。
胡琛	河南汝寧府光州光山縣	《國朝河南舉人名錄・第二冊》載：「胡琛，光山縣儒士」（寧波出版社 2010 年影印本，第 52 頁）。
鄭節	浙江紹興府餘姚縣	《浙江通志》卷 135《選舉十三・明舉人》載鄭節為景泰四年癸酉科舉人，「餘姚儒士」（《景印文淵閣四庫全書》第 522 冊，第 536 頁）。
鄭環	浙江杭州府仁和縣	《浙江通志》卷 135《選舉十三・明舉人》載鄭環為景泰四年癸酉科舉人，「餘姚儒士」（《景印文淵閣四庫全書》第 522 冊，第 536 頁）。
吳潘	浙江寧波府鄞縣	《浙江通志》卷 135《選舉十三・明舉人》載吳潘為景泰四年癸酉科舉人，「鄞縣儒士」（《景印文淵閣四庫全書》第 522 冊，第 538 頁）。
夏澄	浙江台州府天台縣	《浙江通志》卷 135《選舉十三・明舉人》載夏澄為景泰四年癸酉科舉人，「天台縣儒士」（《景印文淵閣四庫全書》第 522 冊，第 538 頁）。
林廷器	福建福州府侯官縣	《福建通志》卷 37《選舉五・明舉人上》載林廷器為景泰四年舉人，「儒士中式」（《景印文淵閣四庫全書》第 529 冊，第 190 頁）。
許善繼	福建福州府福清縣	《福建通志》卷 37《選舉五・明舉人上》載許善繼為景泰四年舉人，「儒士中式」（《景印文淵閣四庫全書》第 529 冊，第 190 頁）。

	江輝	福建福州府福清縣	《景泰四年癸酉科福建鄉試錄》載：「江輝，福清縣儒士」（寧波出版社 2006 年影印本，第 15 頁）。
	方傑	福建興化府莆田縣	《景泰四年癸酉科福建鄉試錄》載：「方傑，莆田縣儒士」（寧波出版社 2006 年影印本，第 15 頁）。
	李述	江西南昌府豐城縣	《景泰五年進士登科錄》載：「李述，貫江西南昌府豐城縣，民籍，儒士」（寧波出版社 2006 年影印本，第 82 頁）；《江西通志》卷 53《選舉五·明》載李述為景泰四年癸酉科舉人（《景印文淵閣四庫全書》第 514 冊，第 727 頁）。可知，李述中景泰四年舉人，繼中景泰五年進士，為鄉、會、殿試連捷者，其中式身份應無變化。因其中進士身份為儒士，則其中舉身份也應為儒士。
	王顯	江西撫州府臨川縣	《天順元年進士登科錄》載：「王顯，貫江西撫州府臨川縣，民籍，儒士」（《明代登科錄彙編》第 2 冊，第 496 頁）；《江西通志》卷 53《選舉五·明》載王顯為景泰四年癸酉科舉人（《景印文淵閣四庫全書》第 514 冊，第 727 頁）。可知，王顯中景泰四年舉人，繼中景泰五年進士，為鄉、會、殿試連捷者，其中式身份應無變化。因其中進士身份為儒士，則其中舉身份也應為儒士。
景泰七年丙子	李居義	浙江紹興府餘姚縣	《浙江通志》卷 135《選舉十三·明舉人》載李居義為景泰七年舉人，「餘姚儒士」（《景印文淵閣四庫全書》第 522 冊，第 538 頁）。
	吳昶	浙江紹興府上虞縣	《浙江通志》卷 135《選舉十三·明舉人》載吳昶為景泰七年舉人，「上虞儒士」（《景印文淵閣四庫全書》第 522 冊，第 538 頁）
	孫珩	浙江紹興府餘姚縣	《浙江通志》卷 135《選舉十三·明舉人》載孫珩為景泰七年舉人，「餘姚儒士」（《景印文淵閣四庫全書》第 522 冊，第 538 頁）
	金鎮	浙江杭州府錢塘縣	《浙江通志》卷 135《選舉十三·明舉人》載金鎮為景泰七年舉人，「錢塘儒士」（《景印文淵閣四庫全書》第 522 冊，第 539 頁）。
	陳安	福建福州府閩縣	《福建通志》卷 37《選舉五·明舉人上》載陳安為景泰七年舉人，「儒士中式」（《景印文淵閣四庫全書》第 529 冊，第 191 頁）。
	葉思廉	福建福州府閩縣	《福建通志》卷 37《選舉五·明舉人上》載葉思廉為景泰七年舉人，「儒士中式」（《景印文淵閣四庫全書》第 529 冊，第 191 頁）
	曾盛本	福建福州府閩縣	《福建通志》卷 37《選舉五·明舉人上》載曾盛本為景泰七年舉人，「儒士中式」（《景印文淵閣四庫全書》第 529 冊，第 191 頁）

黃維絢	福建福州府侯官縣	《福建通志》卷 37《選舉五·明舉人上》載黃維絢為景泰七年舉人,「儒士中式」(《景印文淵閣四庫全書》第 529 冊,第 191 頁)
林必芳	福建福州府侯官縣	《福建通志》卷 37《選舉五·明舉人上》載林必芳為景泰七年舉人,「儒士中式」(《景印文淵閣四庫全書》第 529 冊,第 191 頁)
包綺	福建福州府懷安縣	《福建通志》卷 37《選舉五·明舉人上》載包綺為景泰七年舉人,「儒士中式」(《景印文淵閣四庫全書》第 529 冊,第 191 頁)
陳德隆	福建福州府長樂縣	《福建通志》卷 37《選舉五·明舉人上》載陳德隆為景泰七年舉人,「儒士中式」(《景印文淵閣四庫全書》第 529 冊,第 191 頁)
林孟喬	福建福州府福清縣	《福建通志》卷 37《選舉五·明舉人上》載林孟喬為景泰七年舉人,「儒士中式」(《景印文淵閣四庫全書》第 529 冊,第 191 頁)
許文著	福建興化府莆田縣	《福建通志》卷 37《選舉五·明舉人上》載許文著為景泰七年舉人,「儒士中式」(《景印文淵閣四庫全書》第 529 冊,第 191 頁)
吳琦	福建興化府莆田縣	《福建通志》卷 37《選舉五·明舉人上》載吳琦為景泰七年舉人,「儒士中式」(《景印文淵閣四庫全書》第 529 冊,第 191 頁)
劉學滋	福建興化府莆田縣	《福建通志》卷 37《選舉五·明舉人上》載劉學滋為景泰七年舉人,「儒士中式」(《景印文淵閣四庫全書》第 529 冊,第 191 頁)
葉敏	廣東廣州府南海縣	《天順元年進士登科錄》載:「葉敏,貫廣東廣州府南海縣,民籍,儒士」(《明代登科錄彙編》第 2 冊,第 491 頁);《廣東通志》卷 33《選舉志三·舉人》載葉敏為景泰七年甲子科舉人(《景印文淵閣四庫全書》第 563 冊,第 399 頁)。可知,葉敏中景泰七年舉人,繼中天順元年進士,為鄉、會、殿試連捷者,其中式身份應無變化。因其中進士身份為儒士,則其中舉身份也應為儒士。
夏環	江西南昌府豐城縣	《天順元年進士登科錄》載:「夏環,貫江西南昌府豐城縣,匠籍,儒士」(《明代登科錄彙編》第 2 冊,第 584 頁);《江西通志》卷 53《選舉五·明》載夏環為景泰七年甲子科舉人(《景印文淵閣四庫全書》第 514 冊,第 730 頁)。可知,夏環中景泰七年舉人,繼中天順元年進士,為鄉、會、殿試連捷者,其中式身份應無變化。因其中進士身份為儒士,則其中舉身份也應為儒士。

	馬體乾	江西吉安府永新縣	《天順元年進士登科錄》載：「馬體乾，貫江西吉安府永新縣，民籍，儒士」（《明代登科錄彙編》第2冊，第578頁）；《江西通志》卷53《選舉五·明》載馬體乾為景泰七年甲子科舉人（《景印文淵閣四庫全書》第514冊，第730頁）。可知，馬體乾中景泰七年舉人，繼中天順元年進士，為鄉、會、殿試連捷者，其中式身份應無變化。因其中進士身份為儒士，則其中舉身份也應為儒士。
	劉秩	江西吉安府安福縣	《天順元年進士登科錄》載：「劉秩，貫江西吉安府安福縣，軍籍，儒士」（《明代登科錄彙編》第2冊，第527冊）；《江西通志》卷53《選舉五·明》載馬體乾為景泰七年甲子科舉人（《景印文淵閣四庫全書》第514冊，第731頁）。可知，劉秩中景泰七年舉人，繼中天順元年進士，為鄉、會、殿試連捷者，其中式身份應無變化。因其中進士身份為儒士，則其中舉身份也應為儒士。
天順三年己卯	羅綺	河南汝寧府羅山縣	《國朝河南舉人名錄·第二冊》載：「羅綺，羅山縣儒士」（寧波出版社2010年影印本，第55頁）。
	高潔	江西南昌府豐城縣	《天順三年江西鄉試錄》載：「高潔，豐城縣儒士」（寧波出版社2010年影印本，第23頁）。
	劉資厚	江西吉安府安福縣	《天順三年江西鄉試錄》載：「劉資厚，安福縣儒士」（寧波出版社2010年影印本，第23頁）
	陳昭	江西南昌府豐城縣	《天順三年江西鄉試錄》載：「陳昭，豐城縣儒士」（寧波出版社2010年影印本，第23頁）
	李元	江西吉安府安福縣	《天順三年江西鄉試錄》載：「李元，安福縣儒士」（寧波出版社2010年影印本，第23頁）
	黃虎	江西南昌府豐城縣	《天順三年江西鄉試錄》載：「黃虎，豐城縣儒士」（寧波出版社2010年影印本，第23頁）
	陳勉	江西撫州府臨川縣	《天順三年江西鄉試錄》載：「陳勉，臨川縣儒士」（寧波出版社2010年影印本，第24頁）
	熊景	江西南昌府南昌縣	《天順三年江西鄉試錄》載：「熊景，南昌縣儒士」（寧波出版社2010年影印本，第25頁）
	羅用俊	江西吉安府泰和縣	《天順三年江西鄉試錄》載：「羅用俊，泰和縣儒士」（寧波出版社2010年影印本，第26頁）。
	游邦貞	江西南昌府豐城縣	《天順三年江西鄉試錄》載：「游邦貞，豐城縣儒士」（寧波出版社2010年影印本，第26頁）。
	葉公大	福建福州府閩縣	《福建通志》卷37《選舉五·明舉人上》載葉公大為天順三年舉人，「儒士中式」（《景印文淵閣四庫全書》第529冊，第192頁）。

鄭文鋊	福建福州府閩縣	《福建通志》卷 37《選舉五·明舉人上》載鄭文鋊為天順三年舉人,「儒士中式」(《景印文淵閣四庫全書》第 529 冊,第 192 頁)。
李尚達	福建福州府閩縣	《福建通志》卷 37《選舉五·明舉人上》載李尚達為天順三年舉人,「儒士中式」(《景印文淵閣四庫全書》第 529 冊,第 192 頁)。
吳孜	福建興化府莆田縣	《福建通志》卷 37《選舉五·明舉人上》載吳孜為天順三年舉人,「儒士中式」(《景印文淵閣四庫全書》第 529 冊,第 192 頁)。
鄭纘	福建興化府莆田縣	《福建通志》卷 37《選舉五·明舉人上》載鄭纘為天順三年舉人,「儒士中式」(《景印文淵閣四庫全書》第 529 冊,第 192 頁)。
吳宏密	福建興化府莆田縣	《天順八年進士登科錄》第 24 頁載:「吳宏密,貫福建興化府莆田縣,軍籍,儒士」(《明代登科錄彙編》第 2 冊,第 24 頁);《福建通志》卷 37《選舉五·明舉人上》載吳宏密為天順三年己卯科舉人(《景印文淵閣四庫全書》第 529 冊,第 192 頁)。綜上,吳宏密中天順三年舉人,後中天順八年進士。因其中進士身份為儒士,可知其會試下第後,並未按制入國子監,中舉身份應與殿試中式身份一致,故其中舉身份也應為儒士。
聞景輝	浙江紹興府餘姚縣	《浙江通志》卷 136《選舉十四·明舉人》載聞景輝為天順三年舉人,「餘姚儒士」(《景印文淵閣四庫全書》第 522 冊,第 541 頁)。
應瑁	浙江台州府黃岩縣	《浙江通志》卷 136《選舉十四·明舉人》載應瑁為天順三年舉人,「黃岩儒士」(《景印文淵閣四庫全書》第 522 冊,第 541 頁)。
胡鉉	浙江台州府天台縣	《浙江通志》卷 136《選舉十四·明舉人》載胡鉉為天順三年舉人,「天台儒士」(《景印文淵閣四庫全書》第 522 冊,第 541 頁)。
柴璿	浙江紹興府餘姚縣	《浙江通志》卷 136《選舉十四·明舉人》載柴璿為天順三年舉人,「餘姚儒士」(《景印文淵閣四庫全書》第 522 冊,第 541 頁)。
華繡	浙江紹興府餘姚縣	《浙江通志》卷 136《選舉十四·明舉人》載華繡為天順三年舉人,「餘姚儒士」(《景印文淵閣四庫全書》第 522 冊,第 541 頁)。
樓偉	浙江寧波府鄞縣	《浙江通志》卷 136《選舉十四·明舉人》載樓偉為天順三年舉人,「鄞縣儒士」(《景印文淵閣四庫全書》第 522 冊,第 541 頁)。

	方崖	直隸徽州府休寧縣	弘治《徽州府志》卷6《選舉・科第》載方崖為天順三年舉人，儒士中式（《天一閣藏明代方志選刊》第29冊，第28頁）。
天順六年壬午	姜浩	直隸松江府上海縣人，神武左衛軍籍	《天順八年進士登科錄》載：「姜浩，貫神武左衛軍籍，直隸松江府上海縣人，儒士」（寧波出版社2006年影印本，第26頁）；嘉慶《上海縣志》卷十《選舉表一・舉人》載姜浩中天順三年己卯科舉人（嘉靖十九年刻本）。綜上，姜浩中天順三年舉人，後中天順八年進士。因其中進士身份為儒士，可知其會試下第後，並未按制入國子監，中舉身份應與殿試中式身份一致，故其中舉身份也應為儒士。
	鄭玉	順天府大興縣	《天順七年會試錄》載：「第六十五名鄭玉，順天府大興縣人，儒士」（寧波出版社2007年影印本，第25頁）；揆諸史籍，未見其中舉年份的記載，暫時歸為天順六年壬午科。因其中進士身份為儒士，中舉身份應與殿試中式身份一致，故其中舉身份也應為儒士。
	陳鏡	南京太醫院	《天順六年壬午科應天府鄉試錄》載：「陳鏡，南京太醫院儒士」（寧波出版社2010年影印本，第24頁）。
	林符	直隸蘇州府吳縣	《天順六年壬午科應天府鄉試錄》載：「林符，吳縣儒士」（寧波出版社2010年影印本，第24頁）。
	徐忭	直隸蘇州府嘉定縣	《天順六年壬午科應天府鄉試錄》載：「徐忭，嘉定縣儒士」（寧波出版社2010年影印本，第27頁）。
	羅倫	浙江台州府黃岩縣	《天順六年壬午科浙江鄉試錄》載：「羅倫，黃岩縣儒士」（寧波出版社2010年影印本，第2頁）。
	黃伯川	浙江紹興府餘姚縣	《天順六年壬午科浙江鄉試錄》載：「黃伯川，餘姚縣儒士」（寧波出版社2010年影印本，第2頁）。
	夏增	浙江台州府天台縣	《天順六年壬午科浙江鄉試錄》載：「夏增，天台縣儒士」（寧波出版社2010年影印本，第2頁）。
	袁寧	浙江台州府天台縣	《天順六年壬午科浙江鄉試錄》載：「袁寧，天台縣儒士」（寧波出版社2010年影印本，第2頁）。
	杜蕎	浙江寧波府鄞縣	《天順六年壬午科浙江鄉試錄》載：「杜蕎，鄞縣儒士」（寧波出版社2010年影印本，第2頁）。
	金縢	浙江寧波府鄞縣	《天順六年壬午科浙江鄉試錄》載：「金縢，鄞縣儒士」（寧波出版社2010年影印本，第4頁）。
	楊榮	浙江紹興府餘姚縣	《天順六年壬午科浙江鄉試錄》載：「楊榮，餘姚縣儒士」（寧波出版社2010年影印本，第4頁）。

徐海	浙江杭州府海寧縣	《天順六年壬午科浙江鄉試錄》載:「徐海,海寧縣儒士」(寧波出版社 2010 年影印本,第 4 頁)。
司馬垚	浙江紹興府山陰縣	《天順六年壬午科浙江鄉試錄》載:「司馬垚,山陰縣儒士」(寧波出版社 2010 年影印本,第 5 頁)。
吳智	浙江紹興府餘姚縣	《天順六年壬午科浙江鄉試錄》載:「吳智,餘姚縣儒士」(寧波出版社 2010 年影印本,第 5 頁)。
鄭克昭	福建福州府閩縣	《福建通志》卷 37《選舉五‧明舉人上》載鄭克昭為天順六年舉人,「儒士中式」(《景印文淵閣四庫全書》第 529 冊第 193 頁)。
詹景弘	福建福州府閩縣	《福建通志》卷 37《選舉五‧明舉人上》載詹景弘為天順六年舉人,「儒士中式」(《景印文淵閣四庫全書》第 529 冊第 193 頁)。
曾儀	福建福州府侯官縣	《福建通志》卷 37《選舉五‧明舉人上》載曾儀為天順六年舉人,「儒士中式」(《景印文淵閣四庫全書》第 529 冊第 193 頁)。
方莊	福建福州府侯官縣	《福建通志》卷 37《選舉五‧明舉人上》載方莊為天順六年舉人,「儒士中式」(《景印文淵閣四庫全書》第 529 冊第 193 頁)。
黃初	福建興化府莆田縣	《福建通志》卷 37《選舉五‧明舉人上》載黃初為天順六年舉人,「儒士中式」(《景印文淵閣四庫全書》第 529 冊第 193 頁)。
陳綱	福建興化府莆田縣	《福建通志》卷 37《選舉五‧明舉人上》載陳綱為天順六年舉人,「儒士中式」(《景印文淵閣四庫全書》第 529 冊第 193 頁)。
朱文環	福建興化府莆田縣	《成化二年進士登科錄》載:「朱文環,貫福建興化府莆田縣,民籍,儒士」(寧波出版社 2006 年影印本,第 25 頁);《福建通志》卷 37《選舉五‧明舉人上》載朱文環為天順六年人物科舉人(《景印文淵閣四庫全書》第 529 冊,第 193 頁)。綜上,朱文環中天順六年舉人,後中成化二年進士。因其中進士身份為儒士,可知其會試下第後,並未按制入國子監,中舉身份應與殿試中式身份一致,故其中舉身份也應為儒士。
蕭禎	江西吉安府泰和縣	《天順八年進士登科錄》載:「蕭禎,貫江西吉安府泰和縣,軍籍,儒士」(寧波出版社 2006 年影印本,第 10 頁);《江西通志》卷 53《選舉五‧明》載蕭禎為天順六年壬午科舉人(《景印文淵閣四庫全書》第 514 冊,第 733 頁)。可知,蕭禎中天順六年舉人,繼中天順八年進士,為鄉、會、殿試連捷者,其中式身份應無變化。因其中進士身份為儒士,則其中舉身份也應為儒士。

	阮玘	江西吉安府安福縣	《天順八年進士登科錄》載:「阮玘,貫江西吉安府安福縣,民籍,儒士,治春秋……江西鄉試第三十五名」(寧波出版社2006年影印本,第24頁);《江西通志》卷53《選舉五・明》載阮玘為天順六年壬午科舉人(《景印文淵閣四庫全書》第514冊,第733頁)。可知,阮玘中天順六年舉人,繼中天順八年進士,為鄉、會、殿試連捷者,其中式身份應無變化。因其中進士身份為儒士,則其中舉身份也應為儒士。
	孫緝	江西南昌府豐城縣	《天順八年進士登科錄》載:「孫緝,貫江西南昌府豐城縣,官籍,儒士」(寧波出版社2006年影印本,第47頁);《江西通志》卷53《選舉五・明》載蕭禎為天順六年壬午科舉人(《景印文淵閣四庫全書》第514冊,第732頁)。可知,孫緝中天順六年舉人,繼中天順八年進士,為鄉、會、殿試連捷者,其中式身份應無變化。因其中進士身份為儒士,則其中舉身份也應為儒士。
	蕭潤	江西吉安府泰和縣	《成化二年進士登科錄》載:「蕭潤,貫江西吉安府太和縣,民籍,儒士」(寧波出版社2006年影印本,第70頁);《江西通志》卷53《選舉五・明》載蕭潤為天順六年壬午科舉人(《景印文淵閣四庫全書》第514冊,第733頁)。可知,蕭潤中天順六年舉人,繼中天順八年進士,為鄉、會、殿試連捷者,其中式身份應無變化。因其中進士身份為儒士,則其中舉身份也應為儒士。
成化元年乙酉	陸潤	直隸常州府常熟縣	《成化二年進士登科錄》載:「陸潤,貫直隸常州府常熟縣,民籍,儒士」(寧波出版社2006年影印本,第49頁);《江南通志》卷122《選舉志・進士四》載陸潤為成化元年乙酉科舉人(《景印文淵閣四庫全書》第510冊,第589頁)。可知,陸潤中成化元年舉人,繼中成化二年進士,為鄉、會、殿試連捷者,其中式身份應無變化。因其中進士身份為儒士,則其中舉身份也應為儒士。
	沈海	直隸常州府常熟縣	《成化二年進士登科錄》載:「沈海,貫直隸常州府常熟縣,民籍,儒士」(寧波出版社2006年影印本,第64頁);《江南通志》卷122《選舉志・進士四》載沈海為成化元年乙酉科舉人(《景印文淵閣四庫全書》第510冊,第589頁)。可知,沈海中成化元年舉人,繼中成化二年進士,為鄉、會、殿試連捷者,其中式身份應無變化。因其中進士身份為儒士,則其中舉身份也應為儒士。

黃本	江西撫州府樂安縣	《成化二年進士登科錄》載：「黃本，貫江西撫州府樂安縣，民籍，儒士」（寧波出版社 2006 年影印本，第 55 頁）；《江西通志》卷 53《選舉五・明》載黃本為成化元年乙酉科舉人（《景印文淵閣四庫全書》第 514 冊，第 734 頁）。可知，黃本中成化元年舉人，繼中成化二年進士，為鄉、會、殿試連捷者，其中式身份應無變化。因其中進士身份為儒士，則其中舉身份也應為儒士。
黃㝢	福建福州府閩縣	《成化二年進士登科錄》載：「黃㝢，貫福建福州府閩縣，民籍，儒士」（寧波出版社 2006 年影印本，第 63 頁）；《福建通志》卷 37《選舉五・明舉人上》載黃㝢為成化元年乙酉科舉人（《景印文淵閣四庫全書》第 529 冊，第 194 頁）。可知，黃㝢中成化元年舉人，繼中成化二年進士，為鄉、會、殿試連捷者，其中式身份應無變化。因其中進士身份為儒士，則其中舉身份也應為儒士。
葉琚	福建福州府閩縣	《福建通志》卷 37《選舉五・明舉人上》載葉琚為成化元年舉人，「儒士中式」（《景印文淵閣四庫全書》第 529 冊，第 194 頁）。
林謹夫	福建福州府閩縣	《福建通志》卷 37《選舉五・明舉人上》載林謹夫為成化元年舉人，「儒士中式」（《景印文淵閣四庫全書》第 529 冊，第 194 頁）。
陳華	福建福州府閩縣	《福建通志》卷 37《選舉五・明舉人上》載陳華為成化元年舉人，「儒士中式」（《景印文淵閣四庫全書》第 529 冊，第 194 頁）。
林瑭	福建福州府侯官縣	《福建通志》卷 37《選舉五・明舉人上》載林瑭為成化元年舉人，「儒士中式」（《景印文淵閣四庫全書》第 529 冊，第 194 頁）。
蔡蕭	福建福州府閩縣	《福建通志》卷 37《選舉五・明舉人上》載蕭蕭為成化元年舉人，「儒士中式」（《景印文淵閣四庫全書》第 529 冊，第 194 頁）。
姚倬	福建福州府懷安縣	《福建通志》卷 37《選舉五・明舉人上》載姚倬為成化元年舉人，「儒士中式」（《景印文淵閣四庫全書》第 529 冊，第 194 頁）。
李潤	福建福州府福清縣	《福建通志》卷 37《選舉五・明舉人上》載李潤為成化元年舉人，「儒士中式」（《景印文淵閣四庫全書》第 529 冊，第 194 頁）。
陳仲賢	福建福州府連江縣	《福建通志》卷 37《選舉五・明舉人上》載陳仲賢為成化元年舉人，「儒士中式」（《景印文淵閣四庫全書》第 529 冊，第 194 頁）。

陳麟祥	福建福州府莆田縣	《福建通志》卷37《選舉五·明舉人上》載陳麟祥為成化元年舉人,「儒士中式」(《景印文淵閣四庫全書》第529冊,第194頁)。
林體英	福建福州府莆田縣	《福建通志》卷37《選舉五·明舉人上》載林體英為成化元年舉人,「儒士中式」(《景印文淵閣四庫全書》第529冊,第194頁)。
黃銓	福建福州府莆田縣	《福建通志》卷37《選舉五·明舉人上》載黃銓為成化元年舉人,「儒士中式」(《景印文淵閣四庫全書》第529冊,第194頁)。
林光甫	福建福州府莆田縣	《福建通志》卷37《選舉五·明舉人上》載林光甫為成化元年舉人,「儒士中式」(《景印文淵閣四庫全書》第529冊,第194頁)。
陳紀	福建福州府閩縣	《成化五年進士登科錄》載:「陳紀,貫福建福州府閩縣,民籍,儒士」(寧波出版社2006年影印本,第22頁);《福建通志》卷37《選舉五·明舉人上》載陳紀為成化元年乙酉科舉人(《景印文淵閣四庫全書》第529冊,第194頁)。綜上,陳紀中成化元年舉人,後中成化五年進士。因其中進士身份為儒士,可知其會試下第後,並未按制入國子監,中舉身份應與殿試中式身份一致,故其中舉身份也應為儒士。
方岳	福建興化府莆田縣	《成化五年進士登科錄》載:「方岳,貫福建興化府莆田縣,軍籍,儒士」(寧波出版社2006年影印本,第42頁);《福建通志》卷37《選舉五·明舉人上》載方岳為成化元年乙酉科舉人(《景印文淵閣四庫全書》第529冊,第194頁)。綜上,方岳中成化元年舉人,後中成化五年進士。因其中進士身份為儒士,可知其會試下第後,並未按制入國子監,中舉身份應與殿試中式身份一致,故其中舉身份也應為儒士。
方珪	福建興化府莆田縣	《成化五年進士登科錄》載:「方珪,貫福建興化府莆田縣,軍籍,儒士」(寧波出版社2006年影印本,第62頁);《福建通志》卷37《選舉五·明舉人上》載方岳為成化元年乙酉科舉人(《景印文淵閣四庫全書》第529冊第194頁)。綜上,方珪中成化元年舉人,後中成化五年進士。因其中進士身份為儒士,可知其會試下第後,並未按制入國子監,中舉身份應與殿試中式身份一致,故其中舉身份也應為儒士。
董復	浙江紹興府會稽縣	《浙江通志》卷136《選舉十四·明舉人》載董復為成化元年乙酉科舉人,「會稽儒士」(《景印文淵閣四庫全書》第522冊第545頁)。

	周鑑	浙江寧波府慈谿縣	《浙江通志》卷 136《選舉十四·明舉人》載周鑑為成化元年乙酉科舉人,「慈谿儒士」(《景印文淵閣四庫全書》第 522 冊第 545 頁)。
	羅信才	浙江寧波府慈谿縣	《浙江通志》卷 136《選舉十四·明舉人》載羅信才為成化元年乙酉科舉人,「慈谿儒士」(《景印文淵閣四庫全書》第 522 冊第 545 頁)。
	馮沉	浙江台州府臨海縣	《浙江通志》卷 136《選舉十四·明舉人》載馮沉為成化元年乙酉科舉人,「臨海儒士」(《景印文淵閣四庫全書》第 522 冊第 545 頁)。
	諸觀	浙江紹興府餘姚縣	《成華二年進士登科錄》載:「諸觀,貫浙江紹興府餘姚縣,民籍,儒士」(寧波出版社 2006 年影印本,第 21 頁);《浙江通志》卷 136《選舉十四·明舉人》載諸觀為成化元年乙酉科舉人(《景印文淵閣四庫全書》第 522 冊,第 545 頁)。可知,諸觀中成化元年舉人,繼中成化二年進士,為鄉、會、殿試連捷者,其中式身份應無變化。因其中進士身份為儒士,則其中舉身份也應為儒士。
	馮鎮	浙江寧波府慈谿縣	《成華二年進士登科錄》載:「馮鎮,貫浙江寧波府慈谿縣,軍籍,儒士」(寧波出版社 2006 年影印本,第 76 頁);《浙江通志》卷 136《選舉十四·明舉人》載馮鎮為成化元年乙酉科舉人(《景印文淵閣四庫全書》第 522 冊第 545 頁)。可知,馮鎮中成化元年舉人,繼中成化二年進士,為鄉、會、殿試連捷者,其中式身份應無變化。因其中進士身份為儒士,則其中舉身份也應為儒士。
	張琳	浙江紹興府餘姚縣	《成華二年進士登科錄》載:「張琳,貫浙江紹興府餘姚縣,民籍,儒士」(寧波出版社 2006 年影印本,第 12 頁);《浙江通志》卷 136《選舉十四·明舉人》載張琳為成化元年乙酉科舉人(《景印文淵閣四庫全書》第 522 冊,第 545 頁)。可知,張琳中成化元年舉人,繼中成化二年進士,為鄉、會、殿試連捷者,其中式身份應無變化。因其中進士身份為儒士,則其中舉身份也應為儒士。
	虞銃	河南汝寧府息縣	《國朝河南舉人名錄·第三冊》載:「虞銃,息縣儒士」(寧波出版社 2010 年影印本,第 2 頁)。
	馬琴	四川成都府內江縣	《成化元年乙酉科四川鄉試錄》載:「馬琴,內江縣儒士」(寧波出版社 2006 年影印本,第 3 頁)。
成化四年戊子	劉瓊	順天府順義縣	《成化五年進士登科錄》載:「劉瓊,貫順天府順義縣,軍籍,儒士」(《明代登科錄彙編》第 2 冊,第 918 頁);《畿輔通志》卷 64《選舉志·明舉人》

		載劉瓊為成化四年戊子科舉人（《景印文淵閣四庫全書》第 505 冊，第 527 頁）。可知，劉瓊中成化四年舉人，繼中成化五年進士，為鄉、會、殿試連捷者，其中式身份應無變化。因其中進士身份為儒士，則其中舉身份也應為儒士。
劉源	順天府宛平縣	《成化五年進士登科錄》載：「劉源，貫順天府宛平縣，民籍，儒士」（《明代登科錄彙編》第 2 冊，第 948 頁）；揆諸史籍，未見有其中舉身份的記載，暫時歸為成化四年戊子科。劉源為鄉、會、殿試連捷者，其中式身份應無變化。因其中進士身份為儒士，則其中舉身份也應為儒士。
張習	直隸蘇州府吳縣	《成化五年進士登科錄》載：「張習，貫直隸蘇州府吳縣，民籍，儒士」（《明代登科錄彙編》第 2 冊，第 829 頁）；《江南通志》卷 126《選舉志·舉人二》載張習為成化四年戊子科舉人（《景印文淵閣四庫全書》第 510 冊第 727 頁）。可知，張習中成化四年舉人，繼中成化五年進士，為鄉、會、殿試連捷者，其中式身份應無變化。因其中進士身份為儒士，則其中舉身份也應為儒士。
鄧存德	江西南康府建昌縣人，南京欽天監籍	《成化五年進士登科錄》載：「鄧存德，貫江西南康府建昌縣人，南京欽天監籍，儒士」（《明代登科錄彙編》第 2 冊，第 884 頁）；《江南通志》卷 126《選舉志·舉人二》載鄧存德為成化四年戊子科舉人（《景印文淵閣四庫全書》第 510 冊，第 725 頁）。可知，鄧存德中成化四年舉人，繼中成化五年進士，為鄉、會、殿試連捷者，其中式身份應無變化。因其中進士身份為儒士，則其中舉身份也應為儒士。
林世珍	福建福州府閩縣	《福建通志》卷 37《選舉五·明舉人上》載林世珍為成化四年戊子科舉人，「儒士中式」（《景印文淵閣四庫全書》第 529 冊，第 195 頁）。
林濬淵	福建福州府閩縣	《福建通志》卷 37《選舉五·明舉人上》載林濬淵為成化四年戊子科舉人，「儒士中式」（《景印文淵閣四庫全書》第 529 冊，第 195 頁）。
林世龍	福建福州府閩縣	《福建通志》卷 37《選舉五·明舉人上》載林世龍為成化四年戊子科舉人，「儒士中式」（《景印文淵閣四庫全書》第 529 冊，第 195 頁）。
黃賜	福建福州府閩縣	《福建通志》卷 37《選舉五·明舉人上》載黃賜為成化四年戊子科舉人，「儒士中式」（《景印文淵閣四庫全書》第 529 冊，第 195 頁）。

楊儀	福建福州府閩縣	《福建通志》卷 37《選舉五·明舉人上》載林世珍為成化四年戊子科舉人,「儒士中式」(《景印文淵閣四庫全書》第 529 冊,第 195 頁)。
崔恭	福建福州府閩縣	《福建通志》卷 37《選舉五·明舉人上》載崔恭為成化四年戊子科舉人,「儒士中式」(《景印文淵閣四庫全書》第 529 冊,第 195 頁)。
何俊	福建福州府侯官縣	《福建通志》卷 37《選舉五·明舉人上》載何俊為成化四年戊子科舉人,「儒士中式」(《景印文淵閣四庫全書》第 529 冊,第 195 頁)。
林綱	福建福州府福清縣	《福建通志》卷 37《選舉五·明舉人上》載林綱為成化四年戊子科舉人,「儒士中式」(《景印文淵閣四庫全書》第 529 冊,第 195 頁)。
黃文琳	福建興化府莆田縣	《福建通志》卷 37《選舉五·明舉人上》載黃文琳為成化四年戊子科舉人,「儒士中式」(《景印文淵閣四庫全書》第 529 冊,第 195 頁)。
黃萬碩	福建興化府莆田縣	《福建通志》卷 37《選舉五·明舉人上》載黃萬碩為成化四年戊子科舉人,「儒士中式」(《景印文淵閣四庫全書》第 529 冊,第 195 頁)。
林瑱	福建興化府莆田縣	《福建通志》卷 37《選舉五·明舉人上》載林瑱為成化四年戊子科舉人,「儒士中式」(《景印文淵閣四庫全書》第 529 冊,第 195 頁)。
朱悌	福建興化府莆田縣	《福建通志》卷 37《選舉五·明舉人上》載朱悌為成化四年戊子科舉人,「儒士中式」(《景印文淵閣四庫全書》第 529 冊,第 195 頁)。
陳則孔	福建興化府莆田縣	《福建通志》卷 37《選舉五·明舉人上》載陳則孔為成化四年戊子科舉人,「儒士中式」(《景印文淵閣四庫全書》第 529 冊,第 195 頁)。
高昂	福建興化府莆田縣	《成化八年進士登科錄》載:「高昂,貫福建興化府莆田縣,鹽籍,儒士」(《明代登科錄彙編》第 3 冊,第 1157 頁);《福建通志》卷 37《選舉五·明舉人上》載高昂為成化四年戊子科舉人(《景印文淵閣四庫全書》第 529 冊第 195 頁)。綜上,高昂中成化四年舉人,後中成化八年進士。因其中進士身份為儒士,可知其會試下第後,並未按制入國子監,中舉身份應與殿試中式身份一致,故其中舉身份也應為儒士。
馮蘭	浙江紹興府餘姚縣	《成化五年進士登科錄》載:「馮蘭,貫浙江紹興府餘姚縣,民籍,儒士」(寧波出版社 2006 年影印本,第 13 頁);《浙江通志》卷 136《選舉十四·

		明舉人》載馮蘭為成化四年戊子科舉人（《景印文淵閣四庫全書》第 522 冊，第 547 頁）。可知，馮蘭中成化四年舉人，繼中成化五年進士，為鄉、會、殿試連捷者，其中式身份應無變化。因其中進士身份為儒士，則其中舉身份也應為儒士。
劉忠器	浙江紹興府新昌縣	《成化五年進士登科錄》載：「劉忠器，貫浙江紹興府新昌縣，民籍，儒士」（寧波出版社 2006 年影印本，第 29 頁）；《浙江通志》卷 136《選舉十四·明舉人》載劉忠器為成化四年戊子科舉人（《景印文淵閣四庫全書》第 522 冊，第 547 頁）。可知，劉忠器中成化四年舉人，繼中成化五年進士，為鄉、會、殿試連捷者，其中式身份應無變化。因其中進士身份為儒士，則其中舉身份也應為儒士。
王舟	浙江紹興府餘姚縣	《成化五年進士登科錄》載：「王舟，貫浙江紹興府餘姚縣，民籍，儒士」（寧波出版社 2006 年影印本，第 44 頁）；《浙江通志》卷 136《選舉十四·明舉人》載王舟為成化四年戊子科舉人（《景印文淵閣四庫全書》第 522 冊，第 547 頁）。可知，王舟中成化四年舉人，繼中成化五年進士，為鄉、會、殿試連捷者，其中式身份應無變化。因其中進士身份為儒士，則其中舉身份也應為儒士。
陳雲鳳	浙江紹興府餘姚縣	《成化五年進士登科錄》載：「陳雲鳳，貫浙江紹興府餘姚縣，民籍，儒士」（寧波出版社 2006 年影印本，第 37 頁）；《浙江通志》卷 136《選舉十四·明舉人》載王舟為成化四年戊子科舉人（《景印文淵閣四庫全書》第 522 冊，第 547 頁）。可知，陳雲鳳中成化四年舉人，繼中成化五年進士，為鄉、會、殿試連捷者，其中式身份應無變化。因其中進士身份為儒士，則其中舉身份也應為儒士。
潘祺	浙江台州府天台縣	《成化十一年進士登科錄》載：「潘祺，貫浙江台州府天台縣，民籍，儒士」（寧波出版社 2006 年影印本，第 29 頁）；《浙江通志》卷 136《選舉十四·明舉人》載潘祺為成化四年戊子科舉人（《景印文淵閣四庫全書》第 522 冊，第 547 頁）。綜上，潘祺中成化四年舉人，後中成化十一年進士。因其中進士身份為儒士，可知其會試下第後，並未按制入國子監，中舉身份應與殿試中式身份一致，故其中舉身份也應為儒士。
諸讓	浙江紹興府餘姚縣	《浙江通志》卷 136《選舉十四·明舉人》載諸讓為成化四年戊子科舉人，「餘姚儒士」（《景印文淵閣四庫全書》第 522 冊，第 547 頁）。

	華福	浙江紹興府餘姚縣	《浙江通志》卷136《選舉十四·明舉人》載華福為成化四年戊子科舉人,「餘姚儒士」(《景印文淵閣四庫全書》第522冊,第547頁)。
	馮忠	浙江寧波府慈谿縣	《浙江通志》卷136《選舉十四·明舉人》載馮忠為成化四年戊子科舉人,「慈谿儒士」(《景印文淵閣四庫全書》第522冊,第547頁)。
	陳勉	浙江台州府黃岩縣	《浙江通志》卷136《選舉十四·明舉人》載陳勉為成化四年戊子科舉人,「黃岩儒士」(《景印文淵閣四庫全書》第522冊,第547頁)。
	李曉	河南南陽府內鄉縣	《國朝河南舉人名錄·第三冊》載:「李曉,內鄉縣儒士」(寧波出版社2006年影印本,第6頁)。
	蕭璸	廣東廣州府順德縣	《成化四年戊子科廣東鄉試錄》載:「蕭璸。順德縣儒士」(寧波出版社2006年影印本,第20頁)。
	盧俊	廣東廣州府東莞縣	《成化四年戊子科廣東鄉試錄》載:「盧俊,東莞縣儒士」(寧波出版社2006年影印本,第21頁)。
	陳猷	廣東廣州府東莞縣	《成化四年戊子科廣東鄉試錄》載:「陳猷,東莞縣儒士」(寧波出版社2006年影印本,第21頁)。
	郭祚	廣東廣州府番禺縣	《成化四年戊子科廣東鄉試錄》載:「郭祚,番禺縣儒士」(寧波出版社2006年影印本,第22頁)。
	王瓊	廣東廣州府東莞縣	《成化四年戊子科廣東鄉試錄》載:「王瓊,東莞縣儒士」(寧波出版社2006年影印本,第22頁)。
	任球	廣東廣州府東莞縣	《成化四年戊子科廣東鄉試錄》載:「任球,東莞縣儒士」(寧波出版社2006年影印本,第22頁)。
	周禮	廣東廣州府南海縣	《成化四年戊子科廣東鄉試錄》載:「周禮,南海縣儒士」(寧波出版社2006年影印本,第22頁)。
	陳密	廣東廣州府南海縣	《成化四年戊子科廣東鄉試錄》載:「陳密,南海縣儒士」(寧波出版社2006年影印本,第23頁)。
	馮端	廣東廣州府順德縣	《成化四年戊子科廣東鄉試錄》載:「馮端,順德縣儒士」(寧波出版社2006年影印本,第24頁)。
	潘組紳	廣東廣州府南海縣	《成化四年戊子科廣東鄉試錄》載:「潘組紳,南海縣儒士」(寧波出版社2006年影印本,第24頁)。
	談經	廣東廣州府南海縣	《成化四年戊子科廣東鄉試錄》載:「談經,南海縣儒士」(寧波出版社2006年影印本,第24頁)。
成化七年辛卯	張瑾	直隸蘇州府吳縣人,錦衣衛軍籍	《成化八年進士登科錄》載:「張瑾,貫直隸蘇州府吳縣人,錦衣衛軍籍,儒士」(《明代登科錄彙編》第3冊,第1150頁);揆諸史籍,未見有其中舉年份的記載,暫時歸為成化七年辛卯科。因其中進士身份為儒士,中舉身份應與殿試中式身份一致,故其中舉身份也應為儒士。

李瀛	順天府宛平縣	《成化八年進士登科錄》載：「李瀛，貫順天府宛平縣，官籍，儒士」(《明代登科錄彙編》第 3 冊，第 1242 頁)；揆諸史籍，未見有其中舉年份的記載，暫時歸為成化七年辛卯科。因其中進士身份為儒士，中舉身份應與殿試中式身份一致，故其中舉身份也應為儒士。
董綱	直隸寧國府涇縣	《成化八年進士登科錄》載：「董綱，貫直隸寧國府涇縣，軍籍，儒士」(《明代登科錄彙編》第 3 冊，第 1273 頁)；萬曆《寧國府志》卷四《選舉表·鄉舉》載董綱為成化七年辛卯科舉人。可知，董綱中成化七年舉人，繼中成化八年進士，為鄉、會、殿試連捷者，其中式身份應無變化。因其中進士身份為儒士，則其中舉身份也應為儒士。
王宏	留守左衛官籍，山東登州府文登縣人	《成化八年進士登科錄》載：「王宏，貫留守左衛，官籍，山東登州府文登縣人，儒士」(《明代登科錄彙編》第 3 冊，第 1179 頁)；《山東通志》卷十五之一《選舉志》載王宏為成化七年辛卯科舉人(《景印文淵閣四庫全書》第 540 冊，第 58 頁)。可知，王宏中成化七年舉人，繼中成化八年進士，為鄉、會、殿試連捷者，其中式身份應無變化。因其中進士身份為儒士，則其中舉身份也應為儒士。
王勉	河南汝寧府羅山縣	《國朝河南舉人名錄·第三冊》載：「王勉，羅山縣儒士」(寧波出版社 2010 年影印本，第 9 頁)。
陳灌	河南守禦千戶所	《國朝河南舉人名錄·第三冊》載：「陳灌，河南守禦千戶所儒士」(寧波出版社 2010 年影印本，第 10 頁)。
楊守性	河南汝寧府光山縣	《國朝河南舉人名錄·第三冊》載：「楊守性，光山縣儒士」(寧波出版社 2010 年影印本，第 10 頁)。
李廷儀	福建福州府閩縣	《福建通志》卷 37《選舉五·明舉人上》載李廷儀為成化七年舉人，「儒士中式」(《景印文淵閣四庫全書》第 529 冊第 196 頁)。
董宗成	福建福州府閩縣	《福建通志》卷 37《選舉五·明舉人上》載董宗成為成化七年舉人，「儒士中式」(《景印文淵閣四庫全書》第 529 冊第 196 頁)。
黃克敬	福建福州府閩縣	《福建通志》卷 37《選舉五·明舉人上》載黃克敬為成化七年舉人，「儒士中式」(《景印文淵閣四庫全書》第 529 冊第 196 頁)。
朱麟	福建福州府閩縣	《福建通志》卷 37《選舉五·明舉人上》載李廷儀為成化七年舉人，「儒士中式」(《景印文淵閣四庫全書》第 529 冊第 196 頁)。

郭子聲	福建福州府閩縣	《福建通志》卷37《選舉五‧明舉人上》載郭子聲為成化七年舉人，「儒士中式」（《景印文淵閣四庫全書》第529冊第196頁）。
張孔潔	福建福州府閩縣	《福建通志》卷37《選舉五‧明舉人上》載張孔潔為成化七年舉人，「儒士中式」（《景印文淵閣四庫全書》第529冊第196頁）。
余完	福建福州府侯官縣	《福建通志》卷37《選舉五‧明舉人上》載余完為成化七年舉人，「儒士中式」（《景印文淵閣四庫全書》第529冊第196頁）。
王棠	福建福州府長樂縣	《福建通志》卷37《選舉五‧明舉人上》載王棠為成化七年舉人，「儒士中式」（《景印文淵閣四庫全書》第529冊第196頁）。
王拱辰	福建福州府福清縣	《福建通志》卷37《選舉五‧明舉人上》載王拱辰為成化七年舉人，「儒士中式」（《景印文淵閣四庫全書》第529冊第196頁）。
陳輪	福建興化府莆田縣	《福建通志》卷37《選舉五‧明舉人上》載陳輪為成化七年舉人，「儒士中式」（《景印文淵閣四庫全書》第529冊第196頁）。
黃堂	福建興化府莆田縣	《福建通志》卷37《選舉五‧明舉人上》載黃堂為成化七年舉人，「儒士中式」（《景印文淵閣四庫全書》第529冊第196頁）。
黃體勤	福建興化府莆田縣	《福建通志》卷37《選舉五‧明舉人上》載黃體勤為成化七年舉人，「儒士中式」（《景印文淵閣四庫全書》第529冊第196頁）。
劉樂揚	福建興化府莆田縣	《福建通志》卷37《選舉五‧明舉人上》載劉樂揚為成化七年舉人，「儒士中式」（《景印文淵閣四庫全書》第529冊第196頁）。
黃瑛	福建興化府莆田縣	《福建通志》卷37《選舉五‧明舉人上》載黃瑛為成化七年舉人，「儒士中式」（《景印文淵閣四庫全書》第529冊第196頁）。
姚鉥	浙江寧波府慈谿縣	《成化七年辛卯科浙江鄉試錄》載：「姚鉥，慈谿縣儒士」（寧波出版社2010年影印本）。
章銳	浙江寧波府鄞縣	《成化七年辛卯科浙江鄉試錄》載：「章銳，鄞縣儒士」（寧波出版社2010年影印本）。
沈元	浙江寧波府慈谿縣	《成化七年辛卯科浙江鄉試錄》載：「沈元，慈谿縣儒士」（寧波出版社2010年影印本）。
薛番	浙江紹興府上虞縣	《成化七年辛卯科浙江鄉試錄》載：「薛番，上虞縣儒士」（寧波出版社2010年影印本）。

	張輔	浙江寧波府鄞縣	《成化七年辛卯科浙江鄉試錄》載:「張輔,鄞縣儒士」(寧波出版社 2010 年影印本)。
	張森	浙江紹興府餘姚縣	《成化七年辛卯科浙江鄉試錄》載:「張森,餘姚縣儒士」(寧波出版社 2010 年影印本)。
	蔡軾	廣東廣州府東莞縣	《成化七年辛卯科廣東鄉試錄》載:「蔡軾,東莞縣儒士」(寧波出版社 2010 年影印本,第 17 頁)。
	鄧廷貞	廣東廣州府東莞縣	《成化七年辛卯科廣東鄉試錄》載:「鄧廷貞,東莞縣儒士」(寧波出版社 2010 年影印本,第 18 頁)。
	方遂	廣東廣州府南海縣	《成化七年辛卯科廣東鄉試錄》載:「方遂,南海縣儒士」(寧波出版社 2010 年影印本,第 18 頁)。
	丘秉中	廣東廣州府南海縣	《成化七年辛卯科廣東鄉試錄》載:「丘秉中,南海縣儒士」(寧波出版社 2010 年影印本,第 18 頁)。
	黃用	廣東廣州府順德縣	《成化七年辛卯科廣東鄉試錄》載:「黃用,順德縣儒士」(寧波出版社 2010 年影印本,第 19 頁)。
	倫啟	廣東廣州府番禺縣	《成化七年辛卯科廣東鄉試錄》載:「倫啟,番禺縣儒士」(寧波出版社 2010 年影印本,第 19 頁)。
	張轂	廣東廣州府東莞縣	《成化七年辛卯科廣東鄉試錄》載:「張轂,東莞縣儒士」(寧波出版社 2010 年影印本,第 19 頁)。
	葉青	廣東廣州府東莞縣	《成化七年辛卯科廣東鄉試錄》載:「葉青,東莞縣儒士」(寧波出版社 2010 年影印本,第 20 頁)。
	袁士凰	廣東廣州府東莞縣	《成化七年辛卯科廣東鄉試錄》載:「袁士凰,東莞縣儒士」(寧波出版社 2010 年影印本,第 20 頁)。
	馮沛	廣東廣州府南海縣	《成化七年辛卯科廣東鄉試錄》載:「馮沛,南海縣儒士」(寧波出版社 2010 年影印本,第 20 頁)。
	區廷瓚	廣東廣州府南海縣	《成化七年辛卯科廣東鄉試錄》載:「區廷瓚,南海縣儒士」(寧波出版社 2010 年影印本,第 20 頁)。
	楊鎮	湖廣衡州府藍山縣	《成化七年辛卯科湖廣鄉試錄》載:「楊鎮,藍山縣儒士」(寧波出版社 2010 年影印本,第 21 頁)。
	鄭欽	福建興化府莆田縣	《成化十一年進士登科錄》載:「鄭欽,貫福建興化府莆田縣,軍籍」(寧波出版社 2006 年影印本,第 60 頁);萬曆《興化府志》卷三二《選舉志二·鄉舉》載鄭欽中成化七年辛卯科舉人。綜上,鄭欽中成化七年舉人,後中成化十一年進士。因其中進士身份為儒士,可知其會試下第後,並未按制入國子監,中舉身份應與殿試中式身份一致,故其中舉身份也應為儒士。
成化十年甲午	黃琪	順天府大興縣	《成化十年甲午科順天府鄉試錄》載:「黃琪,大興縣儒士」(寧波出版社 2010 年影印本,第 23 頁)。

李琛	順天府大興縣	《成化十年甲午科順天府鄉試錄》載:「李琛,大興縣儒士」(寧波出版社2010年影印本,第24頁)。
馬通	燕山右衛	《成化十一年進士登科錄》載:「馬通,貫燕山右衛,軍籍,儒士」(寧波出版社2006年影印本,第64頁);揆諸史籍,未見有其中舉年份的記載,暫歸為成化十年甲午科。因其中進士身份為儒士,中舉身份應與殿試中式身份一致,故其中舉身份也應為儒士。
程寬	直隸徽州府歙縣	《成化十年應天府鄉試錄》載:「程寬,歙縣儒士」(寧波出版社2010年影印本,第17頁)。
徐濂	南京欽天監	《成化十年應天府鄉試錄》載:「徐濂,南京欽天監儒士」(寧波出版社2010年影印本,第21頁)。
畢孝	河南衛	《國朝河南舉人名錄·第三冊》載:「畢孝,河南衛儒士」(寧波出版社2010年影印本,第13頁)。
劉忠	河南開封府陳留縣	《國朝河南舉人名錄·第三冊》載:「劉忠,陳留縣儒士」(寧波出版社2010年影印本,第14頁)。
聞人珇	浙江紹興府餘姚縣	《成化十年甲午科浙江鄉試錄》載:「聞人珇,餘姚縣儒士」(寧波出版社2010年影印本,第18頁)。
韓明	浙江紹興府餘姚縣	《成化十年甲午科浙江鄉試錄》載:「韓明,餘姚縣儒士」(寧波出版社2010年影印本,第19頁)。
張景暘	浙江寧波府慈谿縣	《成化十年甲午科浙江鄉試錄》載:「張景暘,慈谿縣儒士」(寧波出版社2010年影印本,第19頁)。
諸諫	浙江紹興府餘姚縣	《成化十年甲午科浙江鄉試錄》載:「諸諫,餘姚縣儒士」(寧波出版社2010年影印本,第20頁)。
孫紘	浙江寧波府鄞縣	《成化十年甲午科浙江鄉試錄》載:「孫紘,鄞縣儒士」(寧波出版社2010年影印本,第21頁)。
樓東	浙江寧波府鄞縣	《成化十年甲午科浙江鄉試錄》載:「樓東,鄞縣儒士」(寧波出版社2010年影印本,第22頁)。
馮鋼	浙江寧波府慈谿縣	《成化十年甲午科浙江鄉試錄》載:「馮鋼,慈谿縣儒士」(寧波出版社2010年影印本,第23頁)。
陳鏈	浙江寧波府慈谿縣	《成化十年甲午科浙江鄉試錄》載:「陳鏈,慈谿縣儒士」(寧波出版社2010年影印本,第23頁)。
楊憲	浙江紹興府餘姚縣	《成化十年甲午科浙江鄉試錄》載:「馮鋼,餘姚縣儒士」(寧波出版社2010年影印本,第23頁)。
鄧焲	福建福州府閩縣	《福建通志》卷37《明·舉人上》載鄧焲為成化十年舉人,「儒士中式」(《景印文淵閣四庫全書》第529冊,第197頁)。

鄭璠	福建福州府閩縣	《福建通志》卷 37《明‧舉人上》載鄭璠為成化十年舉人,「儒士中式」(《景印文淵閣四庫全書》第 529 冊,第 197 頁)。
林彥修	福建福州府連江縣	《福建通志》卷 37《明‧舉人上》載林彥修為成化十年舉人,「儒士中式」(《景印文淵閣四庫全書》第 529 冊,第 197 頁)。
林沂	福建興化府莆田縣	《福建通志》卷 37《明‧舉人上》載林沂為成化十年舉人,「儒士中式」(《景印文淵閣四庫全書》第 529 冊,第 197 頁)。
朱璠	福建興化府莆田縣	《福建通志》卷 37《明‧舉人上》載朱璠為成化十年舉人,「儒士中式」(《景印文淵閣四庫全書》第 529 冊,第 197 頁)。
李德美	福建興化府莆田縣	《福建通志》卷 37《明‧舉人上》載李德美為成化十年舉人,「儒士中式」(《景印文淵閣四庫全書》第 529 冊,第 197 頁)。
鄭欽	福建興化府莆田縣	《成化十一年進士登科錄》載:「鄭欽,貫福建興化府莆田縣,軍籍」(寧波出版社 2006 年影印本,第 60 頁);萬曆《興化府志》卷三二《選舉志二‧鄉舉》載鄭欽中成化七年辛卯科舉人。
李時	廣東廣州府東莞縣	《成化十年廣東鄉試錄》載:「李時,東莞縣儒士」(寧波出版社 2010 年影印本,第 21 頁)。
何會	廣東廣州府順德縣	《成化十年廣東鄉試錄》載:「何會,順德縣儒士」(寧波出版社 2010 年影印本,第 21 頁)。
倫喜	廣東廣州府順德縣	《成化十年廣東鄉試錄》載:「倫喜,順德縣儒士」(寧波出版社 2010 年影印本,第 24 頁)。
趙玉	江西饒州府餘干縣	《成化十年江西鄉試錄》載:「趙玉,餘干縣儒士」(寧波出版社 2010 年影印本,第 1 頁)。
李鳴盛	江西臨江府新淦縣	《成化十年江西鄉試錄》載:「李鳴盛,新淦縣儒士」(寧波出版社 2010 年影印本,第 2 頁)。
龍騰霄	江西吉安府吉水縣	《成化十年江西鄉試錄》載:「龍騰霄,吉水縣儒士」(寧波出版社 2010 年影印本,第 2 頁)。
蕭啟	江西吉安府泰和縣	《成化十年江西鄉試錄》載:「蕭啟,泰和縣儒士」(寧波出版社 2010 年影印本,第 3 頁)。
袁葦	江西南昌府豐城縣	《成化十年江西鄉試錄》載:「袁葦,豐城縣儒士」(寧波出版社 2010 年影印本,第 5 頁)。
李鏞	江西南昌府南昌縣	《成化十年江西鄉試錄》載:「李鏞,南昌縣儒士」(寧波出版社 2010 年影印本,第 5 頁)。

	龍狔	江西吉安府吉水縣	《成化十年江西鄉試錄》載:「龍狔,吉水縣儒士」(寧波出版社 2010 年影印本,第 5 頁)。
	李振	江西南昌府豐城縣	《成化十年江西鄉試錄》載:「李振,豐城縣儒士」(寧波出版社 2010 年影印本,第 6 頁)。
	敖剛	江西臨江府新喻縣	《成化十年江西鄉試錄》載:「敖剛,新喻縣儒士」(寧波出版社 2010 年影印本,第 6 頁)。
成化十三年丁酉	沈鉉	順天府大興縣	《成化十三年順天府鄉試錄》載:「沈鉉,大興縣儒士」(寧波出版社 2010 年影印本,第 18 頁)。
	侯觀	直隸保定府雄縣	《成化十三年順天府鄉試錄》載:「侯觀,雄縣儒士」(寧波出版社 2010 年影印本,第 18 頁)。
	王定安	順天府大興縣	《成化十三年順天府鄉試錄》載:「王定安,大興縣儒士」(寧波出版社 2010 年影印本,第 18 頁)。
	蔡相	順天府大興縣	《成化十三年順天府鄉試錄》載:「蔡相,大興縣儒士」(寧波出版社 2010 年影印本,第 20 頁)。
	華烈	直隸常州府無錫縣	《成化十三年應天府鄉試錄》載:「華烈,無錫縣儒士」(寧波出版社 2010 年影印本,第 18 頁)。
	梅純	應天府	《成化十三年應天府鄉試錄》載:「梅純,應天府儒士」(寧波出版社 2010 年影印本,第 19 頁)。
	黃玭	直隸常州府宜興縣	《成化十三年應天府鄉試錄》載:「黃玭,宜興縣儒士」(寧波出版社 2010 年影印本,第 20 頁)。
	胡申	直隸常州府宜興縣	《成化十三年應天府鄉試錄》載:「胡申,宜興縣儒士」(寧波出版社 2010 年影印本,第 20 頁)。
	陳輒	直隸松江府華亭縣	《成化十三年應天府鄉試錄》載:「陳輒,華亭縣儒士」(寧波出版社 2010 年影印本,第 20 頁)。
	林章	福建福州府長樂縣	《福建通志》卷 37《明·舉人上》載林章為成化十三年舉人,「儒士中式」(《景印文淵閣四庫全書》第 529 冊,第 198 頁)。
	朱瓘	福建興化府莆田縣	《福建通志》卷 37《明·舉人上》載朱瓘為成化十三年舉人,「儒士中式」(《景印文淵閣四庫全書》第 529 冊,第 198 頁)。
	丁襄	福建興化府莆田縣	《福建通志》卷 37《明·舉人上》載丁襄為成化十三年舉人,「儒士中式」(《景印文淵閣四庫全書》第 529 冊,第 198 頁)。
	陳文	福建興化府莆田縣	《福建通志》卷 37《明·舉人上》載陳文為成化十三年舉人,「儒士中式」(《景印文淵閣四庫全書》第 529 冊,第 198 頁)。
	黃燮	福建興化府莆田縣	《福建通志》卷 37《明·舉人上》載黃燮為成化十三年舉人,「儒士中式」(《景印文淵閣四庫全書》第 529 冊,第 198 頁)。

鄭敏	福建興化府莆田縣	《福建通志》卷37《明・舉人上》載鄭敏為成化十三年舉人,「儒士中式」(《景印文淵閣四庫全書》第529冊,第198頁)。
李文獻	福建興化府莆田縣	《福建通志》卷37《明・舉人上》載李文獻為成化十三年舉人,「儒士中式」(《景印文淵閣四庫全書》第529冊,第198頁)。
蕭玉	福建興化府莆田縣	《福建通志》卷37《明・舉人上》載蕭玉為成化十三年舉人,「儒士中式」(《景印文淵閣四庫全書》第529冊,第198頁)。
陳遢	福建興化府莆田縣	《福建通志》卷37《明・舉人上》載陳遢為成化十三年舉人,「儒士中式」(《景印文淵閣四庫全書》第529冊,第198頁)。
丁養浩	浙江杭州府仁和縣	《成化十三年浙江鄉試錄》載:「丁養浩,仁和縣儒士」(寧波出版社2010年影印本,第20頁)。
湯理	浙江寧波府慈谿縣	《成化十三年浙江鄉試錄》載:「湯理,慈谿縣儒士」(寧波出版社2010年影印本,第21頁)。
黃鼎卿	浙江紹興府蕭山縣	《成化十三年浙江鄉試錄》載:「黃鼎卿,蕭山縣儒士」(寧波出版社2010年影印本,第22頁)。
洪貫	浙江寧波府鄞縣	《成化十三年浙江鄉試錄》載:「洪貫,鄞縣儒士」(寧波出版社2010年影印本,第22頁)。
吳敘	浙江紹興府餘姚縣	《成化十三年浙江鄉試錄》載:「吳敘,餘姚縣儒士」(寧波出版社2010年影印本,第24頁)。
陳良器	浙江杭州府仁和縣	《成化十三年浙江鄉試錄》載:「陳良器,仁和縣儒士」(寧波出版社2010年影印本,第25頁)。
張溱	廣西潯州府平南縣	《成化十四年進士登科錄》第10頁載:「張溱,貫廣西潯州府平南縣,民籍,儒士」(寧波出版社2006年影印本,第10頁);乾隆《平南縣志》卷六《選舉志・舉人》載張溱為成化十三年舉人(乾隆二十一年刻本)。可知,張溱中成化十三年舉人,繼中成化十四年進士,為鄉、會、殿試連捷者,其中式身份應無變化。因其中進士身份為儒士,則其中舉身份也應為儒士。
明經	四川成都府內江縣	《成化十四年進士登科錄》載:「明經,貫四川成都府內江縣,軍籍」(寧波出版社2006年影印本,第10頁);同治《內江縣志》卷三《選舉志・舉人》載明經為成化十三年舉人(同治十年刻本)。可知,明經中成化十三年舉人,繼中成化十四年進士,為鄉、會、殿試連捷者,其中式身份應無變化。因其中進士身份為儒士,則其中舉身份也應為儒士。

	王佐	江西吉安府安福縣	《成化十三年江西鄉試錄》載：「王佐，安福縣儒士」（寧波出版社 2010 年影印本，第 18 頁）。
	曾迴	江西吉安府泰和縣	《成化十三年江西鄉試錄》載：「曾迴，泰和縣儒士」（寧波出版社 2010 年影印本，第 18 頁）。
	彭琢	江西吉安府吉水縣	《成化十三年江西鄉試錄》載：「彭琢，吉水縣儒士」（寧波出版社 2010 年影印本，第 20 頁）。
	李明	江西臨江府新喻縣	《成化十三年江西鄉試錄》載：「李明，新喻縣儒士」（寧波出版社 2010 年影印本，第 22 頁）。
	周統	江西吉安府廬陵縣	《成化十三年江西鄉試錄》載：「周統，廬陵縣儒士」（寧波出版社 2010 年影印本，第 22 頁）。
	姚明	江西南昌府南昌縣	《成化十三年江西鄉試錄》載：「姚明，南昌縣儒士」（寧波出版社 2010 年影印本，第 22 頁）。
成化十六年庚子	沈璡	順天府宛平縣	《成化十六年順天府鄉試錄》載：「沈璡，宛平縣儒士」（寧波出版社 2010 年影印本，第 17 頁）。
	王愚	直隸保定府清苑縣	《成化十六年順天府鄉試錄》載：「王愚，清苑縣儒士」（寧波出版社 2010 年影印本，第 19 頁）。
	顧瑾	順天府大興縣	《成化十六年順天府鄉試錄》載：「顧瑾，大興縣儒士」（寧波出版社 2010 年影印本，第 20 頁）。
	吳珍	順天府宛平縣	《成化十六年順天府鄉試錄》載：「吳珍，宛平縣儒士」（寧波出版社 2010 年影印本，第 21 頁）。
	顧景祥	順天府大興縣	《成化十六年順天府鄉試錄》載：「顧景祥，大興縣儒士」（寧波出版社 2010 年影印本，第 23 頁）。
	李迅	右軍都督府	《成化十七年進士登科錄》載：「李訊，貫右軍都督府，陝西西寧衛人，官籍，儒士」（寧波出版社 2006 年影印本，第 40 頁）；《成化十六年順天府鄉試錄》載李訊為該科第一百三十名舉人（寧波出版社 2010 年影印本，第 23 頁）。可知，李迅中成化十三年舉人，繼中成化十四年進士，為鄉、會、殿試連捷者，其中式身份應無變化。因其中進士身份為儒士，則其中舉身份也應為儒士。
	陳大章	直隸鳳陽府盱眙縣	《成化十六年應天府鄉試錄》載：「陳大章，盱眙縣儒士」（寧波出版社 2010 年影印本，第 17 頁）。
	孫昰	直隸鎮江府金壇縣	《成化十六年應天府鄉試錄》載：「孫昰，金壇縣儒士」（寧波出版社 2010 年影印本，第 18 頁）。
	金麒壽	應天府上元縣	《成化十六年應天府鄉試錄》載：「金麒壽，上元縣儒士」（寧波出版社 2010 年影印本，第 19 頁）。
	沈鶴	直隸松江府華亭縣	《成化十六年應天府鄉試錄》載：「沈鶴，華亭縣儒士」（寧波出版社 2010 年影印本，第 20 頁）。

茹鑾	直隸常州府無錫縣	《成化十六年應天府鄉試錄》載:「茹鑾,無錫縣儒士」(寧波出版社 2010 年影印本,第 21 頁)。
熊宗德	南京錦衣衛;應天府江寧縣人	《成化十六年應天府鄉試錄》載:「熊宗德,南京錦衣衛儒士」(寧波出版社 2010 年影印本,第 21 頁)。
史經	直隸蘇州府吳縣	《成化十六年應天府鄉試錄》載:「史經,吳縣儒士」(寧波出版社 2010 年影印本,第 21 頁)。
王華	浙江紹興府餘姚縣	《成化十六年浙江鄉試錄》載:「王華,餘姚縣儒士」(寧波出版社 2010 年影印本,第 18 頁)。
周津	浙江寧波府慈谿縣	《成化十六年浙江鄉試錄》載:「周津,慈谿縣儒士」(寧波出版社 2010 年影印本,第 19 頁)。
袁嫌	浙江寧波府慈谿縣	《成化十六年浙江鄉試錄》載:「袁嫌,慈谿縣儒士」(寧波出版社 2010 年影印本,第 19 頁)。
王綸	浙江寧波府慈谿縣	《成化十六年浙江鄉試錄》載:「王綸,慈谿縣儒士」(寧波出版社 2010 年影印本,第 19 頁)。
李文	浙江寧波府慈谿縣	《成化十六年浙江鄉試錄》載:「李文,慈谿縣儒士」(寧波出版社 2010 年影印本,第 19 頁)。
魏澄	浙江紹興府餘姚縣	《成化十六年浙江鄉試錄》載:「魏澄,餘姚縣儒士」(寧波出版社 2010 年影印本,第 19 頁)。
王瑤	浙江寧波府鄞縣	《成化十六年庚子科浙江鄉試錄》載:「王瑤,鄞縣儒士」(寧波出版社 2010 年影印本,第 20 頁)。
孫潤	浙江寧波府慈谿縣	《成化十六年庚子科浙江鄉試錄》載:「孫潤,慈谿縣儒士」(寧波出版社 2010 年影印本,第 20 頁)。
桂贊	浙江寧波府慈谿縣	《成化十六年庚子科浙江鄉試錄》載:「桂贊,慈谿縣儒士」(寧波出版社 2010 年影印本,第 21 頁)。
李文昭	浙江寧波府鄞縣	《成化十六年庚子科浙江鄉試錄》載:「李文昭,鄞縣儒士」(寧波出版社 2010 年影印本,第 22 頁)。
王子澄	浙江寧波府慈谿縣	《成化十六年庚子科浙江鄉試錄》載:「王子澄,慈谿縣儒士」(寧波出版社 2010 年影印本,第 22 頁)。
高遷	浙江寧波府慈谿縣	《成化十六年庚子科浙江鄉試錄》載:「高遷,慈谿縣儒士」(寧波出版社 2010 年影印本,第 22 頁)。
蔡禹	福建福州府閩縣	《福建通志》卷 37《明·明舉人上》載蔡禹為成化十六年舉人,「儒士中式」(《景印文淵閣四庫全書》第 529 冊,第 199 頁)。
郭文旭	福建福州府閩縣	《成化十七年進士登科錄》載:「郭文旭,貫福建福州府閩縣,軍籍,儒士」(寧波出版社 2010 年影印本,第 35 頁);《福建通志》載郭文旭為成化十

		六年庚子科舉人，(《景印文淵閣四庫全書》第 529 冊，第 199 頁)。可知，郭文旭中成化十六年舉人，繼中成化十七年進士，為鄉、會、殿試連捷者，其中式身份應無變化。因其中進士身份為儒士，則其中舉身份也應為儒士。
鄭蘊中	福建福州府閩縣	《福建通志》卷 37《明‧明舉人上》載鄭蘊中為成化十六年舉人，「儒士中式」(《景印文淵閣四庫全書》第 529 冊，第 199 頁)。
林英甫	福建興化府莆田縣	《福建通志》卷 37《明‧明舉人上》載林英甫為成化十六年舉人，「儒士中式」(《景印文淵閣四庫全書》第 529 冊，第 199 頁)。
洪幼愚	福建興化府莆田縣	《福建通志》卷 37《明‧明舉人上》載洪幼愚為成化十六年舉人，「儒士中式」(《景印文淵閣四庫全書》第 529 冊，第 199 頁)。
趙渾	福建漳州府漳浦縣	《成化十七年進士登科錄》載：「趙渾，貫福建漳州府漳浦縣，民籍，儒士」(寧波出版社 2006 年影印本，第 28 頁)；《福建通志》卷 37《明‧明舉人上》載趙渾為成化十六年庚子科舉人 (《景印文淵閣四庫全書》第 529 冊，第 199 頁)。可知，趙渾中成化十六年舉人，繼中成化十七年進士，為鄉、會、殿試連捷者，其中式身份應無變化。因其中進士身份為儒士，則其中舉身份也應為儒士。
張烜	福建福州府福清縣	《成化十七年進士登科錄》第 49 頁載：「張烜，貫福建漳州府福清縣，鹽籍，儒士」(寧波出版社 2006 年影印本，第 49 頁)；《福建通志》卷 37《明‧明舉人上》載張烜為成化十六年庚子科舉人 (《景印文淵閣四庫全書》第 529 冊，第 199 頁)。可知，張烜中成化十六年舉人，繼中成化十七年進士，為鄉、會、殿試連捷者，其中式身份應無變化。因其中進士身份為儒士，則其中舉身份也應為儒士。
丘天佑	福建興化府莆田縣	《成化十七年進士登科錄》載：「丘天佑，貫福建興化府莆田縣，軍籍，儒士」(寧波出版社 2006 年影印本，第 72 頁)；《福建通志》卷 37《明‧明舉人上》載丘天佑為成化十六年庚子科舉人，(《景印文淵閣四庫全書》第 529 冊，第 199 頁)。可知，丘天佑中成化十六年舉人，繼中成化十七年進士，為鄉、會、殿試連捷者，其中式身份應無變化。因其中進士身份為儒士，則其中舉身份也應為儒士。
吳泰	福建漳州府漳浦縣	吳泰為成化二十年進士，《成化二十年會試錄》載：「第一百八十四名吳泰，福建漳州府漳浦縣，儒士」(寧波出版社 2007 年影印本，第 24 頁)；《福

			建通志》卷 37《明・明舉人上》載吳泰為成化十六年庚子科舉人（《景印文淵閣四庫全書》第 529 冊，第 199 頁）。可知，吳泰中成化十六年舉人，繼中成化十七年進士，為鄉、會、殿試連捷者，其中式身份應無變化。因其中進士身份為儒士，則其中舉身份也應為儒士。
	馬炳然	四川成都府內江縣	《成化十七年進士登科錄》載：「馬炳然，貫四川成都府內江縣，民籍，儒士」（寧波出版社 2006 年影印本，第 72 頁）；同治《內江縣志》卷三《選舉志・舉人》載馬炳然中成化十六年舉人（同治十年刻本）。可知，馬炳然中成化十六年舉人，繼中成化十七年進士，為鄉、會、殿試連捷者，其中式身份應無變化。因其中進士身份為儒士，則其中舉身份也應為儒士。
	劉棐	江西吉安府安福縣	劉棐為成化十七年進士，《成化十七年會試錄》載：「劉棐，江西安福縣，儒士」（寧波出版社 2007 年影印本，第 24 頁）；《江西通志》卷 53《選舉四》載劉棐為成化十六年庚子科舉人（《景印文淵閣四庫全書》第 514 冊，第 743 頁）。可知，劉棐中成化十六年舉人，繼中成化十七年進士，為鄉、會、殿試連捷者，其中式身份應無變化。因其中進士身份為儒士，則其中舉身份也應為儒士。
成化十九年癸卯	鄭洪	順天府大興縣	鄭洪維成化二十年進士，《成化二十年會試錄》載：「第七十五名鄭洪，順天府大興縣人，儒士」（寧波出版社 2006 年影印本，第 18 頁）；揆諸史籍，未見有其中舉年份的記載，暫時歸為成化十九年癸卯科。因其中進士身份為儒士，中舉身份應與殿試中式身份一致，則其中舉身份也應為儒士。
	白圻	直隸常州府武進縣	白圻為成化二十年進士，《成化二十年會試錄》載：「第一百六十七名白圻，直隸武進縣人，儒士」（寧波出版社 2007 年影印本，第 23 頁）；《江南通志》卷 126《選舉志・舉人二》載白圻為成化十九癸卯科舉人（《景印文淵閣四庫全書》第 510 冊，第 736 頁）。可知，白圻中成化十九年舉人，繼中成化二十年進士，為鄉、會、殿試連捷者，其中式身份應無變化。因其中進士身份為儒士，則其中舉身份也應為儒士。
	潘絡	南京欽天監	潘絡為成化二十年進士，《成化二十年會試錄》載：「第二百六十六名，南京欽天監籍，儒士」（寧波出版社 2007 年影印本，第 28 頁）；《江南通志》卷 126《選舉志・舉人二》載潘絡為成化十九癸卯科

		舉人（《景印文淵閣四庫全書》第 510 冊，第 736 頁）。可知，潘絡中成化十九年舉人，繼中成化二十年進士，為鄉、會、殿試連捷者，其中式身份應無變化。因其中進士身份為儒士，則其中舉身份也應為儒士。
楊珮	山東兗州府陽穀縣	《成化十九年癸卯科山東鄉試錄》載：「楊珮，陽穀縣儒士」（寧波出版社 2010 年影印本，第 18 頁）。
程士	福建福州府閩縣	《福建通志》卷三七《選舉五・明舉人上》載程士為成化十九年舉人，「儒士中式」（《景印文淵閣四庫全書》第 529 冊，第 200 頁）。
陳士元	福建興化府莆田縣	《福建通志》卷三七《選舉五・明舉人上》載陳士元為成化十九年舉人，「儒士中式」（《景印文淵閣四庫全書》第 529 冊，第 200 頁）。
林宗重	福建興化府莆田縣	《福建通志》卷三七《選舉五・明舉人上》載林宗重為成化十九年舉人，「儒士中式」（《景印文淵閣四庫全書》第 529 冊，第 200 頁）。
朱重	福建興化府莆田縣	《福建通志》卷三七《選舉五・明舉人上》載朱重為成化十九年舉人，「儒士中式」（《景印文淵閣四庫全書》第 529 冊，第 200 頁）。
朱文魁	福建興化府莆田縣	《福建通志》卷三七《選舉五・明舉人上》載朱文魁為成化十九年舉人，「儒士中式」（《景印文淵閣四庫全書》第 529 冊，第 200 頁）。
金獻民	四川成都府綿州	金獻民為成化二十年進士，《成化二十年會試錄》載：「第二百四十二名金獻民，四川綿州人，儒士」（寧波出版社 2007 年影印本，第 27 頁）；嘉慶《四川通志》卷 126《選舉志五・舉人二》載金獻民為成化十九年癸卯科舉人（嘉慶十九年刻本）。可知，金獻民中成化十九年舉人，繼中成化二十年進士，為鄉、會、殿試連捷者，其中式身份應無變化。因其中進士身份為儒士，則其中舉身份也應為儒士。
鄧鼎	江西吉安府泰和縣	鄧鼎為成化二十年進士，《成化二十年會試錄》載：「第三十五名鄧鼎，江西泰和縣人，儒士」（寧波出版社 2007 年影印本，第 16 頁）；《江西通志》卷 53《選舉五・五》載鄧鼎為成化十九年癸卯科舉人（《景印文淵閣四庫全書》第 514 冊，第 744 頁）。可知，鄧鼎中成化十九年舉人，繼中成化二十年進士，為鄉、會、殿試連捷者，其中式身份應無變化。因其中進士身份為儒士，則其中舉身份也應為儒士。
李素	江西吉安府萬安縣	《皇明三元考》卷 7 載李素中成化十九年舉人，儒士中式（《四庫全書存目叢書》史部第 271 冊，第 125 頁）。

費宏	江西廣信府鉛山縣	《皇明三元考》卷 7 載：「成化二十三年丁未科）狀元費宏，江西鉛山人，治書，儒士，年二十，癸卯鄉試二十名」（《四庫全書存目叢書》史部第 271 冊，第 128 頁）；《江西通志》卷 53《選舉五·五》載費宏為成化十九年癸卯科舉人（《景印文淵閣四庫全書》第 514 冊，第 744 頁）。可知，費宏中成化十九年舉人，繼中成化二十年進士，為鄉、會、殿試連捷者，其中式身份應無變化。因其中進士身份為儒士，則其中舉身份也應為儒士。
蔡欽	浙江紹興府餘姚縣	《成化十九年癸卯科浙江鄉試錄》載：「蔡欽，餘姚縣儒士」（寧波出版社 2010 年影印本，第 18 頁）。
陳汝勉	浙江紹興府上虞縣	《成化十九年癸卯科浙江鄉試錄》載：「陳汝勉，上虞縣儒士」（寧波出版社 2010 年影印本，第 18 頁）。
劉致中	浙江台州府黃岩縣	《成化十九年癸卯科浙江鄉試錄》載：「劉致中，黃岩縣儒士」（寧波出版社 2010 年影印本，第 18 頁）。
陳雍	浙江紹興府餘姚縣	《成化十九年癸卯科浙江鄉試錄》載：「陳雍，餘姚縣儒士」（寧波出版社 2010 年影印本，第 18 頁）。
茅光著	浙江寧波府慈谿縣	《成化十九年癸卯科浙江鄉試錄》載：「茅光著，慈谿縣儒士」（寧波出版社 2010 年影印本，第 18 頁）。
汪金恩	浙江衢州府開化縣	《成化十九年癸卯科浙江鄉試錄》載：「汪金恩，開化縣儒士」（寧波出版社 2010 年影印本，第 18 頁）。
許濬	浙江紹興府餘姚縣	《成化十九年癸卯科浙江鄉試錄》載：「許濬，餘姚縣儒士」（寧波出版社 2010 年影印本，第 19 頁）。
王乾	浙江杭州府仁和縣	《成化十九年癸卯科浙江鄉試錄》載：「王乾，仁和縣儒士」（寧波出版社 2010 年影印本，第 19 頁）。
王惠	浙江寧波府慈谿縣	《成化十九年癸卯科浙江鄉試錄》載：「王惠，慈谿縣儒士」（寧波出版社 2010 年影印本，第 20 頁）。
袁孟俤	浙江寧波府鄞縣	《成化十九年癸卯科浙江鄉試錄》載：「袁孟俤，鄞縣儒士」（寧波出版社 2010 年影印本，第 20 頁）。
汪鉉	浙江紹興府餘姚縣	《成化十九年癸卯科浙江鄉試錄》載：「汪鉉，餘姚縣儒士」（寧波出版社 2010 年影印本，第 21 頁）。
車份	浙江紹興府會稽縣	《成化十九年癸卯科浙江鄉試錄》載：「車份，會稽縣儒士」（寧波出版社 2010 年影印本，第 21 頁）。
王喬	浙江寧波府鄞縣	《成化十九年癸卯科浙江鄉試錄》載：「王喬，鄞縣儒士」（寧波出版社 2010 年影印本，第 21 頁）。

	王純	浙江寧波府慈谿縣	《成化十九年癸卯科浙江鄉試錄》載：「汪王純，慈谿縣儒士」（寧波出版社 2010 年影印本，第 21 頁）。
	邵蕡	浙江紹興府餘姚縣	《成化十九年癸卯科浙江鄉試錄》載：「邵蕡，餘姚縣儒士」（寧波出版社 2010 年影印本，第 21 頁）。
	張伯祥	浙江寧波府鄞縣	《成化十九年癸卯科浙江鄉試錄》載：「張伯祥，鄞縣儒士」（寧波出版社 2010 年影印本，第 22 頁）。
	周仲昕	浙江紹興府餘姚縣	《成化十九年癸卯科浙江鄉試錄》載：「周仲昕，餘姚縣儒士」（寧波出版社 2010 年影印本，第 22 頁）。
	毛鵬	浙江寧波府鄞縣	《成化十九年癸卯科浙江鄉試錄》載：「毛鵬，鄞縣儒士」（寧波出版社 2010 年影印本，第 22 頁）。
	王楷	浙江紹興府餘姚縣	《成化十九年癸卯科浙江鄉試錄》載：「王楷，餘姚縣儒士」（寧波出版社 2010 年影印本，第 22 頁）。
	李充嗣	四川成都府內江縣	《成化二十三年進士登科錄》載：「李充嗣，貫四川成都府內江縣，官籍，儒士」（寧波出版社 2006 年影印本，第 65 頁）；同治《內江縣志》卷三《選舉志·舉人》載李充嗣為成化十九年癸卯科舉人（同治十年刻本）。可知，李充嗣中成化十九年舉人，繼中成化二十三年進士，為鄉、會、殿試連捷者，其中式身份應無變化。因其中進士身份為儒士，則其中舉身份也應為儒士。
成化二十二年丙午	李良	山東齊河縣人，神武左衛官籍	《成化二十三進士登科錄》載「李良，山東齊河縣人，神武左衛官籍，儒士」（寧波出版社 2006 年影印本，第 69 頁），揆諸史籍，未見有其中舉年份的記載，暫時歸為成化二十二年丙午科舉人。因其中進士身份為儒士，中舉身份應與殿試中式身份一致，則其中舉身份也應為儒士。
	張瑛	浙江寧波府鄞縣人，錦衣衛校籍	《成化二十三年進士登科錄》載「張瑛，浙江寧波府鄞縣人，錦衣衛校籍，順天府儒士」（寧波出版社 2006 年影印本，第 99 頁），康熙《鄞縣志》卷一一《選舉志二·舉人》載張瑛為成化二十二年丙午科舉人（康熙二十五年刻本）。可知，張瑛中成化二十二年舉人，繼中成化二十三年進士，為鄉、會、殿試連捷者，其中式身份應無變化。因其中進士身份為儒士，則其中舉身份也應為儒士。
	馬騤	山西平陽府夏縣	《成化二十二年丙午科山西鄉試錄》載：「馬騤，夏縣儒士」（寧波出版社 2010 年影印本，第 4 頁）。
	林文琛	福建福州府閩縣	《福建通志》卷 37《明·舉人上》載林文琛為成化二十二年舉人，「儒士中式」（《景印文淵閣四庫全書》第 529 冊，第 201 頁）。

崔儀	福建興化府莆田縣	《福建通志》卷 37《明・舉人上》載崔儀為成化二十二年舉人,「儒士中式」(《景印文淵閣四庫全書》第 529 冊,第 201 頁)。
王鑾	福建興化府莆田縣	《福建通志》卷 37《明・舉人上》載王鑾為成化二十二年舉人,「儒士中式」(《景印文淵閣四庫全書》第 529 冊,第 201 頁)。
林汝明	福建興化府莆田縣	《福建通志》卷 37《明・舉人上》載林汝明為成化二十二年舉人,「儒士中式」(《景印文淵閣四庫全書》第 529 冊,第 201 頁)
楊文命	福建興化府莆田縣	《福建通志》卷 37《明・舉人上》載楊文命為成化二十二年舉人,「儒士中式」(《景印文淵閣四庫全書》第 529 冊,第 201 頁)
林光重	福建興化府莆田縣	《福建通志》卷 37《明・舉人上》載林光重為成化二十二年舉人,「儒士中式」(《景印文淵閣四庫全書》第 529 冊,第 201 頁)
吳天與	福建興化府莆田縣	《福建通志》卷 37《明・舉人上》載吳天與為成化二十二年舉人,「儒士中式」(《景印文淵閣四庫全書》第 529 冊,第 201 頁)
孫鏞	浙江寧波府鄞縣	《成化二十二年丙午科浙江鄉試錄》載:「孫鏞,鄞縣儒士」(寧波出版社 2010 年影印本,第 16 頁)。
徐守誠	浙江紹興府餘姚縣	《成化二十二年丙午科浙江鄉試錄》載:「徐守誠,餘姚縣儒士」(寧波出版社 2010 年影印本,第 17 頁)。
吾翯	浙江衢州府開化縣	《成化二十二年丙午科浙江鄉試錄》載:「吾翯,開化縣儒士」(寧波出版社 2010 年影印本,第 17 頁)。
陳熙	浙江寧波府慈谿縣	《成化二十二年丙午科浙江鄉試錄》載:「陳熙,慈谿縣儒士」(寧波出版社 2010 年影印本,第 17 頁)。
張明遠	浙江紹興府餘姚縣	《成化二十二年丙午科浙江鄉試錄》載:「張明遠,餘姚縣儒士」(寧波出版社 2010 年影印本,第 17 頁)。
劉觀	浙江寧波府慈谿縣	《成化二十二年丙午科浙江鄉試錄》載:「劉觀,慈谿縣儒士」(寧波出版社 2010 年影印本,第 18 頁)。
吳舜	浙江紹興府山陰縣	《成化二十二年丙午科浙江鄉試錄》載:「吳舜,山陰縣儒士」(寧波出版社 2010 年影印本,第 20 頁)。

	葉訓	浙江紹興府餘姚縣	《成化二十二年丙午科浙江鄉試錄》載：「葉訓，餘姚縣儒士」（寧波出版社 2010 年影印本，第 20 頁）。
	李經	浙江台州府太平縣	《成化二十二年丙午科浙江鄉試錄》載：「李經，太平縣儒士」（寧波出版社 2010 年影印本，第 20 頁）。
	宋冕	浙江紹興府餘姚縣	《成化二十二年丙午科浙江鄉試錄》載：「宋冕，餘姚縣儒士」（寧波出版社 2010 年影印本，第 21 頁）。
	張忭	廣東瓊州府瓊山縣	《成化二十二年丙午科廣東鄉試錄》載：「張忭，瓊山縣儒士」（寧波出版社 2010 年影印本，第 19 頁）。
	陳光	廣東廣州府南海縣	《成化二十二年丙午科廣東鄉試錄》載：「陳光，南海縣儒士」（寧波出版社 2010 年影印本），第 20 頁）。
	李琪	廣東廣州府南海縣	《成化二十二年丙午科廣東鄉試錄》載：「李琪，南海縣儒士」（寧波出版社 2010 年影印本），第 20 頁）。
	顏文銃	廣東廣州府南海縣	《成化二十二年丙午科廣東鄉試錄》載：「顏文銃，南海縣儒士」（寧波出版社 2010 年影印本），第 20 頁）。
	馬鵬	廣東廣州府香山縣	《成化二十二年丙午科廣東鄉試錄》載：「馬鵬，香山縣儒士」（寧波出版社 2010 年影印本），第 20 頁）。
	梁瓘	廣東廣州府順德縣	《成化二十二年丙午科廣東鄉試錄》載：「梁瓘，順德縣儒士」（寧波出版社 2010 年影印本），第 20 頁）。
	譚溥	四川重慶府合州銅梁縣	《弘治三年進士登科錄》載：「譚溥，貫四川重慶府合州銅梁縣，民籍，儒士」（寧波出版社 2006 年影印本，第 93 頁）；揆諸史籍，未見有其中舉年份的記載，暫時歸為成化二十二年丙午科舉人。因其中進士身份為儒士，中舉身份應與殿試中式身份一致，則其中舉身份也應為儒士。
弘治二年己酉	宋愷	直隸松江府華亭縣	《弘治六年進士登科錄》載：「宋愷，貫直隸松江府華亭縣，民籍，儒士」（寧波出版社 2006 年影印本，第 9 頁）；《江南通志》卷 127《選舉志·舉人三》載宋愷為弘治二年己酉科舉人（《景印文淵閣四庫全書》第 510 冊，第 741 頁）。綜上，宋愷中弘治二年舉人，後中弘治六年進士。因其中進士身

		份為儒士，可知其會試下第後，並未按制入國子監，中舉身份應與殿試中式身份一致，故其中舉身份也應為儒士。
翟銓	河南河南府洛陽縣	《國朝河南舉人名錄·第三冊》載：「翟銓，洛陽縣儒士」（寧波出版社 2010 年影印本，第 30 頁）。
趙陛	浙江寧波府鄞縣	《浙江通志》卷 137《選舉十五·明舉人》載趙陛為弘治二年舉人，「鄞縣儒士」（《景印文淵閣四庫全書》第 522 冊，第 560 頁）。
秦煜	浙江寧波府慈谿縣	《浙江通志》卷 137《選舉十五·明舉人》載秦煜為弘治二年舉人，「慈谿儒士」（《景印文淵閣四庫全書》第 522 冊，第 560 頁）。
舒聰	浙江紹興府餘姚縣	《浙江通志》卷 137《選舉十五·明舉人》載舒聰為弘治二年舉人，「餘姚儒士」（《景印文淵閣四庫全書》第 522 冊，第 560 頁）
秦碧	浙江寧波府慈谿縣	《浙江通志》卷 137《選舉十五·明舉人》載秦碧為弘治二年舉人，「慈谿儒士」（《景印文淵閣四庫全書》第 522 冊，第 560 頁）
朱采	浙江紹興府蕭山縣	《浙江通志》卷 137《選舉十五·明舉人》載朱采為弘治二年舉人，「蕭山儒士」（《景印文淵閣四庫全書》第 522 冊，第 561 頁）。
吳便	浙江紹興府山陰縣	《浙江通志》卷 137《選舉十五·明舉人》載吳便為弘治二年舉人，「山陰儒士」（《景印文淵閣四庫全書》第 522 冊，第 561 頁）。
汪集	浙江紹興府餘姚縣	《浙江通志》卷 137《選舉十五·明舉人》載汪集為弘治二年舉人，「餘姚儒士」（《景印文淵閣四庫全書》第 522 冊，第 561 頁）。
陸相	浙江紹興府餘姚縣	《浙江通志》卷 137《選舉十五·明舉人》載陸相為弘治二年舉人，「餘姚儒士」（《景印文淵閣四庫全書》第 522 冊，第 561 頁）。
鄒軒	浙江紹興府餘姚縣	《浙江通志》卷 137《選舉十五·明舉人》載鄒軒為弘治二年舉人，「餘姚儒士」（《景印文淵閣四庫全書》第 522 冊，第 561 頁）。
孫文原	浙江寧波府慈谿縣	《浙江通志》卷 137《選舉十五·明舉人》載孫文原為弘治二年舉人，「慈谿儒士」（《景印文淵閣四庫全書》第 522 冊，第 561 頁）。
朱導	浙江紹興府山陰縣	《浙江通志》卷 137《選舉十五·明舉人》載朱導為弘治二年舉人，「山陰儒士」（《景印文淵閣四庫全書》第 522 冊，第 561 頁）。

葉舉	福建福州府閩縣	《福建通志》卷 37《選舉五‧明舉人上》載葉舉為弘治二年舉人，「儒士中式」（《景印文淵閣四庫全書》第 529 冊，第 202 頁）。
黃相	福建興化府莆田縣	《福建通志》卷 37《選舉五‧明舉人上》載黃相為弘治二年舉人，「儒士中式」（《景印文淵閣四庫全書》第 529 冊，第 202 頁）。
陳謙山	福建興化府莆田縣	《福建通志》卷 37《選舉五‧明舉人上》載陳謙山為弘治二年舉人，「儒士中式」（《景印文淵閣四庫全書》第 529 冊，第 202 頁）。
吳明通	福建興化府莆田縣	《福建通志》卷 37《選舉五‧明舉人上》載吳明通為弘治二年舉人，「儒士中式」（《景印文淵閣四庫全書》第 529 冊，第 202 頁）。
林大霖	福建興化府莆田縣	《福建通志》卷 37《選舉五‧明舉人上》載林大霖為弘治二年舉人，「儒士中式」（《景印文淵閣四庫全書》第 529 冊，第 202 頁）。
黃著	廣東廣州府順德縣	《弘治二年己酉科廣東鄉試錄》載：「黃著，順德縣儒士」（寧波出版社 2010 年影印本，第 18 頁）。
倫文敘	廣東廣州府南海縣	《弘治二年己酉科廣東鄉試錄》載：「倫文敘，南海縣儒士」（寧波出版社 2010 年影印本，第 18 頁）。
何津	廣東廣州府番禺縣	《弘治二年己酉科廣東鄉試錄》載：「何津，番禺縣儒士」（寧波出版社 2010 年影印本，第 18 頁）。
陳昊賢	廣東廣州府番禺縣	《弘治二年己酉科廣東鄉試錄》載：「陳昊賢，番禺縣儒士」（寧波出版社 2010 年影印本，第 19 頁）。
曾恒	廣東廣州府番禺縣	《弘治二年己酉科廣東鄉試錄》載：「曾恒，番禺縣儒士」（寧波出版社 2010 年影印本，第 19 頁）。
何海	廣東廣州府番禺縣	《弘治二年己酉科廣東鄉試錄》載：「何海，番禺縣儒士」（寧波出版社 2010 年影印本，第 19 頁）。
區玉	廣東廣州府番禺縣	《弘治二年己酉科廣東鄉試錄》載：「區玉，番禺縣儒士」（寧波出版社 2010 年影印本，第 19 頁）。
陳亨	廣東廣州府番禺縣	《弘治二年己酉科廣東鄉試錄》載：「陳亨，番禺縣儒士」（寧波出版社 2010 年影印本，第 20 頁）。
袁珽	廣東廣州府番禺縣	《弘治二年己酉科廣東鄉試錄》載：「袁珽，番禺縣儒士」（寧波出版社 2010 年影印本，第 20 頁）。
李尚賢	廣東潮州府程鄉縣	《弘治二年己酉科廣東鄉試錄》載：「李尚賢，程鄉縣儒士」（寧波出版社 2010 年影印本，第 20 頁）。
李慧	廣東廣州府順德縣	《弘治二年己酉科廣東鄉試錄》載：「李慧，順德縣儒士」（寧波出版社 2010 年影印本，第 20 頁）。

	吳偉	廣東廣州府番禺縣	《弘治二年己酉科廣東鄉試錄》載：「吳偉，番禺縣儒士」（寧波出版社 2010 年影印本，第 21 頁）。
	李珵	廣東廣州府東莞縣	《弘治二年己酉科廣東鄉試錄》載：「吳偉，番禺縣儒士」（寧波出版社 2010 年影印本，第 21 頁）。
	吳良業	廣東廣州府增城縣	《弘治二年己酉科廣東鄉試錄》載：「吳良業，增城縣儒士」（寧波出版社 2010 年影印本，第 21 頁）。
	譚以良	廣東廣州府新會縣	《弘治二年己酉科廣東鄉試錄》載：「譚以良，新會縣儒士」（寧波出版社 2010 年影印本，第 21 頁）。
	魯大有	湖廣黃州府麻城縣	《弘治二年己酉科湖廣鄉試錄》載：「魯大有，麻城縣儒士」（《明代進士登科錄》彙編第 3 冊，第 1539 頁）。
	汪正	湖廣黃州府麻城縣	《弘治二年己酉科湖廣鄉試錄》載：「汪正，麻城縣儒士」（《明代登科錄彙編》第 3 冊，第 1542 頁）。
	喻淳	湖廣黃州府麻城縣	《弘治二年己酉科湖廣鄉試錄》載：「喻淳，麻城縣儒士」（《明代登科錄彙編》第 3 冊，第 1545 頁）。
	伍文定	湖廣荊州府松滋縣	《弘治二年己酉科湖廣鄉試錄》載：「伍文定，松滋縣儒士」（《明代登科錄彙編》第 3 冊，第 1545 頁）。
	王麟	湖廣黃州府黃崗縣	《弘治二年己酉科湖廣鄉試錄》載：「王麟，黃崗縣儒士」（《明代登科錄彙編》第 3 冊，第 1547 頁）。
	崔崟	江西南昌府豐城縣	《弘治二年己酉科江西鄉試錄》載：「崔崟，豐城縣儒士」（寧波出版社 2010 年影印本，第 2 頁）。
	彭震	江西饒州府餘干縣	《弘治二年己酉科江西鄉試錄》載：「彭震，餘干縣儒士」（寧波出版社 2010 年影印本，第 4 頁）。
	魏棨	江西南昌府新建縣	《弘治二年己酉科江西鄉試錄》載：「魏棨，新建縣儒士」（寧波出版社 2010 年影印本，第 4 頁）。
	楊洙	江西撫州府樂安縣	《弘治二年己酉科江西鄉試錄》載：「楊洙，樂安縣儒士」（寧波出版社 2010 年影印本，第 4 頁）。
	蔡廷周	江西南昌府豐城縣	《弘治二年己酉科江西鄉試錄》載：「蔡廷周，豐城縣儒士」（寧波出版社 2010 年影印本，第 4 頁）。
	朱祖元	江西南昌府豐城縣	《弘治二年己酉科江西鄉試錄》載：「朱祖元，豐城縣儒士」（寧波出版社 2010 年影印本，第 5 頁）。
	方罶	江西廣信府上饒縣	《弘治二年己酉科江西鄉試錄》載：「方罶，上饒縣儒士」（寧波出版社 2010 年影印本，第 6 頁）。
	劉栗	江西吉安府安福縣	《弘治二年己酉科江西鄉試錄》載：「劉栗，安福縣儒士」（寧波出版社 2010 年影印本，第 6 頁）。

弘治五年壬子	奚自	順天府宛平縣	《弘治五年壬子科順天府鄉試錄》載：「奚自，宛平縣儒士」(寧波出版社 2010 年影印本，第 13 頁)。
	蔡栻	順天府大興縣	《弘治五年壬子科順天府鄉試錄》載：「蔡栻，大興縣儒士」(寧波出版社 2010 年影印本，第 14 頁)。
	杜旻	錦衣衛官籍，直隸山陽縣人	《弘治五年壬子科順天府鄉試錄》載杜旻為該科第十一名舉人(寧波出版社 2010 年影印本，第 13 頁)；《弘治六年進士登科錄》載：「杜旻，貫錦衣衛，官籍，直隸山陽縣人，儒士」(寧波出版社 2006 年影印本，第 46 頁)。可知，杜旻中弘治五年舉人，繼中弘治六年進士，為鄉、會、殿試連捷者，其中式身份應無變化。因其中進士身份為儒士，則其中舉身份也應為儒士。
	崔璽	騰驤左衛；山西蔚州人	《弘治九年進士登科錄》載：「崔璽，貫騰驤左衛軍籍，山西蔚州人，儒士」(《明代登科錄彙編》第 4 冊，第 1995 頁)；《山西通志》卷 67《科目三·明》載崔璽為弘治五年壬子科舉人(《景印文淵閣四庫全書》第 544 冊，第 372 頁)。可知，崔璽中弘治五年舉人，繼中弘治六年進士，為鄉、會、殿試連捷者，其中式身份應無變化。因其中進士身份為儒士，則其中舉身份也應為儒士。
	姚學禮	錦衣衛籍，四川巴縣人	《弘治五年壬子科順天府鄉試錄》載姚學禮為該科解元(寧波出版社 2010 年影印本，第 13 頁)；《弘治六年進士登科錄》第 75 頁載：「姚學禮，貫府軍前衛籍，四川巴縣人，儒士」(寧波出版社 2006 年影印本，第 75 頁)。可知，姚學禮中弘治五年舉人，繼中弘治六年進士，為鄉、會、殿試連捷者，其中式身份應無變化。因其中進士身份為儒士，則其中舉身份也應為儒士。
	楊志學	彭城衛，湖廣長沙縣人	《弘治五年壬子科順天府鄉試錄》載楊志學為該科第十二名舉人(寧波出版社 2006 年影印本，第 13 頁)；《弘治六年進士登科錄》載：「楊志學，貫彭城衛籍，湖廣長沙縣人，儒士」(寧波出版社 2006 年影印本，第 77 頁)。可知，楊志學中弘治五年舉人，繼中弘治六年進士，為鄉、會、殿試連捷者，其中式身份應無變化。因其中進士身份為儒士，則其中舉身份也應為儒士。
	王獻臣	錦衣衛鎮撫司，直隸吳縣人	《弘治五年壬子科順天府鄉試錄》載王獻臣為該科第四十名舉人(寧波出版社 2010 年影印本，第 15 頁)；《弘治六年進士登科錄》載：「王獻臣，貫錦衣衛鎮撫司，匠籍，直隸吳縣人，儒士」(寧波出版社 2006 年影印本，第 56 頁)。可知，王獻臣

		中弘治五年舉人，繼中弘治六年進士，為鄉、會、殿試連捷者，其中式身份應無變化。因其中進士身份為儒士，則其中舉身份也應為儒士。
李重	金吾後衛	《弘治五年壬子科應天府鄉試錄》載：「李重，金吾後衛儒士」(《明代登科錄彙編》第 4 冊，第 1698 頁。
陳謐	應天府上元縣	《弘治五年壬子科應天府鄉試錄》載：「陳謐，上元縣儒士」(《明代登科錄彙編》第 4 冊，第 1700 頁）。
朱憲	浙江紹興府山陰縣	《浙江通志》卷137《選舉十五‧明舉人》載朱憲為弘治二年舉人，「山陰儒士」(《景印文淵閣四庫全書》第 522 冊，第 562 頁）。
方廷憲	浙江寧波府慈谿縣	《浙江通志》卷137《選舉十五‧明舉人》載萬廷憲為弘治二年舉人，「山陰儒士」(《景印文淵閣四庫全書》第 522 冊，第 562 頁）。
楊抃	浙江紹興府餘姚縣	《浙江通志》卷137《選舉十五‧明舉人》載楊抃為弘治二年舉人，「山陰儒士」(《景印文淵閣四庫全書》第 522 冊，第 562 頁）。
鄭滿	浙江寧波府慈谿縣	《浙江通志》卷137《選舉十五‧明舉人》載鄭滿為弘治二年舉人，「山陰儒士」(《景印文淵閣四庫全書》第 522 冊，第 562 頁）。
周沂	浙江寧波府慈谿縣	《浙江通志》卷137《選舉十五‧明舉人》載周沂為弘治二年舉人，「山陰儒士」(《景印文淵閣四庫全書》第 522 冊，第 562 頁）。
聞人才	浙江紹興府餘姚縣	《浙江通志》卷137《選舉十五‧明舉人》載聞人才為弘治二年舉人，「山陰儒士」(《景印文淵閣四庫全書》第 522 冊，第 562 頁）。
陳垣	浙江台州府臨海縣	《浙江通志》卷137《選舉十五‧明舉人》載陳垣為弘治二年舉人，「山陰儒士」(《景印文淵閣四庫全書》第 522 冊，第 562 頁）。
宋躍	浙江紹興府餘姚縣	《浙江通志》卷137《選舉十五‧明舉人》載宋躍為弘治二年舉人，「餘姚儒士」(《景印文淵閣四庫全書》第 522 冊，第 563 頁）。
林有祿	福建興化府莆田縣	《福建通志》卷37《選舉五‧明舉人上》載林有祿為弘治二年舉人，「儒士中式」(《景印文淵閣四庫全書》第 529 冊，第 203 頁）。
方世傑	福建興化府莆田縣	《福建通志》卷37《選舉五‧明舉人上》載方世傑為弘治二年舉人，「儒士中式」(《景印文淵閣四庫全書》第 529 冊，第 203 頁）。

方嶠	福建興化府莆田縣	《福建通志》卷 37《選舉五‧明舉人上》載方嶠為弘治二年舉人,「儒士中式」(《景印文淵閣四庫全書》第 529 冊,第 203 頁)。
蔣曙	廣西桂林府全州	《弘治五年壬子科廣西鄉試錄》載:「蔣曙,全州儒士」(寧波出版社 2010 年影印本,第 17 頁)。
李承勳	湖廣武昌府嘉魚縣	《弘治五年壬子科湖廣鄉試錄》載:「李承勳,嘉魚縣儒士」(寧波出版社 2010 年影印本,第 15 頁)。
鍾湘	湖廣武昌府興國州	《弘治五年壬子科湖廣鄉試錄》載:「鍾湘,興國州儒士」(寧波出版社 2010 年影印本,第 16 頁)。
徐廷璋	湖廣岳州府華容縣	《弘治五年壬子科湖廣鄉試錄》載:「徐廷璋,華容縣儒士」(寧波出版社 2010 年影印本,第 16 頁)。
唐書	湖廣黃州府麻城縣	《弘治五年壬子科湖廣鄉試錄》載:「唐書,麻城縣儒士」(寧波出版社 2010 年影印本,第 17 頁)。
趙輔	湖廣永州府道州	《弘治五年壬子科湖廣鄉試錄》載:「趙輔,道州儒士」(寧波出版社 2010 年影印本,第 18 頁)。
何頤	湖廣永州府道州	《弘治五年壬子科湖廣鄉試錄》載:「何頤,道州儒士」(寧波出版社 2010 年影印本,第 18 頁)。
袁倫	湖廣黃州府麻城縣	《弘治五年壬子科湖廣鄉試錄》載:「袁倫,麻城縣儒士」(寧波出版社 2010 年影印本,第 18 頁)。
詹易	湖廣黃州府蘄水縣	《弘治五年壬子科湖廣鄉試錄》載:「詹易,蘄水縣儒士」(寧波出版社 2010 年影印本,第 19 頁)。
徐有為	湖廣荊州府石首縣	《弘治五年壬子科湖廣鄉試錄》載:「徐有為,石首縣儒士」(寧波出版社 2010 年影印本,第 19 頁)。
羅欽順	江西吉安府泰和縣	《弘治五年壬子科江西鄉試錄》載:「羅欽順,泰和縣儒士」(寧波出版社 2010 年影印本,第 23 頁)。
鄒確	江西撫州府樂安縣	《弘治五年壬子科江西鄉試錄》載:「鄒確,樂安縣儒士」(寧波出版社 2010 年影印本,第 23 頁)。
張咸	江西饒州府浮梁縣	《弘治五年壬子科江西鄉試錄》載:「張咸,浮梁縣儒士」(寧波出版社 2010 年影印本,第 24 頁)。
袁黝	江西南昌府豐城縣	《弘治五年壬子科江西鄉試錄》載:「袁黝,豐城縣儒士」(寧波出版社 2010 年影印本,第 24 頁)。
鄒暘	江西撫州府樂安縣	《弘治五年壬子科江西鄉試錄》載:「鄒暘,樂安縣儒士」(寧波出版社 2010 年影印本,第 25 頁)。
王瑢	江西吉安府安福縣	《弘治五年壬子科江西鄉試錄》載:「王瑢,樂安縣儒士」(寧波出版社 2010 年影印本,第 25 頁)。
黎貞	江西吉安府吉水縣	《弘治五年壬子科江西鄉試錄》載:「黎貞,吉水縣儒士」(寧出版社 2010 年影印本,第 26 頁)。

	胡鎮	江西瑞州府高安縣	《弘治五年壬子科江西鄉試錄》載：「胡鎮，高安縣儒士」（寧波出版社 2010 年影印本，第 27 頁）。
弘治八年乙卯	都穆	直隸蘇州府吳縣	都穆為弘治十二年進士，《弘治十二年會試錄》載：「第一百九十名，都穆，直隸吳縣儒士」（寧波出版社 2007 年影印本，第 24 頁）；《江南通志》卷 127《選舉志·舉人三》載都穆為弘治八年乙卯科舉人（《景印文淵閣四庫全書》第 510 冊，第 746 頁）。綜上，都穆中弘治八年舉人，後中弘治十二年進士。因其中進士身份為儒士，可知其會試下第後，並未按制入國子監，中舉身份應與殿試中式身份一致，故其中舉身份也應為儒士。
	徐昂	直隸揚州府泰興縣	《弘治九年進士登科錄》載：「徐昂，貫直隸揚州府泰興縣，民籍，儒士」（《明代登科錄彙編》第 4 冊，第 1995 頁）；《江南通志》卷 127《選舉志·舉人三》載徐昂為弘治八年乙卯科舉人（《景印文淵閣四庫全書》第 510 冊，第 746 頁）。可知，徐昂中弘治八年舉人，繼中弘治九年進士，為鄉、會、殿試連捷者，其中式身份應無變化。因其中進士身份為儒士，則其中舉身份也應為儒士。
	王尚絅	河南南陽府汝州郟縣	《國朝河南舉人名錄·第三冊》載：「王尚絅，郟縣儒士」（寧波出版社 2010 年影印本，第 39 頁）。
	桑價	安東中護衛	《弘治八年乙卯科陝西鄉試錄》載：「桑價，安東中護衛儒士」（寧波出版社 2010 年影印本，第 2 頁）。
	黃元和	福建興化府莆田縣	《弘治八年乙卯科福建鄉試錄》載：「黃元和，莆田縣儒士」（寧波出版社 2010 年影印本，第 17 頁）。
	林城	福建泉州府晉江縣	《弘治八年乙卯科福建鄉試錄》載：「林城，晉江縣儒士」（寧波出版社 2010 年影印本，第 17 頁）。
	朱子宣	福建興化府莆田縣	《弘治八年乙卯科福建鄉試錄》載：「朱子宣，莆田縣儒士」（寧波出版社 2010 年影印本，第 18 頁）。
	李純	福建興化府莆田縣	《弘治八年乙卯科福建鄉試錄》載：「李純，莆田縣儒士」（寧波出版社 2010 年影印本，第 19 頁）。
	丁廷舉	福建福州府懷安縣	《弘治八年乙卯科福建鄉試錄》載：「丁廷舉，懷安縣儒士」（寧波出版社 2010 年影印本，第 20 頁）。
	陳世高	福建福州府閩縣	《弘治八年乙卯科福建鄉試錄》載：「丁廷舉，懷安縣儒士」（寧波出版社 2010 年影印本，第 20 頁）。
	游昂	福建興化府莆田縣	《弘治八年乙卯科福建鄉試錄》載：「游昂，莆田縣儒士」（寧波出版社 2010 年影印本，第 20 頁）。

吳中孚	福建興化府莆田縣	《弘治八年福建鄉試錄》載：「吳中孚，莆田縣儒士」（寧波出版社 2010 年影印本，第 21 頁）。
朱斌	福建興化府莆田縣	《弘治八年福建鄉試錄》載：「朱斌，莆田縣儒士」（寧波出版社 2010 年影印本，第 21 頁）。
陳汝玉	福建興化府莆田縣	《弘治八年福建鄉試錄》載：「陳汝玉，莆田縣儒士」（寧波出版社 2010 年影印本，第 22 頁）。
馮安	浙江寧波府慈谿縣	《浙江通志》卷 137《選舉十五・明舉人》載馮安為弘治八年舉人，「慈谿儒士」（《景印文淵閣四庫全書》第 522 冊，第 563 頁）。
金達	浙江寧波府鄞縣	《浙江通志》卷 137《選舉十五・明舉人》載金達為弘治八年舉人，「鄞縣儒士」（《景印文淵閣四庫全書》第 522 冊，第 563 頁）。
倪宗正	浙江紹興府餘姚縣	《浙江通志》卷 137《選舉十五・明舉人》載倪宗正為弘治八年舉人，「餘姚儒士」（《景印文淵閣四庫全書》第 522 冊，第 563 頁）。
朱佐	浙江寧波府鄞縣	《浙江通志》卷 137《選舉十五・明舉人》載朱佐為弘治八年舉人，「鄞縣儒士」（《景印文淵閣四庫全書》第 522 冊，第 564 頁）。
查約	浙江杭州府海寧縣	《浙江通志》卷 137《選舉十五・明舉人》載查約為弘治八年舉人，「海寧縣儒士」（《景印文淵閣四庫全書》第 522 冊，第 564 頁）。
鄭麒	浙江寧波府慈谿縣	《浙江通志》卷 137《選舉十五・明舉人》載鄭麒為弘治八年舉人，「慈谿縣儒士」（《景印文淵閣四庫全書》第 522 冊，第 564 頁）。
張時孜	浙江寧波府鄞縣	《浙江通志》卷 137《選舉十五・明舉人》載張時孜為弘治八年舉人，「鄞縣儒士」（《景印文淵閣四庫全書》第 522 冊，第 564 頁）。
趙本	浙江台州府黃岩縣	《浙江通志》卷 137《選舉十五・明舉人》載趙本為弘治八年舉人，「黃岩儒士」（《景印文淵閣四庫全書》第 522 冊，第 564 頁）。
戴鰲	浙江寧波府鄞縣	《浙江通志》卷 137《選舉十五・明舉人》載戴鰲為弘治八年舉人，「鄞縣儒士」（《景印文淵閣四庫全書》第 522 冊，第 564 頁）。
王汝南	浙江寧波府慈谿縣	《浙江通志》卷 137《選舉十五・明舉人》載王汝南為弘治八年舉人，「慈谿儒士」（《景印文淵閣四庫全書》第 522 冊，第 564 頁）。
沈應經	浙江紹興府餘姚縣	《浙江通志》卷 137《選舉十五・明舉人》載沈應經為弘治八年舉人，「餘姚儒士」（《景印文淵閣四庫全書》第 522 冊，第 564 頁）。

孫祚	浙江寧波府慈谿縣	《浙江通志》卷137《選舉十五‧明舉人》載孫祚為弘治八年舉人,「慈谿儒士」(《景印文淵閣四庫全書》第522冊,第564頁)。
羅欽忠	江西吉安府泰和縣	《弘治十二年進士登科錄》載:「羅欽忠,貫江西吉安府泰和縣軍籍,儒士」(上海圖書館藏明弘治刻本);《江西通志》卷53《選舉五‧明》載羅欽忠為弘治八年乙卯科舉人(《景印文淵閣四庫全書》第514冊,第750頁)。綜上,羅欽忠中弘治八年舉人,後中弘治十二年進士。因其中進士身份為儒士,可知其會試下第後,並未按制入國子監,中舉身份應與殿試中式身份一致,故其中舉身份也應為儒士。
羅欽德	江西吉安府泰和縣	《弘治十二年進士登科錄》載:「羅欽德,貫江西吉安府泰和縣軍籍,儒士」(上海圖書館藏明弘治刻本);《江西通志》卷53《選舉五‧明》載羅欽德為弘治八年乙卯科舉人(《景印文淵閣四庫全書》第514冊,第750頁)。綜上,羅欽德中弘治八年舉人,後中弘治十二年進士。因其中進士身份為儒士,可知其會試下第後,並未按制入國子監,中舉身份應與殿試中式身份一致,故其中舉身份也應為儒士。
趙汝弼	廣東廣州府新會縣	《弘治八年乙卯科廣東鄉試錄》載:「趙汝弼,新會縣儒士」(寧波出版社2010年影印本,第16頁)。
梁廷貴	廣東廣州府南海縣	《弘治八年乙卯科廣東鄉試錄》載:「梁廷貴,南海縣儒士」(寧波出版社2010年影印本,第16頁)。
岑恒	廣東廣州府順德縣	《弘治八年乙卯科廣東鄉試錄》載:「岑恒,順德縣儒士」(寧波出版社2010年影印本,第16頁)。
林元	廣東廣州府增城縣	《弘治八年乙卯科廣東鄉試錄》載:「林元,增城縣儒士」(寧波出版社2010年影印本,第16頁)。
黃袞	廣東廣州府順德縣	《弘治八年乙卯科廣東鄉試錄》載:「黃袞,順德縣儒士」(寧波出版社2010年影印本,第17頁)。
甘永泰	廣東瓊州府瓊山縣	《弘治八年乙卯科廣東鄉試錄》載:「甘永泰,瓊山縣儒士」(寧波出版社2010年影印本,第17頁)。
鍾湜	廣東廣州府南海縣	《弘治八年乙卯科廣東鄉試錄》載:「鍾湜,南海縣儒士」(寧波出版社2010年影印本,第19頁)。
駱士弘	廣東廣州府南海縣	《弘治八年乙卯科廣東鄉試錄》載:「駱士弘,南海縣儒士」(寧波出版社2010年影印本,第19頁)。
陳越	廣東廣州府東莞縣	《弘治八年乙卯科廣東鄉試錄》載:「陳越,東莞縣儒士」(寧波出版社2010年影印本,第19頁)。

	江玠	四川重慶府巴縣	《弘治十二年進士登科錄》載：「江玠，貫四川重慶府巴縣民籍，儒士」（上海圖書館藏明弘治刻本）；乾隆《巴縣志》卷七《選舉志‧舉人》載江玠為弘治八年乙卯科舉人（嘉慶二十五年刻本）。綜上，江玠中弘治八年舉人，後中弘治十二年進士。因其中進士身份為儒士，可知其會試下第後，並未按制入國子監，中舉身份應與殿試中式身份一致，故其中舉身份也應為儒士。
弘治十一年戊午	胡鐸	浙江紹興府餘姚縣	《浙江通志》卷 137《選舉十五‧明舉人》載胡鐸為弘治十一年戊午科舉人，「餘姚儒士」（《景印文淵閣四庫全書》第 522 冊，第 564 頁）。
	陸棟	浙江紹興府餘姚縣	《浙江通志》卷 137《選舉十五‧明舉人》載陸棟為弘治十一年舉人，「餘姚儒士」（《景印文淵閣四庫全書》第 522 冊，第 565 頁）。
	孫樟	浙江寧波府鄞縣	《浙江通志》卷 137《選舉十五‧明舉人》載孫樟為弘治十一年舉人，「鄞縣儒士」（《景印文淵閣四庫全書》第 522 冊，第 565 頁）。
	朱凱	浙江寧波府鄞縣	《浙江通志》卷 137《選舉十五‧明舉人》載朱凱為弘治十一年舉人，「鄞縣儒士」（《景印文淵閣四庫全書》第 522 冊，第 565 頁）。
	吳惠	浙江寧波府鄞縣	《浙江通志》卷 137《選舉十五‧明舉人》載吳惠為弘治十一年舉人，「鄞縣儒士」（《景印文淵閣四庫全書》第 522 冊，第 565 頁）。
	周礽	浙江紹興府山陰縣	《浙江通志》卷 137《選舉十五‧明舉人》載周礽為弘治十一年舉人，「山陰儒士」（《景印文淵閣四庫全書》第 522 冊，第 565 頁）。
	馮本澄	浙江寧波府慈谿縣	《浙江通志》卷 137《選舉十五‧明舉人》載馮本澄為弘治十一年舉人，「慈谿儒士」（《景印文淵閣四庫全書》第 522 冊，第 565 頁）。
	葉信	浙江紹興府上虞縣	《浙江通志》卷 137《選舉十五‧明舉人》載葉信為弘治十一年舉人，「上虞儒士」（《景印文淵閣四庫全書》第 522 冊，第 565 頁）。
	劉芳	浙江紹興府新昌縣	《浙江通志》卷 137《選舉十五‧明舉人》載劉芳為弘治十一年舉人，「新昌儒士」（《景印文淵閣四庫全書》第 522 冊，第 565 頁）。
	謝迪	浙江紹興府餘姚縣	《浙江通志》卷 137《選舉十五‧明舉人》載謝迪為弘治十一年舉人，「餘姚儒士」（《景印文淵閣四庫全書》第 522 冊，第 565 頁）。

羅縉	浙江寧波府慈谿縣	《浙江通志》卷 137《選舉十五・明舉人》載羅縉為弘治十一年舉人，「慈谿儒士」（《景印文淵閣四庫全書》第 522 冊，第 565 頁）。
鄒選	浙江紹興府餘姚縣	《浙江通志》卷 137《選舉十五・明舉人》載鄒選為弘治十一年舉人，「餘姚儒士」（《景印文淵閣四庫全書》第 522 冊，第 565 頁）。
朱秩	浙江紹興府山陰縣	《浙江通志》卷 137《選舉十五・明舉人》載朱秩為弘治十一年舉人，「山陰儒士」（《景印文淵閣四庫全書》第 522 冊，第 565 頁）。
陸大績	浙江紹興府上虞縣	《浙江通志》卷 137《選舉十五・明舉人》載陸大績為弘治十一年舉人，「上虞儒士」（《景印文淵閣四庫全書》第 522 冊，第 565 頁）。
毛公毅	浙江紹興府蕭山縣	《浙江通志》卷 137《選舉十五・明舉人》載毛公毅為弘治十一年舉人，「蕭山儒士」（《景印文淵閣四庫全書》第 522 冊，第 566 頁）。
馮志	浙江寧波府慈谿縣	《浙江通志》卷 137《選舉十五・明舉人》載馮志為弘治十一年舉人，「慈谿儒士」（《景印文淵閣四庫全書》第 522 冊，第 566 頁）。
張琦	浙江寧波府鄞縣	《浙江通志》卷 137《選舉十五・明舉人》載張琦為弘治十一年舉人，「鄞縣儒士」（《景印文淵閣四庫全書》第 522 冊，第 566 頁）。
方師禹	福建福州府莆田縣	《弘治十一年福建鄉試錄》載：「方師禹，莆田縣儒士」（寧波出版社 2010 年影印本，第 16 頁）。
林烶	福建福州府閩縣	《弘治十一年福建鄉試錄》載：「林烶，閩縣儒士」（寧波出版社 2010 年影印本，第 16 頁）。
阮仲義	福建福州府閩縣	《弘治十一年福建鄉試錄》載：「阮仲義，閩縣儒士」（寧波出版社 2010 年影印本，第 17 頁）。
黃瑀	福建興化府莆田縣	《弘治十一年福建鄉試錄》載：「黃瑀，莆田縣儒士」（寧波出版社 2010 年影印本，第 17 頁）。
蔡存畏	福建泉州府晉江縣	《弘治十一年福建鄉試錄》載：「蔡存畏，晉江縣儒士」（寧波出版社 2010 年影印本，第 17 頁）。
林公正	福建興化府莆田縣	《弘治十一年福建鄉試錄》載：「林公正，莆田縣儒士」（寧波出版社 2010 年影印本，第 18 頁）。
林琨	福建興化府莆田縣	《弘治十一年福建鄉試錄》載：「林琨，莆田縣儒士」（寧波出版社 2010 年影印本，第 18 頁）。
朱文昌	福建福州府閩縣	《弘治十一年福建鄉試錄》載：「朱文昌，閩縣儒士」（寧波出版社 2010 年影印本，第 18 頁）。

余朝	福建興化府莆田縣	《弘治十一年福建鄉試錄》載：「余朝，莆田縣儒士」（寧波出版社 2010 年影印本，第 18 頁）。
方宜賢	福建興化府莆田縣	《弘治十一年福建鄉試錄》載：「方宜賢，莆田縣儒士」（寧波出版社 2010 年影印本，第 18 頁）。
周濂	福建興化府莆田縣	《弘治十一年福建鄉試錄》載：「周濂，莆田縣儒士」（寧波出版社 2010 年影印本，第 18 頁）。
陳餘馨	福建興化府莆田縣	《弘治十一年福建鄉試錄》載：「陳餘馨，莆田縣儒士」（寧波出版社 2010 年影印本，第 20 頁）。
陳碩	福建泉州府晉江縣	《弘治十一年福建鄉試錄》載：「陳碩，晉江縣儒士」（寧波出版社 2010 年影印本，第 20 頁）。
陳球	福建福州府長樂縣	《弘治十一年福建鄉試錄》載：「陳球，長樂縣儒士」（寧波出版社 2010 年影印本，第 20 頁）。
留志淑	福建泉州府晉江縣	《弘治十一年福建鄉試錄》載：「留志淑，晉江縣儒士」（寧波出版社 2010 年影印本，第 20 頁）。
張居仁	直隸保定府蠡縣	《弘治十一年順天府鄉試錄》載：「張居仁，蠡縣儒士」（寧波出版社 2010 年影印本，第 16 頁）。
徐明	順天府大興縣	《弘治十一年順天府鄉試錄》載：「徐明，大興縣儒士」（寧波出版社 2010 年影印本，第 17 頁）。
王弼	順天府大興縣	《弘治十一年順天府鄉試錄》載：「王弼，大興縣儒士」（寧波出版社 2010 年影印本，第 18 頁）。
張騰漢	順天府通州	《弘治十一年順天府鄉試錄》載：「張騰漢，通州儒士」（寧波出版社 2010 年影印本，第 19 頁）。
李際可	直隸河間府景州故城縣	《弘治十一年順天府鄉試錄》載：「李際可，故城縣儒士」（寧波出版社 2010 年影印本，第 19 頁）。
王宗	騰驤左衛	《弘治十一年順天府鄉試錄》載：「王宗，騰驤左衛儒士」（寧波出版社 2010 年影印本，第 20 頁）。
李璞	龍江右衛	《唐伯虎先生集外編續刻》卷 12《戊午鄉試題名錄》載：「李璞，龍江右衛籍儒士」（《續修四庫全書》集部第 1335 冊，第 62 頁）。
朱應登	直隸揚州府高郵州寶應縣	《唐伯虎先生集外編續刻》卷 12《戊午鄉試題名錄》載：「朱應登，寶應縣儒士」（《續修四庫全書》集部第 1335 冊，第 62 頁）。
王本	應天府江寧縣	《唐伯虎先生集外編續刻》卷 12《戊午鄉試題名錄》載：「王本，江寧縣儒士」（《續修四庫全書》集部第 1335 冊，第 62 頁）。
許文顯	應天府江寧縣	《唐伯虎先生集外編續刻》卷 12《戊午鄉試題名錄》載：「許文顯，江寧縣儒士」（《續修四庫全書》集部第 1335 冊，第 63 頁）。

	易蓁	南京錦衣衛	《唐伯虎先生集外編續刻》卷 12《戊午鄉試題名錄》載：「許文顯，江寧縣儒士」(《續修四庫全書》集部第 1335 冊，第 63 頁)。
	周致	牧馬千戶所	《弘治十一年順天府鄉試錄》載周致為該科第十一名舉人（寧波出版社 2010 年影印本，第 14 頁）；《弘治十二年進士登科錄》載：「周致，貫牧馬千戶所籍，儒士」(上海圖書館藏明弘治刻本)。可知，周致中弘治十一年舉人，繼中弘治十二年進士，為鄉、會、殿試連捷者，其中式身份應無變化。因其中進士身份為儒士，則其中舉身份也應為儒士。
	何景明	河南汝寧府信陽州	《國朝河南舉人名錄・第三冊》載：「何景明，信陽州儒士」(寧波出版社 2010 年影印本，第 41 頁)。
	朱廷聲	江西南昌府進賢縣	《弘治十二年進士登科錄》載：「朱廷聲，貫江西南昌府進賢縣民籍，儒士」(上海圖書館藏明弘治刻本)；《江西通志》卷 53《選舉五・明》載其為弘治十一年乙卯科舉人（《景印文淵閣四庫全書》第 514 冊，第 751 頁）。可知，朱廷聲中弘治十一年舉人，繼中弘治十二年進士，為鄉、會、殿試連捷者，其中式身份應無變化。因其中進士身份為儒士，則其中舉身份也應為儒士。
	黃鉞	湖廣荊州府石首縣	《弘治十一年湖廣鄉試錄》載：「黃鉞，石首縣儒士」(寧波出版社 2010 年影印本，第 17 頁)。
	李文欽	湖廣黃州府麻城縣	《弘治十一年湖廣鄉試錄》載：「李文欽，麻城縣儒士」(寧波出版社 2010 年影印本，第 17 頁)。
	王濟	湖廣黃州府黃岡縣	《弘治十一年湖廣鄉試錄》載：「王濟，黃岡縣儒士」(寧波出版社 2010 年影印本，第 18 頁)。
	劉天和	湖廣黃州府麻城縣	《弘治十一年湖廣鄉試錄》載：「劉天和，麻城縣儒士」(寧波出版社 2010 年影印本，第 18 頁)。
	劉漢	湖廣黃州府麻城縣	《弘治十一年湖廣鄉試錄》載：「劉漢，麻城縣儒士」(寧波出版社 2010 年影印本，第 19 頁)。
	陳文	湖廣黃州府麻城縣	《弘治十一年湖廣鄉試錄》載：「陳文，麻城縣儒士」(寧波出版社 2010 年影印本，第 19 頁)。
	邢寰	湖廣黃州府黃梅縣	《弘治十一年湖廣鄉試錄》載：「邢寰，黃梅縣儒士」(寧波出版社 2010 年影印本，第 21 頁)。
弘治十四年辛酉	叚豸	錦衣衛，山西澤州人	《弘治十四年順天府鄉試錄》載叚豸為該科第十五名舉人（寧波出版社 2010 年影印本，第 15 頁）；《弘治十五年進士登科錄》載：「叚豸，貫錦衣衛，軍籍，山西澤州人，儒士」(寧波出版社 2006 年影印本，第 35 頁)。可知，叚豸中弘治十四年舉人，

		繼中弘治十五年進士，為鄉、會、殿試連捷者，其中式身份應無變化。因其中進士身份為儒士，則其中舉身份也應為儒士。
賀洪	旗手衛，浙江慈谿縣人	《弘治十四年順天府鄉試錄》載賀洪為該科第二十八名舉人（寧波出版社 2010 年影印本，第 5 頁）；《弘治十五年進士登科錄》載：「賀洪，貫旗手衛籍，浙江慈谿縣人，儒士」（寧波出版社 2006 年影印本，第 53 頁）。可知，賀洪中弘治十四年舉人，繼中弘治十五年進士，為鄉、會、殿試連捷者，其中式身份應無變化。因其中進士身份為儒士，則其中舉身份也應為儒士。
李升	順天府宛平縣	《弘治十四年順天府鄉試錄》載：「李升，宛平縣儒士」（寧波出版社 2010 年影印本，第 18 頁）。
徐麟	錦衣衛	《弘治十四年順天府鄉試錄》載徐麟為該科第八十七名舉人（寧波出版社 2010 年影印本，第 19 頁）；《弘治十五年進士登科錄》載：「徐麟，貫錦衣衛，軍籍，浙江龍游縣人，儒士」（寧波出版社 2006 年影印本，第 17 頁）。可知，徐麟中弘治十四年舉人，繼中弘治十五年進士，為鄉、會、殿試連捷者，其中式身份應無變化。因其中進士身份為儒士，則其中舉身份也應為儒士。
徐謹	順天府宛平縣	《弘治十四年順天府鄉試錄》載：「徐謹，宛平縣儒士」（寧波出版社 2010 年影印本，第 22 頁）。
潘鑑	直隸徽州府婺源縣	《弘治十四年應天府鄉試錄》載：「潘鑑，婺源縣儒士」（《明代登科錄彙編》第 4 冊，第 2071 頁）。
董懌	直隸松江府上海縣	《弘治十四年應天府鄉試錄》載：「董懌，上海縣儒士」（《明代登科錄彙編》第 4 冊，第 2072 頁）。
冒良	直隸揚州府泰州	《弘治十四年應天府鄉試錄》載：「冒良，泰州儒士」（《明代登科錄彙編》第 4 冊，第 2072 頁）。
劉弼	南京錦衣衛，陝西華陰縣人	《弘治十四年應天府鄉試錄》載劉弼為該科第七十七名舉人（寧波出版社 2010 年影印本，第 2073 頁）；《弘治十五年進士登科錄》載：「劉弼，貫南京錦衣衛，軍籍，陝西華陰縣人，儒士」（寧波出版社 2006 年影印本，第 36 頁）。可知，劉弼中弘治十四年舉人，繼中弘治十五年進士，為鄉、會、殿試連捷者，其中式身份應無變化。因其中進士身份為儒士，則其中舉身份也應為儒士。
金緯	直隸蘇州府太倉州	《弘治十四年應天府鄉試錄》載：「金緯，太倉州儒士」（寧波出版社 2010 年影印本，第 2076 頁）。

邊永寧	直隸常州府無錫縣	《弘治十四年應天府鄉試錄》載:「邊永寧,無錫縣儒士」(寧波出版社 2010 年影印本,第 2080 頁)。
楊淳	陝西西安府臨潼縣	《國朝獻徵錄》卷 98《四川左布政使楊公淳墓誌銘》載:「(楊淳)以儒士中弘治辛酉鄉試」(《續修四庫全書》史部第 530 冊,第 513 頁)。
張燮	福建福州府閩縣	《弘治十四年福建鄉試錄》載:「張燮,閩縣儒士」(寧波出版社 2010 年影印本,第 15 頁)。
戴大賓	福建興化府莆田縣	《弘治十四年福建鄉試錄》載:「戴大賓,莆田縣儒士」(寧波出版社 2010 年影印本,第 15 頁)。
黃鞏	福建興化府莆田縣	《弘治十四年福建鄉試錄》載:「黃鞏,莆田縣儒士」(寧波出版社 2010 年影印本,第 15 頁)。
林輅	福建泉州府晉江縣	《弘治十四年福建鄉試錄》載:「林輅,晉江縣儒士」(寧波出版社 2010 年影印本,第 15 頁)。
許效濂	福建興化府莆田縣	《弘治十四年福建鄉試錄》載:「許效濂,莆田縣儒士」(寧波出版社 2010 年影印本,第 17 頁)。
吳聰	福建泉州府晉江縣	《弘治十四年福建鄉試錄》載:「吳聰,晉江縣儒士」(寧波出版社 2010 年影印本,第 18 頁)。
彭大治	福建興化府莆田縣	《弘治十四年福建鄉試錄》載:「彭大治,莆田縣儒士」(寧波出版社 2010 年影印本,第 18 頁)。
張顒	福建泉州府晉江縣	《弘治十四年福建鄉試錄》載:「張顒,晉江縣儒士」(寧波出版社 2010 年影印本,第 18 頁)。
趙神甫	福建興化府莆田縣	《弘治十四年福建鄉試錄》載:「趙神甫,莆田縣儒士」(寧波出版社 2010 年影印本,第 19 頁)。
胡軒	浙江紹興府餘姚縣	《浙江通志》卷 137《選舉十五·明舉人》載胡軒偉弘治十四年舉人,「餘姚儒士」(《景印文淵閣四庫全書》第 522 冊,第 567 頁)。
胡東皋	浙江紹興府餘姚縣	《浙江通志》卷 137《選舉十五·明舉人》載胡東皋為弘治十四年舉人,「餘姚儒士」(《景印文淵閣四庫全書》第 522 冊,第 567 頁)。
張文澀	浙江紹興府上虞縣	《浙江通志》卷 137《選舉十五·明舉人》載張文澀為弘治十四年舉人,「上虞儒士」(《景印文淵閣四庫全書》第 522 冊,第 567 頁)。
張譽	浙江紹興府餘姚縣	《浙江通志》卷 137《選舉十五·明舉人》載張譽為弘治十四年舉人,「餘姚儒士」(《景印文淵閣四庫全書》第 522 冊,第 567 頁)。
周旋	浙江杭州府餘杭縣	《浙江通志》卷 137《選舉十五·明舉人》載周旋為弘治十四年舉人,「餘杭儒士」(《景印文淵閣四庫全書》第 522 冊,第 567 頁)。

	鄔尚綱	浙江寧波府慈谿縣	《浙江通志》卷 137《選舉十五‧明舉人》載鄔尚綱為弘治十四年舉人,「慈谿儒士」(《景印文淵閣四庫全書》第 522 冊,第 567 頁)。
	朱鳳	雲南大理府賓川州	《弘治十四年雲貴鄉試錄》載:「朱鳳,賓川州儒士」(寧波出版社 2010 年影印本,第 15 頁)。
	王文宿	雲南左衛	《弘治十四年雲貴鄉試錄》載:「王文宿,雲南左衛儒士」(寧波出版社 2010 年影印本,第 15 頁)。
	吳皋	貴州衛	《弘治十四年雲貴鄉試錄》載:「吳皋,貴州衛儒士」(寧波出版社 2010 年影印本,第 16 頁)。
	張欽	江西南昌府南昌縣	《弘治十四年江西鄉試錄》載:「張欽,南昌縣儒士」(寧波出版社 2010 年影印本,第 24 頁)。
	蕭韶	江西吉安府泰和縣	《弘治十四年江西鄉試錄》載:「蕭韶,泰和縣儒士」(寧波出版社 2010 年影印本,第 25 頁)。
	涂敬	江西南昌府豐城縣	《弘治十四年江西鄉試錄》載:「涂敬,豐城縣儒士」(寧波出版社 2010 年影印本,第 25 頁)。
	陳禧	江西瑞州府高安縣	《弘治十四年江西鄉試錄》載:「陳禧,高安縣儒士」(寧波出版社 2010 年影印本,第 25 頁)。
弘治十七年甲子	滕遠	濟陽衛,福建建寧府建安縣人	《弘治十八年進士登科錄》載:「滕遠,貫濟陽衛軍籍,福建建安縣人,儒士」(《明代登科錄彙編》第 5 冊,第 2514 頁);康熙《建安縣志》卷五《選舉志‧鄉舉》載滕遠為弘治十七年舉人(康熙五十二年刻本)。可知,滕遠中弘治十七年舉人,繼中弘治十八年進士,為鄉、會、殿試連捷者,其中式身份應無變化。因其中進士身份為儒士,則其中舉身份也應為儒士。
	沈環	應天府上元縣	《弘治十八年進士登科錄》載:「沈環,貫應天府上元縣,匠籍,直隸蘇州府長洲縣人,儒士」(《明代登科錄彙編》第 5 冊,第 2437 頁);《江南通志》卷 127《選舉志‧舉人三》載沈環為弘治十七年甲子科舉人(《景印文淵閣四庫全書》第 510 冊,第 752 頁。)可知,沈環中弘治十七年舉人,繼中弘治十八年進士,為鄉、會、殿試連捷者,其中式身份應無變化。因其中進士身份為儒士,則其中舉身份也應為儒士。
	王韋	南京錦衣衛籍,應天府江浦縣人	《弘治十八年進士登科錄》載:「王韋,貫南京錦衣衛籍,應天府江浦縣人,儒士」;(《明代登科錄彙編》第 5 冊,第 2514 頁);萬曆《江浦縣志》卷三《選舉志》載王韋中弘治十七年舉人(萬曆七年刻本)。可知,王韋中弘治十七年舉人,繼中弘治十八年進士,為鄉、會、殿試連捷者,其中式身份

		應無變化。因其中進士身份為儒士，則其中舉身份也應為儒士。
林馨	福建福州府莆田縣	《福建通志》37《選舉五・明舉人上》載林馨為弘治十七年舉人，「儒士中式」（《景印文淵閣四庫全書》第 529 冊，第 208 頁）。
黃潛	福建福州府莆田縣	《福建通志》37《選舉五・明舉人上》載黃潛為弘治十七年舉人，「儒士中式」（《景印文淵閣四庫全書》第 529 冊，第 208 頁）。
張慶	福建福州府莆田縣	《福建通志》37《選舉五・明舉人上》載張慶為弘治十七年舉人，「儒士中式」（《景印文淵閣四庫全書》第 529 冊，第 208 頁）。
葉珩	福建福州府莆田縣	《福建通志》37《選舉五・明舉人上》載葉珩為弘治十七年舉人，「儒士中式」（《景印文淵閣四庫全書》第 529 冊，第 208 頁）。
葉寬	福建泉州衛，江西南城縣人〔註1〕	《福建通志》37《選舉五・明舉人上》載葉寬為弘治十七年舉人，「儒士中式」（《景印文淵閣四庫全書》第 529 冊，第 208 頁）。
陳常道	福建泉州府晉江縣	《福建通志》37《選舉五・明舉人上》載陳常道為弘治十七年舉人，「儒士中式」（《景印文淵閣四庫全書》第 529 冊，第 208 頁）。
李深	福建泉州府晉江縣	《福建通志》37《選舉五・明舉人上》載李深為弘治十七年舉人，「儒士中式」（《景印文淵閣四庫全書》第 529 冊，第 208 頁）。
沈德章	浙江紹興府餘姚縣	《浙江通志》卷137《選舉十五・明舉人》載沈德章為弘治十七年舉人，「餘姚儒士」（《景印文淵閣四庫全書》第 522 冊，第 568 頁）。
顧蘭	浙江紹興府餘姚縣	《浙江通志》卷137《選舉十五・明舉人》載顧蘭為弘治十七年舉人，「餘姚儒士」（《景印文淵閣四庫全書》第 522 冊，第 568 頁）。
陸選	浙江紹興府餘姚縣	《浙江通志》卷137《選舉十五・明舉人》載陸選為弘治十七年舉人，「餘姚儒士」（《景印文淵閣四庫全書》第 522 冊，第 568 頁）。
胡文靜	浙江紹興府山陰縣	《浙江通志》卷137《選舉十五・明舉人》載胡文靜為弘治十七年舉人，「山陰儒士」（《景印文淵閣四庫全書》第 522 冊，第 568 頁）。

〔註 1〕《國朝進士題名碑錄初集》附明代歷科題名碑錄，《北京圖書館古籍珍本叢刊》第 116 冊，北京：書目文獻出版社，1998 年，第 703 頁。

	姚壽	浙江紹興府山陰縣	《浙江通志》卷137《選舉十五‧明舉人》載姚壽為弘治十七年舉人,「山陰儒士」(《景印文淵閣四庫全書》第522冊,第569頁)。
	張福	浙江寧波府慈谿縣	《浙江通志》卷137《選舉十五‧明舉人》載張福為弘治十七年舉人,「慈谿儒士」(《景印文淵閣四庫全書》第522冊,第569頁)。
	陳守卿	浙江紹興府餘姚縣	《浙江通志》卷137《選舉十五‧明舉人》載陳守卿為弘治十七年舉人,「餘姚儒士」(《景印文淵閣四庫全書》第522冊,第569頁)。
	夏濬	浙江紹興府餘姚縣	《浙江通志》卷137《選舉十五‧明舉人》載夏濬為弘治十七年舉人,「餘姚儒士」(《景印文淵閣四庫全書》第522冊,第569頁)。
	周瀾	浙江紹興府餘姚縣	《浙江通志》卷137《選舉十五‧明舉人》周瀾為弘治十七年舉人,「餘姚儒士」(《景印文淵閣四庫全書》第522冊,第569頁)。
	俞良貴	浙江紹興府餘姚縣	《浙江通志》卷137《選舉十五‧明舉人》俞良貴為弘治十七年舉人,「餘姚儒士」(《景印文淵閣四庫全書》第522冊,第569頁)。
	吳天祐	浙江杭州府仁和縣	《浙江通志》卷137《選舉十五‧明舉人》吳天祐為弘治十七年舉人,「仁和儒士」(《景印文淵閣四庫全書》第522冊,第569頁)。
正德二年丁卯	黃壂	福建福州府閩縣	《福建通志》37《選舉五‧明舉人上》載黃壂為正德二年舉人,「儒士中式」(《景印文淵閣四庫全書》第529冊,第208頁)。
	陳朝贄	福建興化府莆田縣	《福建通志》37《選舉五‧明舉人上》載陳朝贄為正德二年舉人,「儒士中式」(《景印文淵閣四庫全書》第529冊,第209頁)。
	錢際時	順天府通州	《正德二年順天府鄉試錄》載:「錢際時,順天府通州儒士」(寧波出版社2010年影印本,第14頁)。
	孫育	錦衣衛	《正德二年順天府鄉試錄》載:「孫育,錦衣衛儒士」(寧波出版社2010年影印本,第14頁)。
	李汝欽	錦衣衛	《正德二年順天府鄉試錄》載:「李汝欽,錦衣衛儒士」(寧波出版社2010年影印本,第15頁)。
	劉洋	錦衣衛	《正德二年順天府鄉試錄》載:「劉洋,錦衣衛儒士」(寧波出版社2010年影印本,第16頁)。
	徐翼	太醫院	《正德二年順天府鄉試錄》載:「徐翼,太醫院儒士」(寧波出版社2010年影印本,第17頁)。

王鑄	順天府宛平縣	《正德二年順天府鄉試錄》載:「王鑄,順天府宛平縣儒士」(寧波出版社 2010 年影印本,第 17 頁)。
周文	金吾左衛	《正德二年順天府鄉試錄》載:「周文,金吾左衛儒士」(寧波出版社 2010 年影印本,第 17 頁)。
杜彰	大寧前衛	《正德二年順天府鄉試錄》載:「杜彰,大寧前衛儒士」(寧波出版社 2010 年影印本,第 18 頁)。
周瓊	錦衣衛	《正德二年順天府鄉試錄》載:「周瓊,錦衣衛儒士」(寧波出版社 2010 年影印本,第 18 頁)。
費淵	順天府大興縣	《正德二年順天府鄉試錄》載:「費淵,順天府大興縣儒士」(寧波出版社 2010 年影印本,第 19 頁)。
高璧	錦衣衛	《正德二年順天府鄉試錄》載:「高璧,錦衣衛儒士」(寧波出版社 2010 年影印本,第 21 頁)。
樊文	府軍前衛	《正德二年丁卯科順天府鄉試錄》載樊文為該科第一百十五名舉人(寧波出版社 2010 年影印本,第 20 頁);《正德三年進士登科錄》載:「樊文,貫府軍前衛軍籍,山西安邑縣人,儒士」(北京:全國圖書館文獻微縮複製中心 2010 年版,第 134 頁)。可知,樊文中正德二年舉人,繼中正德三年進士,為鄉、會、殿試連捷者,其中式身份應無變化。因其中進士身份為儒士,則其中舉身份也應為儒士。
張其協	直隸松江府華亭縣	《正德二年應天府鄉試錄》載:「張其協,華亭縣儒士」(寧波出版社 2010 年影印本,第 19 頁)。
胡文祥	直隸徽州府歙縣	《正德二年應天府鄉試錄》載:「胡文祥,歙縣儒士」(寧波出版社 2010 年影印本,第 20 頁)。
周南	羽林右衛	《正德二年應天府鄉試錄》載:「周南,羽林右衛儒士」(寧波出版社 2010 年影印本,第 20 頁)。
羅輅	應天府江寧縣	《正德二年應天府鄉試錄》載:「羅輅,江寧縣儒士」(寧波出版社 2010 年影印本,第 21 頁)。
郭鳳翔	河南開封府祥符縣	《國朝河南舉人名錄‧第三冊》載:「郭鳳翔,祥符縣儒士」(寧波出版社 2010 年影印本,第 52 頁)。
周汝勤	河南汝寧府上蔡縣	《國朝河南舉人名錄‧第三冊》載:「周汝勤,上蔡縣儒士」(寧波出版社 2010 年影印本,第 53 頁)。
蔡宗兗	浙江紹興府山陰縣	《浙江通志》卷137《選舉十五‧明舉人》載蔡宗兗為正統二年舉人,「山陰儒士」(《景印文淵閣四庫全書》第 522 冊,第 570 頁)。
陳志	浙江寧波府慈谿縣	《浙江通志》卷137《選舉十五‧明舉人》載陳志為正統二年舉人,「慈谿儒士」(《景印文淵閣四庫全書》第 522 冊,第 570 頁)。

沈教	浙江寧波府慈谿縣	《浙江通志》卷137《選舉十五·明舉人》載沈教為正統二年舉人,「慈谿儒士」(《景印文淵閣四庫全書》第522冊,第570頁)。
徐錦	浙江寧波府慈谿縣	《浙江通志》卷137《選舉十五·明舉人》載徐錦為正統二年舉人,「慈谿儒士」(《景印文淵閣四庫全書》第522冊,第570頁)。
孫邦彥	浙江紹興府餘姚縣	《浙江通志》卷137《選舉十五·明舉人》載孫邦彥為正統二年舉人,「餘姚儒士」(《景印文淵閣四庫全書》第522冊,第570頁)。
陳文筐	浙江紹興府餘姚縣	《浙江通志》卷137《選舉十五·明舉人》載陳文筐為正統二年舉人,「餘姚儒士」(《景印文淵閣四庫全書》第522冊,第570頁)。
應世榮	浙江寧波府慈谿縣	《浙江通志》卷137《選舉十五·明舉人》載應世榮為正統二年舉人,「慈谿儒士」(《景印文淵閣四庫全書》第522冊,第570頁)。
管溥	浙江紹興府餘姚縣	《浙江通志》卷137《選舉十五·明舉人》載管溥為正統二年舉人,「餘姚儒士」(《景印文淵閣四庫全書》第522冊,第570頁)。
周坤	浙江紹興府餘姚縣	《浙江通志》卷137《選舉十五·明舉人》載周坤為正統二年舉人,「餘姚儒士」(《景印文淵閣四庫全書》第522冊,第570頁)。
臧俸	浙江寧波府鄞縣	《浙江通志》卷137《選舉十五·明舉人》載臧俸為正統二年舉人,「鄞縣儒士」(《景印文淵閣四庫全書》第522冊,第570頁)。
趙珊	浙江寧波府慈谿縣	《浙江通志》卷137《選舉十五·明舉人》載趙珊為正統二年舉人,「慈谿儒士」(《景印文淵閣四庫全書》第522冊,第570頁)。
韓源	浙江寧波府慈谿縣	《浙江通志》卷137《選舉十五·明舉人》載韓源為正統二年舉人,「慈谿儒士」(《景印文淵閣四庫全書》第522冊,第570頁)。
邵德容	浙江紹興府餘姚縣	《浙江通志》卷137《選舉十五·明舉人》載邵德容為正統二年舉人,「餘姚儒士」(《景印文淵閣四庫全書》第522冊,第570頁)。
劉河	浙江寧波府奉化縣	《浙江通志》卷137《選舉十五·明舉人》載劉河為正統二年舉人,「奉化儒士」(《景印文淵閣四庫全書》第522冊,第570頁)。
王納言	廣西柳州府融縣	《正德二年廣西鄉試錄》載:「王納言,融縣儒士」(寧波出版社2010年影印本,第19頁)。

	陳邦俌	廣西桂林府全州	《正德二年廣西鄉試錄》載：「陳邦俌，全州儒士」（寧波出版社 2010 年影印本，第 21 頁）。
	鄒守益	江西吉安府安福縣	《正德二年江西鄉試錄》載：「鄒守益，安福縣儒士」（寧波出版社 2010 年影印本，第 18 頁）。
	魯才冠	江西吉安府泰和縣	《正德二年江西鄉試錄》載：「魯才冠，泰和縣儒士」（寧波出版社 2010 年影印本，第 18 頁）。
	熊浹	江西南昌府南昌縣	《正德二年江西鄉試錄》載：「熊浹，南昌縣儒士」（寧波出版社 2010 年影印本，第 19 頁）。
	羅鑄	江西南昌府南昌縣	《正德二年江西鄉試錄》載：「羅鑄，南昌縣儒士」（寧波出版社 2010 年影印本，第 19 頁）。
正德五年庚午	汪溱	直隸徽州府祁門縣	《正德五年應天府鄉試錄》載：「汪溱，祁門縣儒士」（寧波出版社 2010 年影印本，第 17 頁）。
	李葵	應天府上元縣	《正德五年應天府鄉試錄》載：「李葵，上元縣儒士」（寧波出版社 2010 年影印本，第 18 頁）。
	劉紀	南京旗手衛	《正德五年應天府鄉試錄》載：「劉紀，南京旗手衛儒士」（寧波出版社 2010 年影印本，第 20 頁）頁。
	潘錡	直隸徽州府婺源縣	《正德五年應天府鄉試錄》載：「潘錡，婺源縣儒士」（寧波出版社 2010 年影印本，第 21 頁）
	陳豫章	福建福州府長樂縣	《正德五年福建鄉試錄》載：「陳豫章，長樂縣儒士」（寧波出版社 2010 年影印本，第 15 頁）。
	林嵩	福建興化府莆田縣	《正德五年福建鄉試錄》載：「林嵩，莆田縣儒士」（寧波出版社 2010 年影印本，第 15 頁）。
	未鳴陽	福建興化府莆田縣	《正德五年福建鄉試錄》載：「未鳴陽，莆田縣儒士」（寧波出版社 2010 年影印本，第 16 頁）。
	高通	福建興化府莆田縣	《正德五年福建鄉試錄》載：「高通，莆田縣儒士」（寧波出版社 2010 年影印本，第 17 頁）。
	林繼賢	福建興化府莆田縣	《正德五年福建鄉試錄》載：「林繼賢，莆田縣儒士」（寧波出版社 2010 年影印本，第 17 頁）。
	黃偉	福建泉州府同安縣	《正德五年福建鄉試錄》載：「黃偉，同安縣儒士」（寧波出版社 2010 年影印本，第 18 頁）。
	陳琛	福建泉州府晉江縣	《正德五年福建鄉試錄》載：「陳琛，晉江縣儒士」（寧波出版社 2010 年影印本，第 19 頁）。
	洪澄	浙江杭州府錢塘縣	《浙江通志》卷 137《選舉十五·明舉人》載洪澄為正德五年舉人，「錢塘儒士」（《景印文淵閣四庫全書》第 522 冊，第 572 頁）。

趙會	浙江寧波府奉化縣	《浙江通志》卷 137《選舉十五‧明舉人》載趙會為正德五年舉人,「奉化儒士」(《景印文淵閣四庫全書》第 522 冊,第 572 頁)。
翁素	浙江寧波府慈谿縣	《浙江通志》卷 137《選舉十五‧明舉人》載翁素為正德五年舉人,「慈谿儒士」(《景印文淵閣四庫全書》第 522 冊,第 572 頁)。
孫裕	浙江寧波府鄞縣	《浙江通志》卷 137《選舉十五‧明舉人》載孫裕為正德五年舉人,「鄞縣儒士」(《景印文淵閣四庫全書》第 522 冊,第 572 頁)。
石淵之	浙江紹興府上虞縣	《浙江通志》卷 137《選舉十五‧明舉人》載石淵之為正德五年舉人,「上虞儒士」,《景印文淵閣四庫全書》第 522 冊第 573 頁。
李渾	浙江寧波府慈谿縣	《浙江通志》卷 137《選舉十五‧明舉人》載李渾為正德五年舉人,「慈谿儒士」,《景印文淵閣四庫全書》第 522 冊第 573 頁。
李義壯	廣東廣州府南海縣	《正德五年廣東鄉試錄》載:「李義壯,南海縣儒士」(寧波出版社 2010 年影印本,第 17 頁)。
鍾汪	廣東廣州府南海縣	《正德五年廣東鄉試錄》載:「鍾汪,南海縣儒士」(寧波出版社 2010 年影印本,第 17 頁)。
方景元	廣東廣州府東莞縣	《正德五年廣東鄉試錄》載:「方景元,東莞縣儒士」(寧波出版社 2010 年影印本,第 18 頁)。
辛紹佐	廣東廣州府順德縣	《正德五年廣東鄉試錄》載:「辛紹佐,順德縣儒士」(寧波出版社 2010 年影印本,第 19 頁)。
汪文盛	湖廣武昌府崇陽縣	《正德六年進士登科錄》載:「汪文盛,貫湖廣武昌府崇陽縣,軍籍,儒士……湖廣鄉試第十六名」(寧波出版社 2006 年影印本,第 51 頁);同治《崇陽縣志》卷七《選舉志‧進士》載:「汪文盛……年十八以詩領正德庚午鄉薦」(同治五年刻本)。可知,汪文盛中正德五年舉人,繼中正德六年進士,為鄉、會、殿試連捷者,其中式身份應無變化。因其中進士身份為儒士,則其中舉身份也應為儒士。
王國光	江西南昌府豐城縣	王國光為正德九年進士,《正德九年會試錄》載:「第二百五十五名王國光,江西豐城縣,儒士」(寧波出版社 2007 年影印本,第 25 頁);《江西通志》卷 54《選舉六‧明》載王國光為正德五年庚午科舉人(《景印文淵閣四庫全書》第 514 冊,第 759 頁)。綜上,王國光中正德五年舉人,後中正德九年進士。因其中進士身份為儒士,可知其會試下第後,並未按制入國子監,中舉身份應與殿試中式身份一致,故其中舉身份也應為儒士。

	王雄	錦衣衛，山東長山縣人	《正德六年進士登科錄》載：「王雄，貫錦衣衛官籍，山東長山縣人，儒士」（寧波出版社 2006 年影印本，第 48 頁）；捋諸史籍，未見載王雄中舉年份，暫時歸為正德五年庚午科舉人。因其中進士身份為儒士，中舉身份應與殿試中式身份一致，故其中舉身份也應為儒士。
正德八年癸酉	蔣承恩	通州衛	蔣承恩為正德九年進士，《正德九年會試錄》載：「第七名蔣承恩，通州衛人，儒士」（寧波出版社 2007 年影印本，第 17 頁），《畿輔通志》卷 64《舉人·明》載蔣承恩為正德八年癸酉科舉人（《景印文淵閣四庫全書》第 505 冊，第 540 頁）。可知，蔣承恩中正德八年舉人，繼中正德九年進士，為鄉、會、殿試連捷者，其中式身份應無變化。因其中進士身份為儒士，則其中舉身份也應為儒士。
	王道中	武驤右衛人	王道中為正德九年進士，《正德九年會試錄》載：「第三百三名王道中，武驤右衛人，儒士」（寧波出版社 2007 年影印本，第 33 頁），捋諸史籍，未見載王道中中舉年份，暫時歸為正德八年庚午科舉人。因其中進士身份為儒士，中舉身份應與殿試中式身份一致，故其中舉身份也應為儒士。
	徐九經	應天府江寧縣	《正德八年應天府鄉試錄》載：「徐九經，應天府江寧縣儒士」（寧波出版社 2010 年影印本，第 19 頁）。
	王宗	應天府江寧縣	《正德八年應天府鄉試錄》載：「王宗，應天府江寧縣儒士」（寧波出版社 2010 年影印本，第 22 頁）。
	李僑	應天府江寧縣	《正德八年應天府鄉試錄》載：「李僑，應天府江寧縣儒士」（寧波出版社 2010 年影印本，第 22 頁）。
	鄭蒙吉	浙江紹興府山陰縣	《正德八年浙江鄉試錄》載：「鄭蒙吉，山陰縣儒士」（寧波出版社 2010 年影印本，第 16 頁）。
	呂愛	浙江寧波府鄞縣	《正德八年浙江鄉試錄》載：「呂愛，鄞縣儒士」（寧波出版社 2010 年影印本，第 19 頁）。
	姚世儒	浙江紹興府山陰縣	《正德八年浙江鄉試錄》載：「姚世儒，山陰縣儒士」（寧波出版社 2010 年影印本，第 19 頁）。
	秦鉞	浙江寧波府慈谿縣	《正德八年浙江鄉試錄》載：「秦鉞，慈谿縣儒士」（寧波出版社 2010 年影印本，第 19 頁）。
	潘周錫	浙江紹興府上虞縣	《正德八年浙江鄉試錄》載：「潘周錫，上虞縣儒士」（寧波出版社 2010 年影印本，第 20 頁）。
	何鼇	浙江紹興府山陰縣	《正德八年浙江鄉試錄》載：「何鼇，山陰縣儒士」（寧波出版社 2010 年影印本，第 20 頁）。

	葉照	浙江寧波府慈谿縣	《正德八年浙江鄉試錄》載:「葉照,慈谿縣儒士」(寧波出版社 2010 年影印本,第 20 頁)。
	張時啟	浙江紹興府餘姚縣	《正德八年浙江鄉試錄》載:「張時啟,餘姚縣儒士」(寧波出版社 2010 年影印本,第 21 頁)。
	黃良弼	福建泉州府同安縣	《正德八年福建鄉試錄》載:「黃良弼,同安縣儒士」(寧波出版社 2010 年影印本,第 16 頁)。
	鄒思魯	福建興化府莆田縣	《正德八年福建鄉試錄》載:「鄒思魯,莆田縣儒士」(寧波出版社 2010 年影印本,第 20 頁)。
	王德溢	福建福州府連江縣	《正德八年福建鄉試錄》載:「王德溢,連江縣儒士」(寧波出版社 2010 年影印本,第 20 頁)。
	倫以訓	廣東廣州府南海縣	《正德十二年進士登科錄》第 8 頁載:「倫以訓,貫廣東廣州府南海縣,民籍,儒士」(寧波出版社 2006 年影印本,第 8 頁),《廣東通志》卷 45《人物志二‧廣州府》載:「倫以訓……正德癸酉鄉試第六人」(《景印文淵閣四庫全書》第 564 冊,第 100 頁)。綜上,倫以訓中正德八年舉人,後中正德十二年進士。因其中進士身份為儒士,可知其會試下第後,並未按制入國子監,中舉身份應與殿試中式身份一致,故其中舉身份也應為儒士。
	翟務實	廣西桂林府臨桂縣	《正德八年廣西鄉試錄》載:「翟務實,臨桂縣儒士」(寧波出版社 2010 年影印本,第 21 頁)。
	黎兌	廣西梧州府蒼梧縣	《正德八年廣西鄉試錄》載:「黎兌,蒼梧縣儒士」(寧波出版社 2010 年影印本,第 22 頁)。
	陰汝登	四川成都府內江縣	《正德八年四川鄉試錄》載:「陰汝登,內江縣儒士」(寧波出版社 2010 年影印本,第 25 頁)。
	張叔宣	四川成都府內江縣	《正德八年四川鄉試錄》載:「張叔宣,內江縣儒士」(寧波出版社 2010 年影印本,第 26 頁)。
	楊林	江西南昌府進賢縣	楊林為正德九年進士,《正德九年會試錄》載:「第三百一名楊林,江西進賢縣,儒士」(寧波出版社 2007 年影印本,第 33 頁);《江西通志》卷 54《選舉六‧明》載楊林為正德八年癸酉科舉人(《景印文淵閣四庫全書》第 514 冊,第 761 頁)。可知,楊林中正德八年舉人,繼中正德九年進士,為鄉、會、殿試連捷者,其中式身份應無變化。因其中進士身份為儒士,則其中舉身份也應為儒士。
正德十一年丙子	茹鳴金	太醫院	《正德十一年順天府鄉試錄》載:「茹鳴金,太醫院儒士」(寧波出版社 2010 年影印本,第 15 頁)。
	陳采	武功左衛	《正德十一年順天府鄉試錄》載:「陳采,武功左衛儒士」(寧波出版社 2010 年影印本,第 15 頁)。

章甫	武驤右衛	《正德十一年順天府鄉試錄》載：「章甫，武驤右衛儒士」（寧波出版社 2010 年影印本，第 15 頁）。
李垣	直隸河間府任丘縣	《正德十一年順天府鄉試錄》載：「李垣，河間府任丘縣儒士」（寧波出版社 2010 年影印本，第 15 頁）。
屠應坤	營州中屯衛	《正德十一年順天府鄉試錄》載：「屠應坤，營州中屯衛儒士」（寧波出版社 2010 年影印本，第 16 頁）。
蔡福	錦衣衛	《正德十一年順天府鄉試錄》載：「蔡福，錦衣衛儒士」（寧波出版社 2010 年影印本，第 18 頁）。
余演	義勇中衛	《正德十一年順天府鄉試錄》載：「余演，義勇中衛儒士」（寧波出版社 2010 年影印本，第 18 頁）。
吳大用	羽林左衛	《正德十一年順天府鄉試錄》載：「吳大用，羽林左衛儒士」（寧波出版社 2010 年影印本，第 22 頁）。
牛璽	錦衣衛	《正德十一年順天府鄉試錄》載：「牛璽，錦衣衛儒士」（寧波出版社 2010 年影印本，第 22 頁）。
陳大珊	福建福州府莆田縣	《正德十一年福建鄉試錄》載：「陳大珊，莆田縣儒士」（寧波出版社 2010 年影印本，第 16 頁）。
陳邦嫌	福建福州府連江縣	《正德十一年福建鄉試錄》載：「陳邦嫌，連江縣儒士」（寧波出版社 2010 年影印本，第 17 頁）。
林希元	福建泉州府同安縣	《正德十一年福建鄉試錄》載：「林希元，同安縣儒士」（寧波出版社 2010 年影印本，第 18 頁）。
黃大經	福建興化府莆田縣	《正德十一年福建鄉試錄》載：「黃大經，莆田縣儒士」（寧波出版社 2010 年影印本，第 19 頁）。
張嵩	福建福寧州	《正德十一年福建鄉試錄》載：「張嵩，福寧州儒士」（寧波出版社 2010 年影印本，第 19 頁）。
姚正	福建興化府莆田縣	《正德十一年福建鄉試錄》載：「姚正，莆田縣儒士」（寧波出版社 2010 年影印本，第 20 頁）。
張懷	浙江紹興府餘姚縣	《正德十一年浙江鄉試錄》載：「張懷，餘姚縣儒士」（《明代登科錄彙編》第 5 冊，第 2691 頁）。
吾謹	浙江衢州府開化縣	《正德十一年浙江鄉試錄》載：「吾謹，開化縣儒士」（《明代登科錄彙編》第 5 冊，第 2691 頁）。
王鎔	浙江寧波府慈谿縣	《正德十一年浙江鄉試錄》載：「王鎔，慈谿縣儒士」（《明代登科錄彙編》第 5 冊，第 2694 頁）。
徐璣	浙江寧波府鄞縣	《正德十一年浙江鄉試錄》載：「徐璣，鄞縣儒士」（《明代登科錄彙編》第 5 冊，第 2696 頁）。

	陳猷	浙江溫州府樂清縣	《正德十一年浙江鄉試錄》載:「陳猷,樂清縣儒士」(《明代登科錄彙編》第 5 冊,第 2696 頁)。
	俞瀾	浙江紹興府餘姚縣	《正德十一年浙江鄉試錄》載:「俞瀾,餘姚縣儒士」(《明代登科錄彙編》第 5 冊,第 2697 頁)。
	王相	浙江寧波府鄞縣	《正德十一年浙江鄉試錄》載:「王相,鄞縣儒士」(《明代登科錄彙編》第 5 冊,第 2699 頁)。
	趙塤	浙江紹興府餘姚縣	《正德十一年浙江鄉試錄》載:「趙塤,餘姚縣儒士」(《明代登科錄彙編》第 5 冊,第 2700 頁)。
	馮承芳	廣西桂林中衛	《嘉靖二年進士登科錄》載:「馮承芳,貫廣西桂林中衛,官籍,儒士」(寧波出版社 2006 年影印本,第 25 頁);《廣西通志》卷 72《選舉·明舉人》載其為正德十一年丙子科舉人(《景印文淵閣四庫全書》第 567 冊,第 229 頁)。綜上,馮承芳中正德十一年舉人,後中嘉靖二年進士。因其中進士身份為儒士,可知其會試下第後,並未按制入國子監,中舉身份應與殿試中式身份一致,故其中舉身份也應為儒士。
	倫以諒	廣東廣州府南海縣	《正德十六年進士登科錄》載:「倫以諒,貫廣東廣州府南海縣,民籍,儒士」(《明代登科錄彙編》第 6 冊,第 3051 頁);《廣東通志》卷 33《選舉志三·舉人》載倫以諒為正德十一年丙子科舉人(《景印文淵閣四庫全書》第 563 冊,第 416 頁)。綜上,倫以諒中正德十一年舉人,後中正德十六年進士。因其中進士身份為儒士,可知其會試下第後,並未按制入國子監,中舉身份應與殿試中式身份一致,故其中舉身份也應為儒士。
	夏謐	江西南昌府進賢縣	《正德十一年江西鄉試錄》載:「夏謐,進賢縣儒士」(寧波出版社 2010 年影印本,第 18 頁)。
	吳宗元	江西撫州府金溪縣	《正德十一年江西鄉試錄》載:「吳宗元,金溪縣儒士」(寧波出版社 2010 年影印本,第 19 頁)。
正德十四年己卯	王澄	直隸安慶府潛山縣	《正德十四年應天府鄉試錄》載:「王澄,潛山縣儒士」(寧波出版社 2010 年影印本,第 19 頁)。
	安璽	龍驤衛,順天府宛平縣人	《正德十六年進士登科錄》(載:「安璽,貫龍驤衛,官籍,順天府宛平縣人,儒士」(《明代登科錄彙編》第 6 冊,第 3018 頁);揆諸史籍,未見載安璽中舉年份,暫時歸為正德十四年己卯科舉人。因其中進士身份為儒士,中舉身份應與殿試中式身份一致,故其中舉身份也應為儒士。
	朱光祖	山西太原府陽曲縣	《正德十四年山西鄉試錄》載:「朱光祖,陽曲縣儒士」(寧波出版社 2010 年影印本,第 16 頁)。

	王誥	河南汝寧府西平縣	《正德十四年河南鄉試錄》載:「王誥,西平縣儒士」(寧波出版社 2010 年影印本,第 16 頁)。
	姚志達	河南南陽府鄧州淅川縣	《正德十四年河南鄉試錄》載:「姚志達,淅川縣儒士」(寧波出版社 2010 年影印本,第 17 頁)。
	蕭體元	河南南陽府新野縣	《正德十四年河南鄉試錄》載:「蕭體元,新野縣儒士」(寧波出版社 2010 年影印本,第 19 頁)。
	吳選	福建興化府莆田縣	《福建通志》37《選舉五·明舉人上》載吳選為正德十四年舉人,「儒士中式」(《景印文淵閣四庫全書》第 529 冊,第 213 頁)。
	諸演	浙江紹興府餘姚縣	《浙江通志》卷 137《選舉十五·明舉人》載諸演為正德十四年舉人,「餘姚儒士」(《景印文淵閣四庫全書》第 522 冊,第 577 頁)。
	張鋐	浙江寧波府鄞縣	《浙江通志》卷 137《選舉十五·明舉人》載張鋐為正德十四年舉人,「鄞縣儒士」(《景印文淵閣四庫全書》第 522 冊,第 578 頁)。
	沈汝璋	浙江寧波府鄞縣	《浙江通志》卷 137《選舉十五·明舉人》載沈汝璋為正德十四年舉人,「鄞縣儒士」(《景印文淵閣四庫全書》第 522 冊,第 578 頁)。
	周錡	浙江寧波府鄞縣	《浙江通志》卷 137《選舉十五·明舉人》載周錡為正德十四年舉人,「鄞縣儒士」(《景印文淵閣四庫全書》第 522 冊,第 578 頁)。
	桂伯諒	浙江寧波府慈谿縣	《浙江通志》卷 137《選舉十五·明舉人》載桂伯諒為正德十四年舉人,「慈谿儒士」(《景印文淵閣四庫全書》第 522 冊,第 578 頁)。
	周薇	浙江寧波府鄞縣	《浙江通志》卷 137《選舉十五·明舉人》載周薇為正德十四年舉人,「鄞縣儒士」(《景印文淵閣四庫全書》第 522 冊,第 578 頁)。
	倫以詵	廣東廣州府南海縣	《正德十四年廣東鄉試錄》載:「倫以詵,南海縣儒士」(寧波出版社 2010 年影印本,第 18 頁)。
	劉體元	廣東廣州府南海縣	《正德十四年廣東鄉試錄》載:「劉體元,南海縣儒士」(寧波出版社 2010 年影印本,第 18 頁)。
	陳一善	廣西柳州衛	《正德十四年廣西鄉試錄》載:「陳一善,柳州衛儒士」(寧波出版社 2010 年影印本,第 21 頁)。
嘉靖元年壬午	周原	順天府大興縣	《嘉靖二年進士登科錄》載:「周原,貫順天府大興縣,民籍,浙江鄞縣人,儒士」(寧波出版社 2006 年影印本,第 34 頁);《浙江通志》卷 137《選舉十五·明舉人》載周原為嘉靖元年壬午科舉人(《景印文淵閣四庫全書》第 522 冊,第 580 頁)。可知,周原中嘉靖元年舉人,繼中嘉靖二年進士,為鄉、

		會、殿試連捷者，其中式身份應無變化。因其中進士身份為儒士，則其中舉身份也應為儒士。
李觀	南京錦衣衛	《嘉靖元年應天府鄉試錄》載：「李觀，南京錦衣衛儒士」（《明代登科錄彙編》第 6 冊，第 3300 頁）。
童顏	南京豹韜左衛	《嘉靖元年應天府鄉試錄》載：「童顏，南京豹韜左衛儒士」（《明代登科錄彙編》第 6 冊，第 3301 頁）。
張湘	山西太原府石州	《嘉靖元年山西鄉試錄》載：「張湘，石州儒士」（寧波出版社 2010 年影印本，第 16 頁）。
韓延偉	山西平陽府洪洞縣	《嘉靖元年山西鄉試錄》載：「韓延偉，洪洞縣儒士」（寧波出版社 2010 年影印本，第 16 頁）。
張元哲	山西平陽府臨汾縣	《嘉靖元年山西鄉試錄》載：「張元哲，臨汾縣儒士」（寧波出版社 2010 年影印本，第 19 頁）。
王同	河南南陽府汝州郟縣	《嘉靖元年河南鄉試錄》載：「王同，郟縣儒士」（寧波出版社 2010 年影印本，第 20 頁）。
夏惟垣	浙江杭州府仁和縣	《浙江通志》卷 137《選舉十五·明舉人》載夏惟垣為嘉靖元年舉人，「仁和儒士」（《景印文淵閣四庫全書》第 522 冊，第 579 頁）。
陳子文	福建福州府閩縣	《福建通志》38《選舉六·明舉人下》載陳子文為嘉靖元年舉人，「儒士中式」（《景印文淵閣四庫全書》第 529 冊，第 214 頁）。
黃桂香	福建興化府莆田縣	《福建通志》38《選舉六·明舉人下》載黃桂香為嘉靖元年舉人，「儒士中式」（《景印文淵閣四庫全書》第 529 冊，第 215 頁）。
蔡廷春	福建興化府莆田縣	《福建通志》38《選舉六·明舉人下》載蔡廷春為嘉靖元年舉人，「儒士中式」（《景印文淵閣四庫全書》第 529 冊，第 215 頁）。
黃德純	福建興化府莆田縣	《福建通志》38《選舉六·明舉人下》載黃德純為嘉靖元年舉人，「儒士中式」（《景印文淵閣四庫全書》第 529 冊，第 215 頁）。
林汝永	福建興化府莆田縣	《福建通志》38《選舉六·明舉人下》載林汝永為嘉靖元年舉人，「儒士中式」（《景印文淵閣四庫全書》第 529 冊，第 215 頁）。
林斌	福建興化府莆田縣	《福建通志》38《選舉六·明舉人下》載林斌為嘉靖元年舉人，「儒士中式」（《景印文淵閣四庫全書》第 529 冊，第 215 頁）。
蘇民望	福建泉州府南安縣	《福建通志》38《選舉六·明舉人下》載蘇民望為嘉靖元年舉人，「儒士中式」（《景印文淵閣四庫全書》第 529 冊，第 215 頁）。

	楊育秀	江西廣信府貴溪縣	《嘉靖元年江西鄉試錄》載：「楊育秀，貴溪縣儒士」（寧波出版社 2010 年影印本，第 16 頁）。
	周延	江西吉安府吉水縣	《嘉靖元年江西鄉試錄》載：「周延，吉水縣儒士」（寧波出版社 2010 年影印本，第 18 頁）。
	熊汲	江西南昌府南昌縣	《嘉靖元年江西鄉試錄》載：「熊汲，南昌縣儒士」（寧波出版社 2010 年影印本，第 19 頁）。
	熊洛	江西南昌府南昌縣	《嘉靖元年江西鄉試錄》載：「，貴溪縣儒士」（寧波出版社 2010 年影印本，第 21 頁）。
	甘時華	江西南昌府豐城縣	《嘉靖元年江西鄉試錄》載：「楊育秀，貴溪縣儒士」（寧波出版社 2010 年影印本，第 22 頁）。
嘉靖四年乙酉	查懋光	太醫院，直隸長洲縣人〔註 2〕	《嘉靖四年順天府鄉試錄》載：「查懋光，太醫院儒士」（寧波出版社 2006 年影印本，第 13 頁）。
	邊侁	直隸河間府任丘縣	《嘉靖四年順天府鄉試錄》載：「邊侁，任丘縣儒士」（寧波出版社 2006 年影印本，第 13 頁）。
	祝文冕	密雲後衛	《嘉靖四年順天府鄉試錄》載：「祝文冕，密雲後衛儒士」（寧波出版社 2006 年影印本，第 13 頁）。
	牛坤	直隸河間府獻縣	《嘉靖四年順天府鄉試錄》載：「牛坤，獻縣儒士」（寧波出版社 2006 年影印本，第 20 頁）。
	劉儒	陝西延安府鄜州中部縣	《嘉靖四年陝西鄉試錄》載：「劉儒，中部縣儒士」（寧波出版社 2006 年影印本，第 16 頁）。
	張鏞	浙江寧波府慈谿縣	《浙江通志》卷 137《選舉十五・明舉人》載張鏞為嘉靖四年舉人，「慈谿儒士」（《景印文淵閣四庫全書》第 522 冊，第 582 頁）。
	鄒守愚	福建興化府莆田縣	《福建通志》38《選舉六・明舉人下》載鄒守愚為嘉靖四年舉人，「儒士中式」（《景印文淵閣四庫全書》第 529 冊，第 216 頁）。
	翁桂	福建興化府莆田縣	《福建通志》38《選舉六・明舉人下》載翁貴為嘉靖四年舉人，「儒士中式」（《景印文淵閣四庫全書》第 529 冊，第 216 頁）。
	周鯤	福建興化府莆田縣	《福建通志》38《選舉六・明舉人下》載周鯤為嘉靖四年舉人，「儒士中式」（《景印文淵閣四庫全書》第 529 冊，第 216 頁）。
嘉靖七年戊子	黃謹容	福建興化府莆田縣	《嘉靖七年福建鄉試錄》載：「黃謹容，莆田縣儒士」（寧波出版社 2010 年影印本，第 17 頁）。

〔註 2〕《國朝進士題名碑錄初集》附明代歷科題名碑錄，《北京圖書館古籍珍本叢刊》第 116 冊，北京：書目文獻出版社，1998 年，第 731 頁。

	王春復	福建泉州府晉江縣	《嘉靖七年福建鄉試錄》載：「王春復，晉江縣儒士」（寧波出版社 2010 年影印本，第 17 頁）。
	林廷琛	福建福州府侯官縣	《嘉靖七年福建鄉試錄》載：「林廷琛，晉江縣儒士」（寧波出版社 2010 年影印本，第 18 頁）。
	鄭邦仰	浙江紹興府餘姚縣	《嘉靖七年浙江鄉試錄》載：「鄭邦仰，餘姚縣儒士」（寧波出版社 2010 年影印本，第 1 頁）。
	黃九皋	浙江紹興府蕭山縣	《嘉靖七年浙江鄉試錄》載：「黃九皋，蕭山縣儒士」（寧波出版社 2010 年影印本，第 19 頁）。
	胡德信	浙江紹興府餘姚縣	《嘉靖七年浙江鄉試錄》載：「胡德信，餘姚縣儒士」（寧波出版社 2010 年影印本，第 21 頁）。
	陳錠	湖廣荊州府江陵縣	《嘉靖七年湖廣鄉試錄》載：「陳錠，江陵縣儒士」（寧波出版社 2010 年影印本，第 14 頁）。
	范永官	湖廣郴州桂陽縣	《嘉靖七年湖廣鄉試錄》載：「范永官，桂陽縣儒士」（寧波出版社 2010 年影印本，第 14 頁）。
	羅傅	湖廣承天府荊門州	《嘉靖七年湖廣鄉試錄》載：「羅傅，荊門州儒士」（寧波出版社 2010 年影印本，第 15 頁）。
	萬敏	江西南昌府南昌縣	《嘉靖七年湖廣鄉試錄》載：「萬敏，南昌縣儒士」（寧波出版社 2010 年影印本，第 17 頁）。
	郭春震	江西吉安府萬安縣	《嘉靖七年湖廣鄉試錄》載：「郭春震，萬安縣儒士」（寧波出版社 2010 年影印本，第 19 頁）。
嘉靖十年辛卯	周大有	浙江紹興府餘姚縣	《浙江通志》卷 137《選舉十五·明舉人》載周大有為嘉靖十年舉人，「餘姚儒士」（《景印文淵閣四庫全書》第 522 冊第 586 頁）。
	唐時雍	福建興化府莆田縣	《福建通志》38《選舉六·明舉人下》載唐時雍為嘉靖十年舉人，「儒士中式」（《景印文淵閣四庫全書》第 529 冊，第 218 頁）。
	林功懋	福建漳州府漳浦縣	《福建通志》38《選舉六·明舉人下》載林功懋為嘉靖十年舉人，「儒士中式」（《景印文淵閣四庫全書》第 529 冊，第 218 頁）。
	劉廷范	江西撫州府臨川縣	《嘉靖十一年進士登科錄》載：「劉廷范，貫江西撫州府臨川縣，民籍，儒士」（寧波出版社 2006 年影印本，第 79 頁），《江西通志》卷 54《選舉六·明》載劉廷范為嘉靖十年辛卯科舉人（《景印文淵閣四庫全書》第 514 冊，第 770 頁）。可知，劉廷范中嘉靖十年舉人，繼中嘉靖十一年進士，為鄉、會、殿試連捷者，其中式身份應無變化。因其中進士身份為儒士，則其中舉身份也應為儒士。

	李學顏	湖廣黃州府黃岡縣	《嘉靖十年辛卯科湖廣鄉試錄》載：「李學顏，黃岡縣儒士」（寧波出版社 2010 年影印本，第 14 頁）。
	徐綱	湖廣武昌府興國州	《嘉靖十年辛卯科湖廣鄉試錄》載：「徐綱，興國州儒士」（寧波出版社 2010 年影印本，第 15 頁）。
	李承陽	湖廣黃州府蘄水縣	《嘉靖十年辛卯科湖廣鄉試錄》載：「李承陽，蘄水縣儒士」（寧波出版社 2010 年影印本，第 17 頁）。
	林大欽	廣東潮州府海陽縣	《皇明三元考》卷 10 載林大欽為嘉靖十年舉人，儒士中式（《四庫全書存目叢書》史部第 271 冊，第 159 頁）。
	趙汝謙	雲南臨安府通海縣	《嘉靖十年雲貴鄉試錄》載：「趙汝謙，通海縣儒士」（《明代登科錄彙編》第 8 冊，第 4020 頁）。
嘉靖十三年甲午	鄭維誠	直隸徽州府祁門縣	《嘉靖十三年應天府鄉試錄》載：「鄭維誠，祁門縣儒士」（寧波出版社 2010 年影印本，第 15 頁）。
	章時鸞	直隸池州府青陽縣	《嘉靖十三年應天府鄉試錄》載：「章時鸞，青陽縣儒士」（寧波出版社 2010 年影印本，第 16 頁）。
	金九齡	直隸常州府武進縣	《嘉靖十三年應天府鄉試錄》載：「金九齡，武進縣儒士」（寧波出版社 2010 年影印本，第 17 頁）。
	阮鶚	直隸安慶府桐城縣	《嘉靖十三年應天府鄉試錄》載：「阮鶚，桐城縣儒士」（寧波出版社 2010 年影印本，第 17 頁）。
	亢思謙	山西平陽府臨汾縣	《師竹堂集·卷 20《行狀·通奉大夫四川布政司左布政使水陽亢先生行狀》載：「（亢思謙）……世為臨汾人……甲午以儒士領山西鄉薦第一」（《四庫未收書輯刊》第 5 輯第 23 冊，第 227 頁）。
	張言	廣西桂林府臨桂縣	《嘉靖二十六年進士登科錄》載：「張言，貫廣西桂林府臨桂縣，民籍，儒士」（寧波出版社 2006 年影印本，第 52 頁），《廣西通志》卷 73《選舉·明舉人》載張言為嘉靖十三年甲午科舉人（《景印文淵閣四庫全書》第 567 冊，第 235 頁）。綜上，張言中嘉靖十三年舉人，後中嘉靖二十六年進士。因其中進士身份為儒士，可知其會試下第後，並未按制入國子監，中舉身份應與殿試中式身份一致，故其中舉身份也應為儒士。
	陳進	福建漳州府詔安縣	《嘉靖十三年福建鄉試錄》載：「陳進，詔安縣儒士」（寧波出版社 2010 年影印本，第 18 頁）。
	王應鍾	福建福州府侯官縣	《嘉靖十三年福建鄉試錄》載：「王應鍾，侯官縣儒士」（寧波出版社 2010 年影印本，第 19 頁）。
	張喬相	福建泉州府晉江縣	《嘉靖十三年福建鄉試錄》載：「張喬相，晉江縣儒士」（寧波出版社 2010 年影印本，第 19 頁）。

	方塘	福建福州府福清縣	《嘉靖十三年福建鄉試錄》載：「方塘，福清縣儒士」（寧波出版社 2010 年影印本，第 21 頁）。
	熊琦	江西南昌府南昌縣	《嘉靖十三年江西鄉試錄》載：「熊琦，南昌縣儒士」（寧波出版社 2010 年影印本，第 19 頁）。
嘉靖十六年丁酉	陳賓	福建興化府莆田縣	《嘉靖十六年福建鄉試錄》載：「陳賓，莆田縣儒士」（寧波出版社 2010 年影印本，第 21 頁）。
	王溢	陝西西安府咸寧縣	《嘉靖十六年陝西鄉試錄》載：「王溢，咸寧縣儒士」（寧波出版社 2010 年影印本，第 17 頁）。
	岑恕	浙江紹興府餘姚縣	《浙江通志》卷 137《選舉十五・明舉人》載岑恕為嘉靖十六年舉人，「餘姚儒士」（《景印文淵閣四庫全書》第 522 冊，第 591 頁）。
嘉靖十九年庚子	焦玄鑑	直隸徽州府太平縣	《嘉靖十九年應天府鄉試錄》載：「焦玄鑑，太平縣儒士」（《明代登科錄彙編》第 9 冊，第 4830 頁）。
	朱繪	山西平定州守禦千戶所，直隸鳳陽府人	《嘉靖二十三年進士登科錄》載：「朱繪，貫山西平定州守禦千戶所，官籍，直隸鳳陽府人，儒士」（寧波出版社 2006 年影印本，第 58 頁）；《山西通志》卷 68《科目四・明》載朱繪為嘉靖十九年庚子科舉人（《景印文淵閣四庫全書》第 544 冊，第 396 頁）。綜上，朱繪中嘉靖十九年舉人，後中嘉靖二十三年進士。因其中進士身份為儒士，可知其會試下第後，並未按制入國子監，中舉身份應與殿試中式身份一致，故其中舉身份也應為儒士。
	李宜春	福建興化府莆田縣	《福建通志》38《選舉六・明舉人下》載李宜春為嘉靖十九年舉人，「儒士中式」（《景印文淵閣四庫全書》第 529 冊，第 221 頁）。
	昌應會	福建興化府莆田縣	《福建通志》38《選舉六・明舉人下》載昌應會為嘉靖十九年舉人，「儒士中式」（《景印文淵閣四庫全書》第 529 冊，第 221 頁）。
	李德用	福建興化府莆田縣	《福建通志》38《選舉六・明舉人下》載李德用為嘉靖十九年舉人，「儒士中式」（《景印文淵閣四庫全書》第 529 冊，第 221 頁）。
嘉靖二十二年癸卯	徐炳	浙江杭州府海寧縣	《浙江通志》卷 137《選舉十五・明舉人》載徐炳為嘉靖二十二年舉人，「海寧儒士」（《景印文淵閣四庫全書》第 522 冊，第 594 頁）。
	程伯鎬	福建福州府閩縣	《福建通志》38《選舉六・明舉人下》載程伯鎬為嘉靖二十二年舉人，「閩縣儒士」（《景印文淵閣四庫全書》第 529 冊，第 222 頁）。
	張重	福建興化府莆田縣	《福建通志》38《選舉六・明舉人下》載張重為嘉靖二十二年舉人，「儒士中式」（《景印文淵閣四庫全書》第 529 冊，第 223 頁）。

	林應樵	福建興化府莆田縣	《福建通志》38《選舉六・明舉人下》載林應樵為嘉靖二十二年舉人，「儒士中式」（《景印文淵閣四庫全書》第 529 冊，第 223 頁）。
	林應鵬	福建興化府莆田縣	《福建通志》38《選舉六・明舉人下》載林應鵬為嘉靖二十二年舉人，「儒士中式」（《景印文淵閣四庫全書》第 529 冊，第 223 頁）。
	林應昌	福建興化府莆田縣	《福建通志》38《選舉六・明舉人下》載林應昌為嘉靖二十二年舉人，「儒士中式」（《景印文淵閣四庫全書》第 529 冊，第 223 頁）。
	俞紹	福建興化府莆田縣	《福建通志》38《選舉六・明舉人下》載俞紹為嘉靖二十二年舉人，「儒士中式」（《景印文淵閣四庫全書》第 529 冊，第 223 頁）。
	黃漢升	福建興化府莆田縣	《福建通志》38《選舉六・明舉人下》載黃漢升為嘉靖二十二年舉人，「儒士中式」（《景印文淵閣四庫全書》第 529 冊，第 223 頁）。
	鄭廷俊	福建興化府莆田縣	《福建通志》38《選舉六・明舉人下》載鄭廷俊為嘉靖二十二年舉人，「儒士中式」（《景印文淵閣四庫全書》第 529 冊，第 223 頁）。
	周茂中	福建泉州府晉江縣	《福建通志》38《選舉六・明舉人下》載周茂中為嘉靖二十二年舉人，「儒士中式」（《景印文淵閣四庫全書》第 529 冊，第 223 頁）。
	陳一儲	廣東潮州府潮陽縣	《嘉靖二十二年廣東鄉試錄》載：「陳一儲，潮陽縣儒士」（寧波出版社 2010 年影印本，第 18 頁）。
	譚綸	江西撫州府宜黃縣	《嘉靖二十三年進士登科錄》載：「譚綸，貫江西撫州府宜黃縣，軍籍，儒士」（寧波出版社 2006 年影印本，第 24 頁），《江西通志》卷 54《選舉六・明》載譚綸為嘉靖二十二年癸卯科舉人（《景印文淵閣四庫全書》第 514 冊，第 776 頁）。可知，譚綸中嘉靖二十二年舉人，繼中嘉靖二十三年進士，為鄉、會、殿試連捷者，其中式身份應無變化。因其中進士身份為儒士，則其中舉身份也應為儒士。
嘉靖二十五年丙午	孫大學	浙江紹興府山陰縣	《浙江通志》卷 137《選舉十五・明舉人》載孫大學為嘉靖二十五年舉人，「山陰儒士」（《景印文淵閣四庫全書》第 522 冊，第 597 頁）。
	李纘	福建泉州府晉江縣	《嘉靖二十五年福建鄉試錄》載：「李纘，晉江縣儒士」（寧波出版社 2006 年影印本，第 17 頁）。
	江萬仞	福建泉州府晉江縣	《嘉靖二十五年福建鄉試錄》載：「江萬仞，晉江縣儒士」（寧波出版社 2006 年影印本，第 20 頁）。
	謝光積	廣東潮州府揭陽縣	《嘉靖二十五年廣東鄉試錄》載：「謝光積，揭陽縣儒士」（寧波出版社 2006 年影印本，第 18 頁）。

	黃學伊	廣東廣州府東莞縣	《嘉靖二十五年廣東鄉試錄》載：「黃學伊，東莞縣儒士」（寧波出版社 2006 年影印本，第 19 頁）。
	魏仕良	四川重慶府巴縣	《嘉靖二十五年四川鄉試錄》載：「魏仕良，巴縣儒士」（寧波出版社 2006 年影印本，第 18 頁）。
	曹大川	四川重慶府巴縣	《嘉靖二十五年四川鄉試錄》載：「曹大川，巴縣儒士」（寧波出版社 2006 年影印本，第 19 頁）。
	王夢說	貴州衛	《嘉靖二十五年貴州鄉試錄》載：「王夢說，貴州衛儒士」（寧波出版社 2006 年影印本，第 13 頁）。
嘉靖二十八年己酉	陸夢熊	浙江紹興府餘姚縣	《浙江通志》卷 137《選舉十五·明舉人》載陸夢熊為嘉靖二十八年舉人，「餘姚儒士」（《景印文淵閣四庫全書》第 522 冊，第 598 頁）。
	金柱	浙江紹興府上虞縣	《浙江通志》卷 137《選舉十五·明舉人》載金柱為嘉靖二十八年舉人，「上虞儒士」（《景印文淵閣四庫全書》第 522 冊，第 599 頁）。
	孫振興	廣東廣州府番禺縣	《嘉靖二十八年廣東鄉試錄》載：「孫振興，番禺縣儒士」（寧波出版社 2010 年影印本，第 18 頁）。
	郭棐	廣東廣州府南海縣	《嘉靖二十八年廣東鄉試錄》載：「郭棐，南海縣儒士」（寧波出版社 2010 年影印本，第 19 頁）。
嘉靖三十一年壬子	許國忠	福建漳州府南靖縣	《嘉靖三十一年福建鄉試錄》載：「許國忠，南靖縣儒士」（寧波出版社 2010 年影印本，第 18 頁）。
	林潤	福建福州府莆田縣	《嘉靖三十一年福建鄉試錄》載：「林潤，莆田縣儒士」（寧波出版社 2010 年影印本，第 19 頁）。
	薛廷寵	福建福州府惠安縣	《嘉靖三十一年福建鄉試錄》載：「薛廷寵，惠安縣儒士」（寧波出版社 2010 年影印本，第 19 頁）。
	方攸績	福建興化府莆田縣	《嘉靖三十一年福建鄉試錄》載：「方攸績，莆田縣儒士」（寧波出版社 2010 年影印本，第 20 頁）。
	林煜	福建漳州府漳浦縣	《嘉靖三十一年福建鄉試錄》載：「林煜，漳浦縣儒士」（寧波出版社 2010 年影印本，第 20 頁）。
	吳方	江西撫州府臨川縣	《嘉靖三十一年江西鄉試錄》載：「吳方，臨川縣儒士」（寧波出版社 2010 年影印本，第 18 頁）。
	張勃	貴州宣慰司	《嘉靖三十一年貴州鄉試錄》載：「張勃，貴州宣慰司儒士」（寧波出版社 2010 年影印本，第 17 頁）。
	鄧之屏	四川重慶府巴縣	《嘉靖三十八年進士登科錄》載：「鄧之屏，貫四川重慶府巴縣，民籍，儒士」（寧波出版社 2006 年影印本，第 26 頁）；乾隆《巴縣志》卷七《選舉志·舉人》載鄧之屏為嘉靖三十一年舉人。綜上，鄧之屏中嘉靖三十一年舉人，後中嘉靖三十八年進士。因其中進士身份為儒士，可知其會試下第後，並未

			按制入國子監,中舉身份應與殿試中式身份一致,故其中舉身份也應為儒士。
嘉靖三十四年乙卯	葉士賓	福建興化府莆田縣	《福建通志》38《選舉六·明舉人下》載葉士賓為嘉靖三十四年舉人,「儒士中式」(《景印文淵閣四庫全書》第 529 冊第 227 頁)。
	周光祖	浙江紹興府餘姚縣	《浙江通志》卷137《選舉十五·明舉人》載周光祖為嘉靖三十四年舉人,「儒士中式」(《景印文淵閣四庫全書》第 522 冊,第 602 頁)。
嘉靖三十七年戊午	劉大遺	福建泉州府晉江縣	《福建通志》38《選舉六·明舉人下》載劉大遺為嘉靖三十七年舉人,「儒士中式」(《景印文淵閣四庫全書》第 529 冊,第 227 頁)。
	劉堯臣	福建泉州府晉江縣	《福建通志》38《選舉六·明舉人下》載劉堯臣為嘉靖三十七年舉人,「儒士中式」(《景印文淵閣四庫全書》第 529 冊,第 227 頁)。
	丘達道	四川成都府綿州	《嘉靖三十八年進士登科錄》第 86 頁載:「丘達道,貫四川成都府綿州,民籍,儒士」(寧波出版社 2006 年影印本,第 86 頁),揆諸史籍,未見載丘達道中舉年份,暫時歸為嘉靖三十七年庚午科舉人。因其中進士身份為儒士,中舉身份應與殿試中式身份一致,故其中舉身份也應為儒士。
嘉靖四十年辛酉	李華春	福建泉州府晉江縣	《福建通志》38《選舉六·明舉人下》載李華春為嘉靖四十年舉人,「儒士中式」(《景印文淵閣四庫全書》第 529 冊,第 229 頁)。
	張儒則	福建泉州府晉江縣	《福建通志》38《選舉六·明舉人下》載張儒則為嘉靖四十年舉人,「儒士中式」(《景印文淵閣四庫全書》第 529 冊,第 229 頁)。
	蕭雲鵠	福建泉州府晉江縣	《福建通志》38《選舉六·明舉人下》載蕭雲鵠為嘉靖四十年舉人,「儒士中式」(《景印文淵閣四庫全書》第 529 冊,第 229 頁)。
	姚一新	浙江寧波府慈谿縣	《浙江通志》卷137《選舉十五·明舉人》載姚一新為嘉靖四十年舉人,「慈谿儒士」(《景印文淵閣四庫全書》第 522 冊,第 606 頁)。
	吳鑑	廣東廣州府南海縣	《嘉靖四十年廣東鄉試錄》載:「吳鑑,南海縣儒士」(寧波出版社 2006 年影印本,第 18 頁)。
嘉靖四十三年甲子	鄒舜龍	廣東廣州府南海縣	《嘉靖四十三年廣東鄉試錄》載:「鄒舜龍,南海縣儒士」(寧波出版社 2006 年影印本,第 20 頁)。
隆慶元年丁卯	葉明元	福建泉州府同安縣	《隆慶元年丁卯科福建鄉試錄》載:「葉明元,同安縣儒士」(寧波出版社 2010 年影印本,第 19 頁)。

	丁餘慶	順天府昌平州	《隆慶元年丁卯科順天府鄉試錄》載:「丁餘慶,順天府昌平州儒士」(寧波出版社 2010 年影印本,第 19 頁)。
	何常眘	河南開封府祥符縣	《隆慶元年丁卯科河南鄉試錄》載:「何常眘,祥符縣儒士」(寧波出版社 2010 年影印本,第 17 頁)。
	陳明經	河南汝寧府光州	《隆慶元年丁卯科河南鄉試錄》載:「陳明經,光州儒士」(寧波出版社 2010 年影印本,第 19 頁)。
	閻鉉	陝西延安府綏德州	《隆慶元年丁卯科陝西鄉試錄》載:「閻鉉,綏德州儒士」(《明代登科錄彙編》第 16 冊,第 8655 頁)。
	張初	陝西西安府鄠縣	《隆慶元年丁卯科陝西鄉試錄》載:「張初,鄠縣儒士」(《明代登科錄彙編》第 16 冊,第 8657 頁)。
隆慶四年庚午	宋希哲	山東兗州府沂州	《隆慶四年山東鄉試錄》載:「宋希哲,沂州儒士」(寧波出版社 2010 年影印本,第 20 頁)。
	姚養科	福建興化府莆田縣	《隆慶四年福建鄉試錄》載:「姚養科,莆田縣儒士」(寧波出版社 2010 年影印本,第 23 頁)。
萬曆元年癸酉	陳楚產	湖廣黃州府麻城縣	《萬曆元年湖廣鄉試錄》載:「陳楚產,麻城縣儒士」(寧波出版社 2010 年影印本,第 20 頁)。
萬曆四年丙子	鄭維岳	福建泉州府南安縣	《萬曆四年福建鄉試錄》載:「鄭維岳,南安縣儒士」(寧波出版社 2010 年影印本,第 19 頁)。
	朱夢賢	福建泉州府晉江縣	《萬曆四年福建鄉試錄》載:「朱夢賢,晉江縣儒士」(寧波出版社 2010 年影印本,第 19 頁)。
	楊道賓	福建泉州府晉江縣	《萬曆四年福建鄉試錄》載:「楊道賓,晉江縣儒士」(寧波出版社 2010 年影印本,第 20 頁)。
	何喬遠	福建泉州府晉江縣	《萬曆四年福建鄉試錄》載:「何喬遠,晉江縣儒士」(寧波出版社 2010 年影印本,第 23 頁)。
	項元濂	浙江嘉興府秀水縣	《萬曆四年浙江鄉試錄》載:「項元濂,秀水縣儒士」(寧波出版社 2010 年影印本,第 25 頁)。
	閻士望	山西太原府太原縣	《萬曆四年山西鄉試錄》載:「閻士望,太原縣儒士」(寧波出版社 2010 年影印本,第 17 頁)。
	鄧宗齡	廣東雷州府徐聞縣	《萬曆十一年進士登科錄》載:「鄧宗齡,貫廣東雷州府徐聞縣,民籍,儒士」(寧波出版社 2006 年影印本,第 83 頁);《廣東通志》卷 33《選舉志三‧舉人》載鄧宗齡為萬曆四年丙子科舉人(《景印文淵閣四庫全書》第 563 冊,第 434 頁)。綜上,鄧宗齡中萬曆四年舉人,後中萬曆十一年進士。因其中進士身份為儒士,可知其會試下第後,並未按制入國子監,中舉身份應與殿試中式身份一致,故其中舉身份也應為儒士。

萬曆七年己卯	陳鳴熙	福建泉州府晉江縣	《萬曆七年福建鄉試錄》載:「陳鳴熙,晉江縣儒士」(寧波出版社 2010 年影印本,第 19 頁)。
	張允棻	福建泉州府晉江縣	《萬曆七年福建鄉試錄》載:「張允棻,晉江縣儒士」(寧波出版社 2010 年影印本,第 19 頁)。
	金時舒	福建泉州府晉江縣	《萬曆七年福建鄉試錄》載:「金時舒,晉江縣儒士」(寧波出版社 2010 年影印本,第 19 頁)。
	李希白	福建漳州府漳浦縣	《萬曆七年福建鄉試錄》載:「李希白,漳浦縣儒士」(寧波出版社 2010 年影印本,第 21 頁)。
	何維翰	廣東廣州府順德縣	《萬曆七年廣東鄉試錄》載:「何維翰,順德縣儒士」(寧波出版社 2010 年影印本,第 16 頁)。
	劉拱辰	廣東廣州府南海縣	《萬曆七年廣東鄉試錄》載:「劉拱辰,南海縣儒士」(寧波出版社 2010 年影印本,第 18 頁)。
	林誌孟	廣東廣州府順德縣	《萬曆七年廣東鄉試錄》載:「林誌孟,順德縣儒士」(寧波出版社 2010 年影印本,第 19 頁)。
萬曆十年壬午	朱之揚	直隸大名府大名縣	《萬曆十年順天府鄉試錄》載:「朱之揚,大名縣儒士」(寧波出版社 2010 年影印本,第 22 頁)。
	張日益	福建泉州府同安縣	《萬曆十年福建鄉試錄》載:「張日益,同安縣儒士」(寧波出版社 2010 年影印本,第 18 頁)。
	詹兆忠	福建漳州府漳浦縣	《萬曆十年福建鄉試錄》載:「詹兆忠,漳浦縣儒士」(寧波出版社 2010 年影印本,第 20 頁)。
	尤應魯	福建泉州府晉江縣	《萬曆十年福建鄉試錄》載:「尤應魯,晉江縣儒士」(寧波出版社 2010 年影印本,第 20 頁)。
	郭渤然	廣東廣州府南海縣	《萬曆十年廣東鄉試錄》載:「郭渤然,南海縣儒士」(寧波出版社 2010 年影印本,第 20 頁)。
	許時謙	廣東潮州府饒平縣	《萬曆十年廣東鄉試錄》載:「許時謙,饒平縣儒士」(寧波出版社 2010 年影印本,第 20 頁)。
萬曆十三年乙酉	何應彪	浙江寧波府慈谿縣	《浙江通志》卷 137《選舉十五·明舉人》載何應彪為萬曆十三年舉人,「慈谿儒士」(《景印文淵閣四庫全書》第 522 冊,第 622 頁)。
	周洪訓	浙江紹興府山陰縣	《浙江通志》卷 137《選舉十五·明舉人》載周洪訓為萬曆十三年舉人,「山陰儒士」(《景印文淵閣四庫全書》第 522 冊,第 622 頁)。
	尹三聘	浙江紹興府山陰縣	《浙江通志》卷 137《選舉十五·明舉人》載尹三聘為萬曆十三年舉人,「山陰儒士」(《景印文淵閣四庫全書》第 522 冊,第 622 頁)。
	舒弘志	廣西桂林府全州	《皇明三元考》卷 10 載舒弘志為萬曆十三年舉人,儒士中式(《四庫全書存目叢書》史部第 271 冊,第 193 頁)。

萬曆二十二年甲午	沈冰鑑	浙江湖州府德清縣	《浙江通志》卷 137《選舉十五‧明舉人》載沈冰鑑為萬曆二十二年舉人，「德清儒士」(《景印文淵閣四庫全書》第 522 冊，第 627 頁)。
萬曆四十年壬子	吳兆元	福建興化府莆田縣	《福建通志》38《選舉六‧明舉人下》載吳兆元為萬曆四十年舉人，「儒士中式」(《景印文淵閣四庫全書》第 529 冊，第 248 頁)。
	楊景辰	福建泉州府晉江縣	《福建通志》38《選舉六‧明舉人下》載楊景辰為萬曆四十年舉人，「儒士中式」(《景印文淵閣四庫全書》第 529 冊，第 249 頁)。
天啟元年辛酉	王恩及	福建福州府長樂縣	《福建通志》38《選舉六‧明舉人下》載王恩及為天啟元年舉人，「儒士中式」(《景印文淵閣四庫全書》第 529 冊，第 252 頁)。
崇禎三年庚午	鄧宗蓋	福建延平府南平縣	《福建通志》38《選舉六‧明舉人下》載鄧宗蓋為崇禎三年舉人，「儒士中式」(《景印文淵閣四庫全書》第 529 冊，第 255 頁)。

附錄二　洪武四年至萬曆四十一年62科儒士進士基本信息統計表

科　次	姓　名	甲次	名次	現籍地	籍	中式年齡	資料出處與備註
洪武四年辛亥〔註1〕	俞友仁	三	26	浙江杭州府仁和縣			黃瑜：《雙槐歲鈔》卷10《進士教授長史》載「洪武庚戌，仁和儒士俞友仁領薦，辛亥取會元，賜第在三甲，筮仕丞長山。辭不能吏，改襄陽教諭」（北京：中華書局，1999年，第216頁）。可知，俞友仁以儒士中洪武三年舉人，繼中洪武四年進士，為鄉、會、殿試連捷者，中進士身份為儒士，故為儒士進士。
建文二年庚辰	方孚	二	9	江西饒州府樂平縣	民	22	《建文二年殿試登科錄》載：「方孚，貫江西饒州府樂平縣民籍，儒士……年二十二」（《明代登科錄彙編》第1冊，臺北：臺灣學生書局1969年影印本，第17頁）。

[註1]　〔清〕盛子鄴《類姓登科考》載「龔與時，福建莆田人，洪武辛亥三甲」（《四庫全書存目叢書》子部第226冊，濟南：1997年，齊魯書社，第353頁）。《福建通志》卷37《選舉五·明舉人上》載龔與時為洪武三年庚戌李升榜舉人，「儒士中式，辛亥進士」（《景印文淵閣四庫全書》第529冊，167頁）；但查閱《洪武四年進士登科錄》，無載龔與時其人，可知《福建通志》誤載。

	陳繼之	三	13	福建興化府莆田縣	民	31	《建文二年殿試登科錄》載：「陳繼之，貫福建興化府莆田縣民籍，儒士……年三十一」（《明代登科錄彙編》第1冊，第19頁）。
	嚴升	三	21	直隸太平府繁昌縣	儒	22	《建文二年殿試登科錄》載：「嚴升，貫直隸太平府繁昌縣儒籍，儒士……年二十二」（《明代登科錄彙編》第1冊，第45頁）。
	劉迪簡	三	37	江西吉安府吉水縣	儒	30	《建文二年殿試登科錄》載：「劉迪簡，貫江西吉安府吉水縣儒籍，儒士……年三十」（《明代登科錄彙編》第1冊，第53頁）。
永樂十年壬辰	劉咸	三	4	江西吉安府泰和縣	軍	25	《永樂十年進士登科錄》載：「劉咸，貫江西吉安府泰和縣軍籍，儒士……年二十五」（《明代登科錄彙編》第1冊，第213頁）。
	劉長吾	三	21	江西吉安府永豐縣	民	29	《永樂十年進士登科錄》載：「劉長吾，貫江西吉安府永豐縣民籍，儒士……年二十五」（《明代登科錄彙編》第1冊，第221頁）。需指出的是，《永樂十年進士登科錄》載劉長吾中式年齡為「二十五」〔註2〕，不確，「二十五」當為「二十九」之誤。據永樂閣臣楊士奇所撰《故廣西按察僉事劉長吾墓表》載：「永樂壬寅十二月十八日廣西按察僉事劉長吾卒於北京。長吾，吉安永豐人……幼穎異好學，治書經，年二十九舉進士」〔註3〕。可知，劉長吾中式年齡應為29。

〔註2〕《永樂十年進士登科錄》，《明代登科錄彙編》第1冊，第221頁。

〔註3〕〔明〕楊士奇：《東里續集》卷三三《故廣西按察僉事劉長吾墓表》，《景印文淵閣四庫全書》第1239冊，第90～91頁。

傅玉潤	三	10	江西臨江府新喻縣	民	26	《永樂十年進士登科錄》載：「傅玉潤，貫江西臨江府新喻縣民籍，儒士……年二十六」（《明代登科錄彙編》第1冊，第236頁）。
胡璉	三	24	江西臨江府新喻縣	匠	26	《永樂十年進士登科錄》載：「胡璉，貫江西臨江府新喻縣匠籍，儒士……年二十六」（《明代登科錄彙編》第1冊，第243頁）。
王訽	三	33	江西吉安府永豐縣	民	26	《永樂十年進士登科錄》載：「王訽，貫江西吉安府永豐縣民籍，儒士……年二十六」（《明代登科錄彙編》第1冊，第247頁）。
羅通	三	49	江西吉安府吉水縣	民	24	《永樂十年進士登科錄》載：「羅通，貫江西吉安府吉水縣民籍，儒士……年二十四」（《明代登科錄彙編》第1冊，第255頁）。需指出的是，經考證，羅通的中式年齡正確。據紫大紘《少保都御史羅公傳》載：「少保、都御史名通，字學吉，吉水周橋人也……年二十，舉永樂戊子應天鄉試第二，壬辰會試，出學士楊士奇之門，登馬鐸榜進士」〔註4〕。可知，永樂戊子即永樂六年（1408）羅通年二十，永樂十年（1412）中進士年齡為二十四。
傅玉良	三	52	江西臨江府新喻縣	民	31	《永樂十年進士登科錄》載：「傅玉良，貫江西臨江府新喻縣民籍，儒士……年三十一」（《明代登科錄彙編》第1冊，第257頁）。
歐陽和	三	61	江西吉安府泰和縣	民	26	《永樂十年進士登科錄》載：「歐陽和，貫江西吉安府泰

〔註4〕〔明〕紫大紘：《紫原文集》卷九《少保都御史羅公傳》，《四庫禁燬書叢刊》集部第140冊，第47頁。

						和縣民籍，儒士⋯⋯年二十六」（《明代登科錄彙編》第 1 冊，第 257 頁）。
永樂十三年乙未〔註5〕	嚴珊	二	39	浙江衢州府開化縣	民	《浙江通志》卷 134《選舉十二‧明舉人》載嚴珊為永樂十二年甲午科舉人，「開化儒士，乙未進士」（《景印文淵閣四庫全書》第 522 冊，第 511 頁）。可知，嚴珊為鄉、會、殿試連捷者，中進士身份為儒士，故為儒士進士。
	金關	二	47	浙江衢州府開化縣	民	《浙江通志》卷 134《選舉十二‧明舉人》載金關為永樂十二年甲午科舉人，「開化儒士，乙未進士」（《景印文淵閣四庫全書》第 522 冊，第 513 頁）。可知，金關為鄉、會、殿試連捷者，中進士身份為儒士，故為儒士進士。
	鄭珞	二	49	福建福州府侯官縣	民	《福建通志》卷 137《選舉十二‧明舉人》載鄭珞為永樂十二年甲午科舉人，「儒士中式，乙未進士」（《景印文淵閣四庫全書》529 冊，第 178 頁）。可知，鄭珞為鄉、會、殿試連捷者，中進士身份為儒士，故為儒士進士。
	徐健	三	100	浙江衢州府開化縣	民	《浙江通志》卷 134《選舉十二‧明舉人》載徐健為永樂十二年甲午科舉人，「開化儒士，乙未進士」（《景印文淵閣四庫全書》第 522 冊，第 513 頁）。可知，徐健為鄉、會、殿試連捷者，中進士身份為儒士，故為儒士進士。
	陳聰	三	209	福建福州府長樂縣	軍	《永樂十二年甲午科福建鄉試錄》載「陳聰，福建長樂縣，

〔註5〕本科儒士進士的甲次、名次、籍，俱取於《國朝歷科進士題名碑錄初集》附明代歷科題名碑錄，《北京圖書館古籍珍本叢刊》第 116 冊，依次為第 602 頁、602 頁、602 頁、604、605 頁。

						儒士」（寧波出版社2010年影印本，第17頁）；《永樂十三年進士題名碑錄》記載「陳聰，福建福州府長樂縣，軍籍」〔註6〕。可知，陳聰為鄉、會、殿試連捷者，中進士身份為儒士，故為儒士進士。
永樂十六年戊戌〔註7〕	習嘉言	二	24	江西臨江府新喻縣	31	《國朝獻徵錄》卷一八《習詹事嘉言傳》載「公習氏，諱經，字嘉言。江西新喻縣人……侍其父湘潭，改學《春秋》，日夜刻苦自勵。永樂丁酉（十五年），以儒士中湖廣鄉試，魁其經，明年登進士第……壬申夏五月，皇太子正位東宮，升詹事府詹事，詔贈其父太常少卿，母、妻皆恭人，越三月得疾終於官，享年六十有五」（《續修四庫全書》史部第525冊，第740頁）。可知，習嘉言為鄉、會、殿試連捷者，中進士身份為儒士，故為儒士進士。另據上述史料可知，壬申即景泰三年（1452）習嘉言卒於官，「享年六十有五」，可知其生於洪武二十一年（1388），則永樂十六年（1418）中進士當為三十一。

〔註6〕〔清〕李周望《國朝歷科進士題名碑錄初集》附明代歷科題名碑錄，《北京圖書館古籍珍本叢刊》第116冊，北京：書目文獻出版社，1998年，第605頁下。以下版本俱同。

〔註7〕改科儒士進士的甲次、名次，俱取於《國朝歷科進士題名碑錄初集》附明代歷科題名碑錄，《北京圖書館古籍珍本叢刊》第116冊，依次為第607頁、607頁、602頁、609頁，其中《碑錄》第609頁記載「徐資，福建興化府莆田縣」。按：「徐資」應為「徐資用」之誤。《皇明貢舉考》（《續修四庫全書》史部第525冊，第228頁）、《類姓登科考》（《四庫存目叢書》子部第2226冊，第580頁）、《福建通志》卷37《選舉五·明舉人上》俱載「徐資用」，故「徐資」應為「徐資用」之誤。

	吳源	二	28	福建福州府閩縣			《福建通志》卷37《選舉五‧明舉人上》載吳源為永樂十五年丁酉科舉人，「儒士中式，戊戌進士」(《景印文淵閣四庫全書》529冊，第179頁)。可知，吳源為鄉、會、殿試連捷者，中進士身份為儒士，故為儒士進士。
	徐資用	三	100	福建興化府莆田縣			《福建通志》卷37《選舉五‧明舉人上》載徐資用為永樂十五年丁酉科舉人，「儒士中式，戊戌進士」(《景印文淵閣四庫全書》第529冊，第180頁)。可知，徐資用為鄉、會、殿試連捷者，中進士身份為儒士，故為儒士進士。
永樂十九年辛丑〔註8〕	林元美	三	105	福建福州府閩縣	民	21	《福建通志》卷37《選舉五‧明舉人上》載林元美為永樂十八年庚子科舉人，「儒士中式，辛丑進士」(《景印文淵閣四庫全書》529冊，第180頁)。可知，林元美為鄉、會、殿試連捷者，中進士身份為儒士，故為儒士進士。柯潛《亞中大夫撫州府知府林公墓誌銘》又載：「林故為河南固始名族，五代間避亂入閩，去福唐城南一捨家焉，因名其地曰林浦……公諱鏐，字元美……永樂庚子領鄉薦，明年登進士第……公生洪武辛巳正月二十日，以成化己丑五月初六日卒，享年六十九」〔註9〕。可知，林元美生於洪武(建文)辛巳即建文三年(1401)，則永樂十九年(1421)中進士當為二十一。

〔註8〕該科儒士進士的甲次、名次、籍俱取於《國朝歷科進士題名碑錄初集》附明代歷科題名碑錄，《北京圖書館古籍珍本叢刊》第116冊，第612頁。

〔註9〕柯潛《竹岩集》卷一六《亞中大夫撫州府知府林公墓誌銘》，《景印文淵閣四庫全書》第1329冊，第349頁。

	曾鶴齡	一	1	江西吉安府泰和縣		39	《狀元圖考》卷 1 載：「齡既冠，以《書》經擅名由儒士與兄椿齡同中鄉薦，明年會試鶴齡留養於家……養母五年，學者爭師之。母命赴試得舉進士，擢第一，授修撰，年三十九」（《明代傳記叢刊》學林類第 20 冊，臺灣明文書局 1991 年版，第 67 頁）；《明英宗實錄》卷 268 載：「儒士曾鶴齡舉進士第一」（臺灣中研院「史語所」1962 年校印本，第 5691 頁）。可知，曾鶴齡為鄉、會、殿試連捷者，中進士身份為儒士，故為儒士進士。
永樂二十二年甲辰	李信			浙江杭州府			《浙江通志》卷 135《選舉十三·明舉人》載李信為永樂二十一年癸卯科舉人，「杭州儒士，甲辰（永樂二十二年——引者注）進士」（《景印文淵閣四庫全書》522 冊，第 519 頁）可知，李信為鄉、會、殿試連捷者，中進士身份為儒士，故為儒士進士。
宣德二年丁未〔註10〕	李匡	二	13	浙江台州府黃巖縣			《浙江通志》卷 135《選舉十三·明舉人》記載李匡為宣德元年丙午科舉人，「黃巖儒士，丁未進士」（《景印文淵閣四庫全書》522 冊，第 525 頁）。可知，李匡為鄉、會、殿試連捷者，中進士身份為儒士，故為儒士進士。
宣德五年庚戌	薩琦	二	2	福建福州府閩縣	民	31	《宣德五年進士登科錄》載：「薩琦，貫福建福州府閩縣民籍，儒士……年三十一」（寧波出版社 2006 年影印本，第 10 頁）。

〔註10〕該科儒士進士的甲次、名次、籍俱取於《國朝歷科進士題名碑錄初集》附明代歷科題名碑錄，《北京圖書館古籍珍本叢刊》第 116 冊，第 613 頁。

丁倫	二	14	江西臨江府新淦縣	民	33	《宣德五年進士登科錄》載:「丁倫,貫江西臨江府新淦縣民籍,儒士……年三十三」(第14頁)。
賴世隆	二	21	福建汀州府清流縣	民	29	《宣德五年進士登科錄》載:「賴世隆,貫福建汀州府清流縣民籍,儒士……年二十九」(第16頁)。
羅寧	二	32	直隸淮安府安東縣	軍	29	《宣德五年進士登科錄》載:「羅寧,貫直隸淮安府安東縣軍籍……年二十九」(第22頁)。
王復	三	2	浙江寧波府慈谿縣	官	39	《宣德五年進士登科錄》載:「王復,貫浙江寧波府慈谿縣民籍,儒士……三十九」(第40頁)。
廖莊	三	9	江西吉安府吉水縣	軍	28	《宣德五年進士登科錄》載:「廖莊,貫江西吉安府吉水縣軍籍,儒士……年二十八」(第41頁)。
虞瑛	三	22	陝西漢中府南鄭縣	民	25	《宣德五年進士登科錄》載:「虞瑛,貫陝西漢中府南鄭縣民籍,儒士……年二十五」(第43頁)。
白琮	三	55	河南南陽府新野縣	民	32	《宣德五年進士登科錄》載:「白琮,貫河南南陽府新野縣民籍,儒士……年三十二」(第47頁)。
宣德八年癸丑						
鍾復	一	3	江西吉安府永豐縣	民	34	《宣德八年進士登科錄》載:「鍾復,貫江西吉安府永豐縣民籍,儒士……年三十四」(寧波出版社2006年影印本,第1頁)。
鄭亮	二	5	福建福州府閩縣	民	29	《宣德八年進士登科錄》載:「鄭亮,貫福建福州府閩縣民籍,儒士……年二十九」(第3頁)。
徐珵	二	33	順天府宛平縣	匠	27	《宣德八年進士登科錄》載:「徐珵,貫順天府宛平縣匠籍,儒士……年二十七」

						（第14頁）。需指出的是，《登科錄》載徐珵中式年齡為「二十七」，正確。據萬安《明故推誠宣力守正文臣特進光祿大夫柱國武功伯華蓋殿大學士天全徐公墓誌銘》載：「公初諱珵，後更有貞，元玉其字也，世為蘇之吳縣鳳凰鄉集祥里人。自幼穎敏不群，年十二三入小學，已能古文詞……宣德壬子領順天鄉薦，明年登進士第……公生於永樂丁亥五月十一日，卒於成化壬辰七月十五日」〔註11〕。可知，徐珵生於永樂丁亥即永樂五年（1407），則宣德八年（1433)中進士為二十七。吳寬《天全先生徐公行狀》也載徐珵卒於「成化八年七月十五日也，年六十六」，由此推之，徐珵生於永樂五年，宣德八年中進士為二十七。
鄒來學	三	4	湖廣黃州府麻城縣	軍	32	《宣德八年進士登科錄》載：「鄒來學，貫湖廣黃州府麻城縣軍籍，儒士……年三十二」（寧波出版社2006年影印本，第40頁）。需指出的是，《登科錄》載鄒來學中式年齡為「三十二」，正確。
曾翬	三	25	江西吉安府泰和縣	民	24	《宣德八年進士登科錄》載：「曾翬，貫江西吉安府泰和縣民籍，儒士……年二十四」（第45頁）。
潘洪	三	32	四川重慶府銅梁縣	民	30	《宣德八年進士登科錄》載：「潘洪，貫四川重慶府銅梁縣民籍，儒士……年三十」（第47頁）。

〔註11〕〔明〕錢穀：《吳都文粹續集》卷三九《明故推誠宣力守正文臣特進光祿大夫柱國武功伯華蓋殿大學士天全徐公墓誌銘》，《景印文淵閣四庫全書》第1386冊，第277～278頁。

	王瑨	三	34	河南汝寧府信陽縣	軍	34	《宣德八年進士登科錄》載：「王瑨，貫河南汝寧府信陽縣軍籍，儒士……年三十四」（第47頁）。
	陳金	三	37	浙江紹興府上虞縣	民	25	《宣德八年進士登科錄》載：「陳金，貫浙江紹興府上虞縣民籍，儒士……年二十五」（第48頁）。
正統元年丙辰	林璧	二	2	浙江台州府黃岩縣	民	44	《正統元年進士登科錄錄》載：「林璧，浙江台州府黃岩縣民籍，儒士……年四十四」（上海圖書館藏明正統刻本）。
	楊德敷	三	30	江西吉安府泰和縣	民	35	《正統元年進士登科錄》載：「楊德敷，貫江西吉安府泰和縣民籍，儒士……年三十五」（上海圖書館藏明正統刻本）。
	錢奐	二	32	浙江寧波府鄞縣	民	28	《正統元年進士登科錄》載：「錢奐，貫浙江寧波府鄞縣民籍，儒士……年二十八」（上海圖書館藏明正統刻本）。
	劉福	三	17	山東青州府益都縣	軍	28	《正統元年進士登科錄》載：「劉福，貫山東青州府益都縣民籍，儒士……年二十八」（上海圖書館藏明正統刻本）。
	黃彥俊	二	23	浙江台州府黃岩縣	軍	32	《正統元年進士登科錄》載：「黃彥俊，貫浙江台州府黃岩縣民籍，儒士……年三十二」（上海圖書館藏明正統刻本）。
正統四年己未	章繪	二	28	浙江寧波府鄞縣人，順天府富戶	富戶	24	《正統四年進士登科錄》載：「章繪，貫浙江寧波府鄞縣民籍，順天府富戶……年二十四」（寧波出版社2006年影印本，第15頁）。《正統四年進士登科錄》載：「章繪，貫浙江寧波府鄞縣民籍，順天府富戶」，中順天鄉試。按，

| | | | | | | | 天順元年進士黎淳撰《榮節堂詩序》載:「榮節堂建在四明山之高橋,今河南右布政使章公尚素奉其母太恭人俞氏如肆之堂也。初,太恭人歸章氏,適章以閭右徙實京師,河南公世父智和以其籍徙,父智通則主供億焉」〔註12〕。上引文「河南右布政使章公尚素」,即指天順八年三月至成化五年二月間任河南右布政使的章繪〔註13〕。由此可知,章繪伯父智和以「閭右徙實京師」,並成為北京富戶籍;而繪父智通依然為浙江寧波府鄞縣民籍,負責供給其兄智和在北京為富戶所需要的財物。成書於景泰間的《寰宇通志·寧波府·科甲》也明確記載章繪為浙江寧波府鄞縣人,同書《順天府·科甲》則對其無載〔註14〕;《登科考》《碑錄》也都載其為浙江鄞縣(籍)人〔註15〕,雍正《畿輔通志》收錄的正統四年北直隸進士名單則對其無載。儘管稍早於《進士登科錄》的同科《會試錄》載章繪為「順天府大興縣儒士」〔註16〕,《貢舉考》《類姓登科考》皆載其為順天府大興縣(籍)人〔註17〕, |

〔註12〕 〔明〕黎淳:《黎文僖公集》卷一一《序·榮節堂詩序》,《續修四庫全書》第 1330 冊,第 91 頁。

〔註13〕 《明憲宗實錄》卷三「天順八年三月癸酉」、同書卷六三「成化五年二月甲午」,第 85、1281 頁。

〔註14〕 《寰宇通志》卷一《順天府·科甲》,第 229 頁。

〔註15〕 《登科考》卷二,第 238 頁;《碑錄》,第 202 頁。

〔註16〕 《正統四年會試錄》,第 1 頁。

〔註17〕 《貢舉考》卷三,《續修四庫全書》第 828 冊,上海:上海古籍出版社 1996 年影印本,第 252 頁;〔清〕盛子鄴:《類姓登科考》,《四庫全書存目叢書》子部第 226 冊,濟南:齊魯書社 1995 年影印本,第 523 頁。

							萬曆《順天府志》、康熙《畿輔通志》也都同載〔註18〕，但尚不足以否定《登科錄》等文獻對章繪現籍地的記載。
	鄭崇	三	48	福建福州府懷安縣	民	50	《正統四年進士登科錄》載：「鄭崇，貫福建福州府懷安縣民籍，儒士……年五十」（第45頁）。
	成始終	三	49	直隸常州府無錫縣	民	37	《正統四年進士登科錄》載：「成始終，貫直隸常州府無錫縣民籍，儒士……年三十七」（第45頁）。需指出的是，《登科錄》載成始終的中式年齡正確。倪謙《明故前奉政大夫湖廣按察司僉事成公墓表》載：「公諱始終，敬之其字也，姓成氏……母夏氏，以永樂癸未九月十八日生公……髫齡時日記千言，過目不忘……以儒士應宣德乙卯鄉試中式，登正統己未進士」〔註19〕。可知，成始終生於永樂癸未即永樂元年（1403），則正統四年（1439）中進士年齡為三十七。
正統七年壬戌	左鼎	二	19	江西吉安府永新縣	民	34	《正統七年進士登科錄》載：「左鼎，貫江西吉安府永新縣民籍，儒士……年三十四」（寧波出版社2006年影印本，第14頁）。
	顧孟喬	二	30	福建興化府莆田縣	民	—	《正統七年進士登科錄》載：「顧孟喬，貫福建興化府莆田縣民籍，儒士……年四十五」（第22頁）。需指出的是，《登科錄》載顧孟喬中式年齡為四十五，不確。凌迪知《萬姓統譜》卷九五《顧》載：

〔註18〕 萬曆《順天府志》卷五《人物‧選舉》，《四庫全書存目叢書》史部第208冊，第194頁；康熙《畿輔通志》卷一七《選舉》，康熙刊本。
〔註19〕 〔明〕倪謙：《倪文僖集》卷二七《明故前奉政大夫湖廣按察司僉事成公墓表》，《景印文淵閣四庫全書》第1245冊，第521頁。

							「凌迪知，正統四年以儒士禮部會試中式，引病告歸……七年方赴廷試，志在早退，於《登科錄》官年多占十餘歲」〔註20〕。可知，為在仕途「早退」，顧夢喬在《登科錄》中多報十餘歲年齡，其實際中式年齡應低於三十五。但因史料所限，具體中式年齡數待考。
	高安	三	24	江西吉安府永豐縣	民	27	《正統七年進士登科錄》載：「高安，貫江西吉安府永豐縣民籍，儒士……年二十七」（第42頁）。
	鄺海	三	76	江西吉安府吉水縣	民	36	《正統七年進士登科錄》載：「鄺海，貫江西吉安府吉水縣民籍，儒士……年三十六」（第48頁）。
正統十年乙丑	曾蒙簡	二	1	江西吉安府泰和縣	儒	39	《正統十年進士登科錄》載：「曾蒙簡，貫江西吉安府泰和縣儒籍，儒士……年三十九」（寧波出版社2006年影印本，第8頁）。
	張洪	二	9	江西吉安府安福縣	民	35	《正統十年進士登科錄》載：「張洪，貫江西吉安府安福縣民籍，儒士……年三十五」（第10頁）。
	劉孜	二	22	江西吉安府萬安縣	民	35	《正統十年進士登科錄》載：「劉孜，貫江西吉安府萬安縣民籍，儒士……年三十五」（第13頁）。需指出的是，《登科錄》載劉孜中式年齡，正確。據《明憲宗實錄》卷五五載：「成化四年六月己亥，南京刑部尚書劉孜卒。孜，字顯孜，江西萬安縣人，舉進士……至是卒，年五十八」〔註21〕。

〔註20〕〔明〕凌迪知：《萬姓統譜》卷九五《顧》，《景印文淵閣四庫全書》第957冊，第374頁。
〔註21〕《明憲宗實錄》卷五五「成化四年六月己亥」，第1113頁。

							可知，成化四年（1468）劉孜卒，「年五十八」，其應生於永樂九年（1411），正統十年（1445）中進士年齡為三十五。
	徐昌	二	41	直隸蘇州府崑山縣	民	22	《正統十年進士登科錄》載：「徐昌，貫直隸蘇州府崑山縣民籍，儒士……年二十二」（第 19 頁）。
	陳雲鵬	二	46	浙江紹興府餘姚縣	民	30	《正統十年進士登科錄》載：「陳雲鵬，貫浙江紹興府餘姚縣民籍，儒士……年三十」（第 21 頁）。
	許篪	三	2	直隸常州府無錫縣	民	24	《正統十年進士登科錄》載：「許篪，貫直隸常州府無錫縣民籍，儒士……年二十四」（第 30 頁）。
	陳寬	三	44	江西南昌府豐城縣	民	43	《正統十年會試錄》載：「陳寬，貫江西南昌府豐城縣民籍，儒士……年四十三」（第 41 頁）。
正統十三年戊辰	劉吉	二	24	直隸保定府博野縣	軍	22	《正統十三年進士登科錄》載：「劉吉，貫直隸保定府博野縣軍籍，儒士……年二十二」（寧波出版社 2006 年影印本，第 15 頁）。需指出的是，《登科錄》載劉吉中式年齡正確。據徐溥《故特進光祿大夫柱國少師兼太子太師吏部尚書華蓋殿大學士致仕贈太師謚文穆劉公神道碑銘》載：「公諱吉，字佑之，幼即沉厚有大志……正統丁卯登順天府鄉試，戊辰第進士……疾暴作，竟不起，實癸丑十一月癸未也，享年六十有七」[註22]。引文「癸丑」

〔註22〕〔明〕徐溥：《謙齋文錄》卷四《故特進光祿大夫柱國少師兼太子太師吏部尚書華蓋殿大學士致仕贈太師謚文穆劉公神道碑銘》，《景印文淵閣四庫全書》第 1248 冊，第 663～664 頁。

							即弘治六年（1493），可知該年劉吉卒，「享年六十有七」，其應生於宣德二年（1427），正統十三年（1448）中進士為二十二。
	李泰	二	45	順天府香河縣	民	19	《正統十三年會試錄》載「第七十七名，李泰，順天府香河縣，儒士」（寧波出版社 2007 年，第 21 頁）；《正統十三年登科錄》記載李泰的中式身份漫漶不清（第 20 頁）。可知，李泰中正統十三年會試，中式身份為儒士，繼中正統十三年殿試，則中式身份也為儒士。需指出的是，《登科錄》載李泰中式年齡漫漶不清。據《明憲宗實錄》卷一一○「成化八年十一月己酉」載：「詹事府詹事兼翰林院侍讀學士李泰卒。泰，字文通，順天府香河縣人，正統戊辰進士……至是卒，年四十三」〔註 23〕。可知，成化八年（1472）李泰卒，「年四十三」，其應生於宣德五年（1430），則正統十三年（1448）中進士當為十九。
	李尚	三	40	浙江寧波府慈谿縣	民	26	《正統十三年進士登科錄》載：「李尚，貫浙江寧波府慈谿縣民籍，儒士……年二十六」（第 39 頁）。
景泰二年辛未	相傑	二	51	順天府大興縣，直隸松江府華亭縣人	匠	24	《景泰二年進士登科錄》載：「相傑，順天府大興縣匠籍，直隸松江府華亭縣人，儒士……年二十四」（寧波出版社 2006 年影印本，第 21 頁）。
	陳嘉猷	二	52	浙江紹興府餘姚縣	官	31	《景泰二年進士登科錄》載：「陳嘉猷，貫浙江紹興府餘姚縣官籍，儒士……年二十九」（第 21 頁）。需指出的是，

〔註23〕《明憲宗實錄》卷一一○「成化八年十一月己酉」，第 2148 頁。

						《登科錄》載陳嘉猷中式年齡為二十九，不確，當為「三十一」。據葉盛《通政使司右通政陳君墓誌銘》載：「君姓陳氏，諱嘉猷，其字世用，餘姚人……君自幼嶷然志向，十四五即能詩文……景泰庚午浙江領薦，明年試禮部第五人，擢進士上第……丁亥（成化三年）始就職，九月忽感微疾，以是月廿二日卒，年四十七」〔註24〕；《明憲宗實錄》卷四七「成化三年冬十月癸巳朔」載：「通政使司右通政陳嘉猷卒。嘉猷，字世用，浙江餘姚縣人，景泰辛未進士……卒年四十七」〔註25〕。可知，丁亥即成化三年（1467）陳嘉猷卒，「年四十七」，其應生於永樂十九年（1421），則景泰二年（1451）中進士當為三十一。
陳僎	二	53	直隸蘇州府吳縣	官	30	《景泰二年進士登科錄》載：「陳僎，貫直隸蘇州府吳縣官籍，儒士……年三十」（第21頁）。需指出的是，《登科錄》載陳僎中式年齡正確。據吳寬《四川等處提刑按察司僉事陳君行狀》載：「君諱僎，字汝翼，其先汴人，後徙於吳……從里師鄭鏐受《周易》，晝夜講誦不怠……景泰元年應應天府鄉試，以第十四人薦，司文衡者且錄其程文一，通以傳四方。二年中禮部試，遂登進士第，觀政禮部……（卒）成化二年四月十三日也，年四十五。」〔註26〕

〔註24〕〔明〕葉盛：《涇東小稿》卷六《通政使司右通政陳君墓誌銘》，《續修四庫全書》集部第1329冊，第69～70頁。

〔註25〕《明憲宗實錄》卷四七「成化三年冬十月癸巳朔」，第969～970頁。

〔註26〕〔明〕吳寬：《家藏集》卷五八《四川等處提刑按察司僉事陳君行狀》，《景印

						可知，成化二年（1466）陳僎卒，「年四十五」，其應生於永樂二十年（1422），景泰二年（1451）中進士為三十。
	童綠	二	72	浙江杭州府錢塘縣	匠	27	《景泰二年進士登科錄》載：「童綠，貫浙江杭州府錢塘縣匠籍，儒士……年二十七」（第 27 頁）。
	張瑄	三	91	順天府大興縣；浙江仁和縣人	匠	30	《景泰二年進士登科錄》載：「張瑄，貫順天府大興縣匠籍，浙江仁和縣人，儒士……年三十」（第 51 頁）。
	鄭佑	三	98	順天府大興縣；浙江衢州府常山縣	民	31	《景泰二年進士登科錄》載：「鄭佑，貫順天府大興縣民籍，浙江衢州府常山縣人，儒士……年三十一」（第 53 頁）。
景泰五年甲戌	耿裕	二	17	河南河南府盧氏縣；山西平定州；	官	25	《景泰五年進士登科錄》載：「耿裕，貫河南河南府盧氏縣官籍，山西平定州人，儒士……年二十五」（寧波出版社 2006 年影印本，第 12 頁）。需指出的是，《登科錄》載耿裕中式年齡正確。徐溥《榮祿大夫太子太保吏部尚書贈太保諡文恪耿公裕神道碑》載：「公諱裕，字好問，姓耿氏……祖諱綱，國初盧氏縣學教諭……自教諭公官盧氏不歸，今為盧氏人……公年少即有大志，景泰癸酉，清惠公方以刑部侍郎巡撫於外，公侍母太夫人居京師，當順天府舉鄉試，奏乞就試，遂中其選，明年登進士第……弘治戊申，召為禮部尚書，癸丑，仍為吏部。明年加太子太保，累階至榮祿大夫，又二年而卒，享年六十七歲。」〔註27〕《明孝

文淵閣四庫全書》第 1255 冊，第 535～537 頁。

〔註27〕〔明〕焦竑：《國朝獻徵錄》卷二四《榮祿大夫太子太保吏部尚書贈太保諡文恪耿公裕神道碑》，《續修四庫全書》史部第 526 冊，第 245 頁。

						宗實錄》卷一〇八則明確載：「弘治九年正月戊戌，太子太保吏部尚書耿裕卒」〔註28〕。可知，弘治九年（1496）耿裕卒，「享年六十七歲」，其應生於宣德五年（1430），景泰五年（1454）中進士為二十五。
林時讓	二	99	福建興化府莆田縣	民	32	《景泰五年進士登科錄》載：「林時讓，福建興化府莆田縣民籍，儒士……年三十二」（第32頁）。
潘傑	三	2	應天府上元縣	匠	27	《景泰五年進士登科錄》載：「潘傑，應天府上元縣匠籍，儒士……年二十七」（第36頁）。
鄭華	三	22	福建興化府莆田縣	匠	34	《景泰五年進士登科錄》載：「鄭華，貫福建興化府莆田縣匠籍，儒士……年三十四」（第38頁）。
黎庸	三	52	交阯交阯府清威縣	民	31	《景泰五年進士登科錄》載：「黎庸，貫交阯交阯府清威縣民籍，儒士……年三十一」（第46頁）。按明代制度，「儒士」須在現籍地報考應試，黎庸既以此身份報考順天府鄉試並中式，說明其至遲在報考順天鄉試之前就已擁有華籍。另外，洪武初年，明朝曾允許高麗、安南等外國考生來華參加科舉考試，但必須是在其本國鄉試中式，才可來參加明朝的會試；洪武十七年，明朝恢復科舉考試，就取消了外國人來華參加科舉考試的規定。永樂五年，明朝收復安南，設置交阯布政司，但史籍中未見其舉行鄉試並解送舉人參加明朝會試的記載；宣德二年，明

〔註28〕《明孝宗實錄》卷一〇八「弘治九年正月戊戌」，第1980頁。

						朝棄交阯，此後，在明朝境内自然就更不存在現戶籍屬於「交阯」的科舉考生。所以《登科錄》所載「交阯交阯府清威縣」只能是黎庸的原籍地，而非其現籍地；其現籍只能隸屬明朝，但具體當為何地？因史料闕如，尚不知其詳。
毛傑	三	112	浙江紹興府餘姚縣	民	22	《景泰五年進士登科錄》載：「毛傑，貫浙江紹興府餘姚縣民籍，儒士……年二十二」（第68頁）。
金紳	三	157	應天府上元縣	官	21	《景泰五年進士登科錄》載：「金紳，貫應天府上元縣官籍，儒士……年二十一」（第79頁）。需指出的是，《登科錄》載金紳中式年齡正確。據《明憲宗實錄》卷二二八載：「成化十八年六月丙寅，南京刑部右侍郎金紳卒。紳，字縉卿，應天府上元縣人。景泰甲戌進士……卒於官，年四十九」。〔註29〕徐溥《通議大夫南京刑部右侍郎金公墓誌銘》亦載：「公諱紳，字縉卿，其先錢塘人……國初以閭右遷實南京，始占籍上元縣……公幼有奇質，南安公教之甚篤，學業益進。景泰癸酉中應天府鄉試，明年登進士第……公既久勞於外，得疾即不起，時成化壬寅六月甲寅也，年僅四十九」〔註30〕。可知，成化壬寅即成化十八年（1482）金紳卒，「年四十九」，其應生於宣德九年（1434），景泰五年（1454）中進士為二十一。丘濬《金侍郎傳》也載

〔註29〕《明憲宗實錄》卷二二八「成化十八年六月丙寅」，第3917頁。
〔註30〕〔明〕徐溥：《謙齋文錄》卷三《通議大夫南京刑部右侍郎金公墓誌銘》，《景印文淵閣四庫全書》第1248冊，第607～608頁。

						金紳「年二十以《尚書》蔡氏傳領京闈，明年登進士第」〔註31〕。
	李述	三	166	江西南昌府豐城縣	民	27	《景泰五年進士登科錄》載：「李述，貫江西南昌府豐城縣民籍，儒士……年二十七」（第82頁）。
天順元年丁丑	葉敏	二	49	廣東廣州府南海縣	民	26	《天順元年進士登科錄》載：「葉敏，貫廣東廣州府南海縣民籍，儒士……年二十六」（《明代登科錄彙編》第2冊，第491頁）。
	王顯	二	59	江西撫州府臨川縣	民	29	《天順元年進士登科錄》載：「王顯，貫江西撫州府臨川縣民籍，儒士……年二十九」（《明代登科錄彙編》第2冊，第496頁）。
	劉秩	三	20	江西吉安府安福縣	民	28	《天順元年進士登科錄》載：「劉秩，貫江西吉安府安福縣民籍，儒士……年二十八」（第527頁）。
	馬體乾	三	122	江西吉安府永新縣	民	36	《天順元年進士登科錄》載：「馬體乾，貫江西吉安府永新縣民籍，儒士……年三十六」（第578頁）。
	夏環	三	134	江西南昌府豐城縣	民	22	《天順元年進士登科錄》載：「夏環，貫江西南昌府豐城縣民籍，儒士」（第584頁）。
	林孟喬	三	184	福建福州府福清縣	鹽	25	《天順元年進士登科錄》載：「林孟喬，貫福建福州府福清縣鹽籍，儒士……年二十五」（第609頁）。
天順四年庚辰	葉公大	二	46	福建福州府閩縣	民	26	《天順四年進士登科錄》載：「葉公大，貫福建福州府閩縣民籍，儒士……年二十六」（寧波出版社2006年影印本，第19頁）。

〔註31〕丘濬《重編瓊臺稿》卷二十《金侍郎傳》，《景印文淵閣四庫全書》第1248冊，第402頁。

	聞景輝	三	79	浙江紹興府餘姚縣	民	36	《天順四年進士登科錄》載：「聞景輝，貫浙江紹興府餘姚縣民籍，儒士……年三十六」（第40頁）。
天順八年甲申	鄭玉	二	16	順天府大興縣	匠	33	《天順七年會試錄》載：「鄭玉，順天府大興縣儒士」（寧波出版社 2007 年影印本，第25頁）；《天順八年進士登科錄》載：「鄭玉，貫順天府大興縣匠籍，□□……年三十三」（寧波出版社 2006 年影印本，第8頁）。由上可知，《登科錄》載鄭玉中式身份漫漶不清。因鄭玉中天順七年會試，繼中天順八年進士，緣此，其殿試中式身份和會試中式中式應為一致，故其殿試中式身份也應為儒士。因此，確認鄭玉為儒士進士。
	蕭禎	二	32	江西吉安府泰和縣	軍	33	《天順八年進士登科錄》載：「蕭禎，江西吉安府泰和縣軍籍，儒士……年三十三」（第10頁）。李東陽《明故資政大夫南京工部尚書致仕蕭公墓誌銘》載：「公姓蕭氏，諱禎，字彥祥，舉進士……公之先居江西，其府曰吉安，其縣曰泰和……公少學詩經，舉子業有名……天順己卯以儒士舉江西，其舉進士在甲申……其卒以弘治辛酉三月十六日，距其生宣德壬子三月八日」〔註32〕。可知，蕭禎生於宣德壬子即宣德七年（1432），天順八年（1464）中進士為三十三。
	杜蕎	二	61	浙江寧波府鄞縣	軍	24	《天順八年進士登科錄》載：「杜蕎，貫浙江寧波府鄞縣軍籍，儒士……年二十四」

〔註32〕李東陽：《懷麓堂集》卷八四《明故資政大夫南京工部尚書致仕蕭公墓誌銘》，《景印文淵閣四庫全書》第 1250 冊，第 892～893 頁。

						（第 17 頁）。
吳宏密	三	13	福建興化府莆田縣	軍	30	《天順八年進士登科錄》載：「吳宏密，貫福建興化府莆田縣軍籍，儒士……年三十」（第 24 頁）。需指出的是，林俊《明襄府左長史食正四品俸進階亞中大夫慎齋吳公墓誌銘》載：「五侯天龍吳大姓族焉。青緋肩望入國朝鄉進士者八人，進士三人，進士，慎齋始也。諱宏密，字慎夫，少從提學吳憲副授經……閩省一試，禮部一試，試輒收，例得顯選。生宣德乙卯，歷正德丙子，壽八十二」〔註33〕。可知，吳宏密生於宣德乙卯即宣德十年（1435），天順八年（1464）中進士為三十。
阮玘	三	15	江西吉安府安福縣	民	29	《天順八年進士登科錄》載：「阮玘，貫江西吉安府安福縣民籍，儒士……年二十九」（第 24 頁）。
姜浩	三	20	直隸松江府上海縣，神武左衛軍籍	軍	22	《天順八年進士登科錄》載：「姜浩，貫直隸松江府上海縣人，神武左衛軍籍，儒士……年二十二」（第26頁）。
孫緝	三	106	江西南昌府豐城縣	官	25	《天順八年進士登科錄》載：「孫緝，貫江西南昌府豐城縣官籍，儒士……年二十五」（第 47 頁）。
陳昭	三	156	江西南昌府豐城縣	民	35	《天順八年進士登科錄》載：「陳昭，貫江西南昌府豐城縣民籍，□□……年三十五」（第 24 頁）；《天順七年會試錄》載陳昭為「江西豐城縣人，儒士」（寧波出版社 2007 年影印本，第 32 頁）。

〔註33〕〔明〕林俊：《見素集》卷一八《明襄府左長史食正四品俸進階亞中大夫慎齋吳公墓誌銘》，《景印文淵閣四庫全書》第 1257 冊，第 196～197 頁。

成化二年 丙戌	張琳	二	19	浙江紹興府 餘姚縣	民	30	《成化二年進士登科錄》載： 「張琳，貫浙江紹興府餘姚 縣民籍，儒士」（寧波出版社 2006 年影印本，第 12 頁）。
	諸觀	二	55	浙江紹興府 餘姚縣	民	36	《成化二年進士登科錄》載： 「諸觀，貫浙江紹興府餘姚 縣民籍，儒士」（第 21 頁）。
	朱文環	二	70	福建興化府 莆田縣	民	36	《成化二年進士登科錄》載： 「朱文環，貫福建興化府莆 田縣民籍」（第 25 頁）。
	陸潤	三	67	直隸蘇州府 常熟縣	民	31	《成化二年進士登科錄》載： 「陸潤，貫直隸蘇州府常熟 縣民籍」（第 49 頁）。
	黃本	三	88	江西撫州府 樂安縣	民	29	《成化二年進士登科錄》載： 「黃本，貫江西撫州府樂安 縣民籍」（第 55 頁）。
	黃寯	三	122	福建福州府 閩縣	民	31	《成化二年進士登科錄》載： 「黃寯，貫福建福州府閩縣 民籍」（第 63 頁）。
	沈海	三	127	直隸蘇州府 常熟縣	民	37	《成化二年進士登科錄》載： 「沈海，貫直隸蘇州府常熟 縣民籍」（第 64 頁）。
	蕭潤	三	150	江西吉安府 泰和縣	民	42	《成化二年進士登科錄》載： 「蕭潤，貫江西吉安府泰和 縣民籍」（第 70 頁）。
	馮鋠	三	174	浙江寧波府 慈谿縣	軍	29	《成化二年進士登科錄》載： 「馮鋠，貫浙江寧波府慈谿 縣軍籍」（第 76 頁）。
	馬琴	三	203	四川成都府 內江縣	民	31	《成化二年進士登科錄》載： 「馬琴，貫四川成都府內江 縣民籍」（第 83 頁）。需指出 的是，《登科錄》載馬琴中式 年齡正確。莊昶《寧波太守馬 公墓誌銘》載：「寧波太守馬 公，西蜀內江人，諱琴……登 丙戌進士……公生於正統丙 辰，其卒也，為弘治甲寅五月 十三日也。」〔註34〕可知，

〔註34〕〔明〕莊昶：《定山集》卷九《寧波太守馬公墓誌銘》，《景印文淵閣四庫全書》
第 1254 冊，第 335〜336 頁。

							馬琴生於正統丙辰即正統元年（1436），則成化二年（1466）中進士為三十一。
成化五年己丑	張習	二	4	直隸蘇州府吳縣	民	37	《成化五年進士登科錄》載：「張習，貫直隸蘇州府吳縣民籍，儒士……年三十七」（《明代登科錄彙編》第 2 冊，第 829 頁）。
	馮蘭	二	23	浙江紹興府餘姚縣	民	27	《成化五年進士登科錄》載：「馮蘭，貫浙江紹興府餘姚縣民籍，儒士……年二十七」（第 838 頁）。
	鄧存德	二	35	南京欽天監籍；江西南昌府建昌縣人	欽天監	35	《成化五年進士登科錄》載：「鄧存德，貫南京欽天監籍；江西南昌府建昌縣人，儒士……年三十五」（第 884 頁）。
	陳紀	二	56	福建福州府閩縣	民	23	《成化五年進士登科錄》載：「陳紀，貫福建福州府閩縣民籍，儒士……年二十三」（第 855 頁）。
	劉忠器	三	10	浙江紹興府新昌縣	民	34	《成化五年進士登科錄》載：「劉忠器，貫浙江紹興府新昌縣民籍，儒士……年三十四」（第 870 頁）。
	陳雲鳳	三	43	浙江紹興府餘姚縣	民	29	《成化五年進士登科錄》載：「陳雲鳳，貫浙江紹興府餘姚縣民籍，儒士……年二十九」（第 886 頁）。
	方岳	三	62	福建興化府莆田縣	軍	28	《成化五年進士登科錄》載：「方岳，貫福建興化府莆田縣軍籍，儒士……年二十八」（第 896 頁）。
	王舟	三	73	浙江紹興府餘姚縣	民	33	《成化五年進士登科錄》載：「王舟，貫浙江紹興府餘姚縣民籍，儒士……年三十三」（第 900 頁）。
	劉瓊	三	103	順天府順義縣	軍	28	《成化五年進士登科錄》載：「劉瓊，貫順天府順義縣軍籍，儒士……年二十八」（第 918 頁）。

	陳密	三	116	廣東廣州府南海縣	民	28	《成化五年進士登科錄》載：「陳密，貫廣東廣州府南海縣民籍，儒士……年二十八」（第 923 頁）。
	方珪	三	142	福建興化府莆田縣	軍	25	《成化五年進士登科錄》載：「方珪，貫福建興化府莆田縣軍籍，儒士……年二十五」（第 936 頁）。
	劉源	三	167	順天府宛平縣	民	33	《成化五年進士登科錄》載：「劉源，貫順天府宛平縣民籍，儒士……年三十三」（第 948 頁）。
成化八年壬辰	張謹	二	3	直隸蘇州府吳縣人；錦衣衛軍籍	軍	25	《成化八年進士登科錄》載：「張謹，貫直隸蘇州府吳縣人，錦衣衛軍籍，儒士……年三十四」（《明代登科錄彙編本》第 3 冊，第 1150 頁）。
	高昂	二	17	福建興化府莆田縣	鹽	22	《成化八年進士登科錄》載：「高昂，貫福建興化府莆田縣鹽籍，儒士……年二十二」（第 1157 頁）。
	王宏	二	60	山東登州府文登縣人；留守左衛官籍	官	30	《成化八年進士登科錄》載：「王宏，貫山東登州府文登縣人留守左衛官籍籍，儒士……年三十三」（1179 頁）。
	章銳	三	24	浙江寧波府鄞縣	民	34	《成化八年進士登科錄》載：「章銳，貫浙江寧波府鄞縣民籍，儒士……年三十四」（第 1201 頁）。
	李瀛	三	110	順天府宛平縣	官	24	《成化八年進士登科錄》載：「李瀛，貫順天府宛平縣官籍，儒士……年二十四」（第 1242 頁）。
	董綱	三	168	直隸寧國府涇縣	軍	30	《成化八年進士登科錄》載：「董綱，貫直隸寧國府涇縣軍籍，儒士……年三十」（第 1273 頁）。
成化十一年乙未	潘祺	二	85	浙江台州府天台縣	民	29	《成化十一年進士登科錄》載：「潘祺，貫浙江台州府天台縣民籍，儒士……年二十

						九」（寧波出版社 2006 年影印本，第 29 頁）。
樓東	二	93	浙江寧波府鄞縣	民	23	《成化十一年進士登科錄》載：「樓東，貫浙江寧波府鄞縣民籍，儒士……年二十三」（第 31 頁）。
韓明	三	24	浙江紹興府餘姚縣	民	33	《成化十一年進士登科錄》：載「韓明，貫浙江紹興府餘姚縣民籍，儒士……年三十三」（第 38 頁）。
鄭欽	三	65	福建興化府莆田縣	軍	42	《成化十一年進士登科錄》載：「鄭欽，貫福建興化府莆田縣軍籍，儒士……年四十二」（第 48 頁）。
袁士凰	三	126	廣東廣州府東莞縣	民	24	《成化十一年進士登科錄》載：「袁士凰，貫廣東廣州府東莞縣民籍，儒士……年二十四」（第 63 頁）。
馬通	三	129	燕山右衛	軍	31	《成化十一年進士登科錄》載：「馬通，貫燕山右衛軍籍，儒士……年三十一」（第 64 頁）。
李尚達	三	139	福建福州府閩縣	民	38	《成化十一年進士登科錄》載：「李尚達，貫福建福州府閩縣民籍，儒士……年三十八」（第 66 頁）。
成化十四年戊戌	張溰	二	11	廣西潯州府平南縣	民	17	《成化十四年進士登科錄》載：「張溰，貫廣西潯州府平南縣民籍，儒士……年十七」（第 10 頁）。需指出的是，《登科錄》載張溰中式年齡正確。楊廷和《資德大夫正治上卿南京兵部尚書參贊機務太子少傅致仕涇川張公溰神道碑銘》載：「公諱溰，字仲湜，姓張氏，別號涇川。其先開封人……高祖諱秀實，遷廣西之龔州，即今平南縣也……公天資穎異，十歲能屬文，日記數千言，成化丁酉舉鄉試第九，時年十六，明年

						第進士」〔註35〕。
	蔡相	二	21	順天府大興縣	匠	22	《成化十四年進士登科錄》載：「蔡相，貫順天府大興縣匠籍，儒士……年二十二」（第13頁）。
	鄧炆	二	79	福建福州府閩縣	匠	33	《成化十四年進士登科錄》載：「鄧炆，貫福建福州府閩縣匠籍，儒士……年十七」（第29頁）。
	明經	三	123	四川成都府內江縣	軍	28	《成化十四年進士登科錄》載：「明經，貫四川成都府內江縣軍籍，儒士……年二十八」（第59頁）。
	侯觀	三	218	直隸保定府雄縣	民	25	《成化十四年進士登科錄》載：「侯觀，貫直隸保定府雄縣民籍，儒士……年二十五」（第83頁）。
成化十七年辛丑	王華	一	1	浙江紹興府餘姚縣	民	36	《成化十七年進士登科錄》載：「王華，貫浙江紹興府餘姚縣民籍，儒士……年三十六」（第8頁）。需指出的是，《登科錄》載王華中式年齡正確。據楊一清《南京吏部尚書封特進光祿大夫柱國新建伯海日王華墓誌銘》載：「公姓王氏，諱華……上世自琅琊徙居會稽之山陰，又自山陰徙餘姚……公生正統丙寅之九月……成化庚子發解浙江第二人，明年辛丑廷試第一甲第一人。」〔註36〕可知，王華生於正統丙寅即正統十一年（1446），則成化十七年（1481）中進士為三十六。
	孫昱	二	66	直隸鎮江府金壇縣	民	34	《成化十七年進士登科錄》載：「孫昱，貫直隸鎮江府金

〔註35〕 焦竑：《國朝獻徵錄》卷四二《資德大夫正治上卿南京兵部尚書參贊機務太子少傅致仕涇川張公濚神道碑銘》，《續修四庫全書》史部第 527 冊，第 232 頁。

〔註36〕 〔明〕焦竑：《國朝獻徵錄》卷二七《南京吏部尚書封特進光祿大夫柱國新建伯海日王華墓誌銘》，《續修四庫全書》史部第 526 冊，第 390～393 頁。

						壇縣民籍，儒士……年三十四」（第25頁）。
趙渾	二	72	福建漳州府漳浦縣	民	22	《成化十七年進士登科錄》載：「趙渾，貫福建漳州府漳浦縣民籍，儒士……年二十二」（第27頁）。
郭文旭	三	10	福建福州府閩縣	軍	34	《成化十七年進士登科錄》載：「郭文旭，貫福建福州府閩縣軍籍，儒士……年三十四」（第31頁）。
李王卂	三	29	右軍都督府官籍，陝西西寧衛人	官	31	《成化十七年進士登科錄》載：「李王卂，貫直隸鎮江府金壇縣民籍，儒士……年三十四」（第36頁）。
王瑫	三	31	浙江紹興府鄞縣	民	26	《成化十七年進士登科錄》載：「王瑫，貫浙江紹興府鄞縣民籍，儒士……年二十六」（第36頁）。
馬炳然	三	33	四川成都府內江縣	民	22	《成化十七年進士登科錄》載：「馬炳然，貫四川成都府內江縣民籍，儒士……年二十二」（第37頁）。
張烜	三	67	福建福州府福清縣	鹽	34	《成化十七年進士登科錄》載：「張烜，貫福建福州府福清縣鹽籍，儒士……年三十四」（第45頁）。
袁慊	三	93	浙江寧波府慈谿縣	民	26	《成化十七年進士登科錄》載：「袁慊，貫浙江寧波府慈谿縣民籍，儒士……年二十六」（第52頁）。需指出的是，《登科錄》載袁慊中式年齡正確。據姚鏌《廣州府知府袁公慊墓誌銘》載：「公諱慊……年二十五即舉於鄉，辛丑連舉進士……公沒於嘉靖壬辰，距其生景泰丙子，年七十有七」〔註37〕。可知，

〔註37〕〔明〕焦竑：《國朝獻徵錄》卷一百《廣州府知府袁公慊墓誌銘》，《續修四庫全書》史部第530冊，第677～678頁。

						袁嫌生於景泰丙子即景泰七年（1456），則成化十七年（1481）袁嫌中進士為二十六。
	熊宗德	三	119	南京錦衣衛女戶籍，應天府江寧縣	女戶	42	《成化十七年進士登科錄》載：「熊宗德，貫南京錦衣衛女戶籍，應天府江寧縣人，儒士……年四十二」（第 58 頁）。
	顧景祥	三	141	順天府大興縣，直隸長洲縣人	匠	39	《成化十七年進士登科錄》載：「顧景祥，貫順天府大興縣匠籍，直隸長洲縣人，儒士……年三十九」（第 64 頁）。
	丘天佑	三	159	福建興化府莆田縣	軍	28	《成化十七年進士登科錄》載：「丘天佑，貫福建興化府莆田縣軍籍，儒士……年三十八」（第 68 頁）。
成化二十年甲辰〔註38〕	鄧鼎	二	8	江西吉安府泰和縣	民	31	《成化二十年會試錄》載：「鄧鼎，江西泰和縣儒士」（寧波出版社 2007 年影印本，第 16 頁）。需指出的是，羅欽順《南京刑部郎中鄧君墓表》載：「弘治甲子五月二十二日，南京刑部郎中鄧君廷器卒於家……君諱鼎，廷器其字。自幼穎敏過人……成化癸卯領江西鄉薦，明年登進士第八……其位止於五品，壽僅踰於五旬」〔註39〕。可知，弘治甲子即弘治十七年（1504）鄧鼎卒，「壽僅踰於五旬」即五十一，其應生於景泰五年（1454），則成化二十年（1484）中進士當為三十一。

〔註38〕該科儒士進士甲次、名次、籍、貫俱取於《國朝歷科進士題名碑錄初集》附明代歷科題名碑錄，《北京圖書館古籍珍本叢刊》第 116 冊，依次為 669 頁、670 頁、670 頁、671 頁、671 頁、672 頁、672 頁、672 頁。

〔註39〕羅欽順：《整菴存稿》卷一二《南京刑部郎中鄧君墓表》，《景印文淵閣四庫全書》第 1261 冊，第 153～154 頁。

鄭洪	二	85	順天府大興縣；河南祥符縣人	匠		《成化二十年會試錄》載：「鄭洪，順天府大興縣儒士」（第18頁）。
陳雍	二	92	浙江紹興府餘姚縣	軍	34	《成化二十年會試錄》載：「陳雍，浙江餘姚縣人，儒士」（第25頁）。需指出的是，據《明南京工部尚書進階榮祿大夫簡庵陳公年譜》載：「公姓陳氏，名雍⋯⋯景泰二年辛未四月十五日亥時，公生於邑東北眉山裏⋯⋯二十年甲辰，三十四歲，中會試二百七名，廷試李旻榜二甲九十二名」〔註40〕。
林謹夫	三	69	福建福州府閩縣	民		《成化二十年會試錄》載：「林謹夫，福建閩縣儒士」（第18頁）。
吳泰	三	101	福建漳州府漳浦縣	民		《成化二十年會試錄》載：「吳泰，福建漳浦縣儒士」（第24頁）。
白圻	三	177	直隸常州府武進縣	官	19	《成化二十年會試錄》載：「白圻，直隸武進縣儒士」（第23頁）。王鏊《通議大夫都察院右副都御史白公神道碑》載：「公諱圻，字輔之。年十八占應天鄉試，明年登進士」〔註41〕。此外，邵寶《白中丞傳》亦載白圻「年十八以《詩經》舉於鄉，十九第進士」〔註42〕。
金獻民	三	195	四川成都府綿州	軍		《成化二十年會試錄》載：「金獻民，四川綿州儒士」（第27頁）。

〔註40〕《明南京工部尚書進階榮祿大夫簡庵陳公年譜》，《北京圖書館藏珍本年譜叢刊》第41冊，第666、671頁。

〔註41〕〔明〕王鏊：《震澤集》卷二三《通議大夫都察院右副都御史白公神道碑》，《景印文淵閣四庫全書》第1256冊，第363頁。

〔註42〕〔明〕邵寶《容春堂後集》卷一四《白中丞傳》，《景印文淵閣四庫全書》第1258冊，第629頁。

	潘絡	三	196	南京欽天監	欽天監		《成化二十年會試錄》：「潘絡，南京欽天監籍，儒士」（第28頁）。
	劉棐	2	34	江西吉安府安福縣	民		《成化十七年會試錄》載：「第三十名劉棐，江西安福縣儒士」（第24頁）；劉棐因事未參加成化十七年殿試，屬告殿現象，按殿試免黜落原則，則劉棐為成化二十年甲辰科儒士進士。
成化二十三年丁未	李充嗣	三	85	四川成都府內江縣	官		《成化二十三年進士登科錄》載：「李充嗣，貫四川成都府內江縣官籍，儒士……年二十六」（寧波出版社2006年影印本，第46頁）。需指出的是，《登科錄》載李充嗣中式年齡正確。據李充嗣子李松所撰《太子少保南京兵部尚書贈太子太保諡康和李公充嗣行狀》載：「先父諱充嗣，字士修，係出蜀之內江……成化丙午就試於蜀，以《易》領鄉薦亞魁，登丁未進士……肇生天順壬午正月十八日，享年六十有七」〔註43〕。可知，李充嗣生於天順壬午即天順六年（1462），則成化二十三年（1487）中進士為二十六。
	李良	三	103	山東齊河縣人；神武左衛官籍	官	32	《成化二十三年進士登科錄》載：「李良，貫山東齊河縣人，神武左衛官籍，儒士……年三十二」（第57頁）。
	張鏌	三	203	浙江寧波府鄞縣人；錦衣衛校籍	錦衣衛	43	《成化二十三年進士登科錄》載：「張鏌，貫浙江寧波府鄞縣人，錦衣衛校籍……年四十三」（第91頁）。

〔註43〕焦竑：《國朝獻徵錄》卷四二《太子少保南京兵部尚書贈太子太保諡康和李公充嗣行狀》，《續修四庫全書》史部第 527 冊，第 236～240 頁。

弘治三年庚戌	崔儀	二	21	福建興化府莆田縣	軍		《弘治三年進士登科錄》載：「崔儀，貫福建興化府莆田縣軍籍，儒士……年三十三」（寧波出版社 2006 年影印本，第 13 頁）。
	茅光著	三	137	浙江寧波府慈谿縣	軍	43	《弘治三年進士登科錄》載：「茅光著，貫浙江寧波府慈谿縣軍籍，儒士……年四十三」（第 63 頁）。
	譚溥	三	199	四川重慶府銅梁縣	民	30	《弘治三年進士登科錄》載：「譚溥，貫四川重慶府銅梁縣民籍，儒士……年三十」第 80 頁。
弘治六年癸丑	羅欽順	一	3	江西吉安府泰和縣	軍	29	《弘治六年進士登科錄》載：「羅欽順，貫江西吉安府泰和縣軍籍，儒士……年二十九」（寧波出版社 2006 年影印本，第 7 頁）。需指出的是，《登科錄》載羅欽順中式年齡正確。據嚴嵩《明故吏部尚書致仕贈太子太保諡文莊羅公神道碑銘》載：「太宰整庵先生羅公，以嘉靖丁未四月二十四日卒，年八十有三……公諱欽順，字允升，吉之泰和人……舉弘治壬子江西鄉薦第一，明年入奉廷對，賜進士及第」〔註 44〕。可知，嘉靖丁未即嘉靖二十六年（1547）羅欽順卒，「年八十有三」，其應生於成化元年（1465），則弘治六年（1493）中進士為二十九。此外，張邦奇《吏部尚書致仕進階榮祿大夫整庵羅先生傳》亦載羅欽順「成化元年歲乙酉十二月辛巳生於官舍」〔註 45〕。

〔註 44〕〔明〕嚴嵩：《鈐山堂集》卷三五《明故吏部尚書致仕贈太子太保諡文莊羅公神道碑銘》，《續修四庫全書》集部第 1336 冊，第 297 頁。

〔註 45〕張邦奇：《環碧堂集》卷七《吏部尚書致仕進階榮祿大夫整庵羅先生傳》，《續修四庫全書》集部第 1337 冊，第 172～173 頁。

宋愷	二	6	直隸松江府華亭縣	民	33	《弘治六年進士登科錄》載：「宋愷，貫直隸松江府華亭縣民籍，儒士……年三十三」（第9頁）。
杜旻	三	10	錦衣衛官籍，直隸山陽縣人	軍	23	《弘治六年進士登科錄》載：「都旻，貫錦衣衛官籍，直隸山陽縣人，儒士……年二十三」（第23頁）。
李承勳	三	85	湖廣武昌縣嘉魚縣	站	23	《弘治六年進士登科錄》載：「李承勳，貫湖廣武昌府嘉魚縣站籍，儒士……年二十三」（第52頁）。
王獻臣	三	100	錦衣衛匠籍；直隸吳縣人	匠	25	《弘治六年進士登科錄》載：「王獻臣，貫錦衣衛鎮撫司匠籍，直隸吳縣人，儒士……年二十五」（第56頁）。
奚自	三	107	順天府宛平縣	匠		《弘治六年進士登科錄》載：「奚自，貫順天府宛平縣匠籍，儒士……年三十三」（第57頁）。
姚學禮	三	179	府軍前衛籍，四川巴縣人	衛	34	《弘治六年進士登科錄》載：「姚學禮，貫府軍前衛籍，四川巴縣人，儒士……年三十四」第75頁。
楊志學	三	185	彭城衛籍，湖廣長沙縣人	衛	27	《弘治六年進士登科錄》載：「楊志學，貫彭城衛籍，湖廣長沙縣人，儒士……年二十七」（第77頁）。需指出的是，《登科錄》載楊志學中式年齡正確。翟鑾《資政大夫刑部尚書贈太子太保謚康惠楊公志學墓誌銘》載：「公諱志學，字遜天，別號五華，世為長沙人。高祖順，高皇帝時占尺籍隸屬神策衛……昭皇帝時徙隆慶衛，復徙彭城衛，因家焉……公生而穎敏，弘治壬子舉舉於順天，癸丑中進士……（嘉靖）庚子冬得疾，辛丑正月

							卒，享年七十有五」〔註46〕。可知，嘉靖辛丑即嘉靖二十年（1541）楊志學卒，「享年七十有五」，其應生於成化三年（1467），則弘治六年（1493）中進士為二十七。
弘治九年丙辰	金達	三	19	浙江寧波府鄞縣	民	25	《弘治九年進士登科錄》載：「金達，貫應天府江寧縣富戶，浙江寧波府鄞縣民籍，儒士……年二十五」（《明代登科錄彙編》第 4 冊，第 1928 頁）。按，《登科錄》載金達中式年齡為「二十五」，不確，當為「三十五」。據景暘《廣東按察司僉事金君達墓誌銘》載：「君諱達，字達卿，號望山，鄞人也……君幼承家學治《尚書》，舉弘治乙卯鄉試，連登丙辰進士……卒於正德己卯六月八日，年五十有八」〔註47〕。可知，金達卒於正德己卯即正德十四年（1519），「年五十有八」，其應生於天順六年（1462），弘治九年（1496）中進士當為三十五。
	林城	三	24	福建泉州府晉江縣	民	27	《弘治九年進士登科錄》載：「林城，貫福建泉州府晉江縣民籍，儒士……年二十七」（《明代登科錄彙編》第 4 冊，第 1931 頁）。
	崔璽	三	71	騰驤左衛；山西蔚州人	軍	34	《弘治九年進士登科錄》載：「崔璽，貫騰驤左衛軍籍，山西蔚州人，儒士……年三十四」（《明代登科錄彙編》第4冊，第 1954 頁）。

〔註46〕焦竑：《國朝獻徵錄》卷四五《資政大夫刑部尚書贈太子太保謚康惠楊公志學墓誌銘》，《續修四庫全書》史部第 527 冊，第 357～360 頁。
〔註47〕焦竑：《國朝獻徵錄》卷九九《廣東按察司僉事金君達墓誌銘》，《續修四庫全書》史部第 530 冊，第 659 頁。

	徐昂	三	153	直隸揚州府泰興縣	民	34	《弘治九年進士登科錄》載：「徐昂，貫直隸揚州府泰興縣民籍，儒士……年三十四」（《明代登科錄彙編》第 4 冊，第 1995 頁）。
弘治十二年己未〔註48〕	羅欽忠	二	3	江西吉安府泰和縣	軍	24	《弘治十二年進士登科錄》載：「羅欽忠，貫江西吉安府泰和縣軍籍，儒士……年二十四」（上海圖書館藏明弘治刻本）。需指出的是，《登科錄》載羅欽忠中式年齡正確。據羅欽順《亡弟前都察院左副都御史允恕墓誌銘》載：「允恕，余季弟也，諱欽忠……生成化丙申三月十九日。年二十預江西舉送，遭母夫人喪，未行。弘治己未中禮部試，列名第八，廷試第二甲第三人，賜進士出身。」〔註49〕可知，羅欽忠生於成化丙申即成化十二年（1476），則弘治十二年（1499）中進士為二十四。
	陸棟	二	5	浙江紹興府餘姚縣	民	30	《弘治十二年進士登科錄》載：「陸棟，貫浙江紹興府餘姚縣民籍，儒士……年三十」（上海圖書館藏明弘治刻本）。
	羅欽德	二	16	江西吉安府泰和縣	軍	28	《弘治十二年進士登科錄》載：「羅欽德，貫江西吉安府泰和縣軍籍，儒士……年二十八」（上海圖書館藏明弘治刻本）。需指出的是，《登科錄》載羅欽德中式年齡正確。據《國朝獻徵錄》卷一百三

〔註48〕該科儒士進士的甲次、名次、籍、貫俱取於《國朝歷科進士題名碑錄初集》附明代歷科題名碑錄，《北京圖書館古籍珍本叢刊》第 116 冊，依次為 689 頁、689 頁、689 頁、690 頁、690 頁、690 頁、690 頁、691 頁、691 頁、691 頁、693 頁、693 頁。

〔註49〕〔明〕羅欽順：《整庵存稿》卷一四《亡弟前都察院左副都御史允恕墓誌銘》，《景印文淵閣四庫全書》第 1261 冊，第 187～189 頁。

						《貴州按察使羅公欽德墓誌銘》載：「嘉靖庚戌冬十有一月壬寅，毅軒羅公卒於西岡里第，其生成化壬辰某月某甲子，享年七十有九……公自幼秀爽穎悟……弘治乙卯與都憲公同領江西鄉薦，公名第七，己未同登進士高第」〔註50〕。可知，羅欽德生於成化壬辰即成化八年（1472），則弘治十二年（1499）中進士為二十八。
謝迪	二	37	浙江紹興府餘姚縣	民	33	《弘治十二年進士登科錄》載：「謝迪，貫浙江紹興府餘姚縣民籍，儒士……年三十三」（上海圖書館藏明弘治刻本）。需指出的是，《登科錄》載謝迪中式年齡正確。據劉龍《廣東左布政使謝公迪神道碑》載：「予與石崖以己未同舉進士……公諱迪，字於吉，號石崖……舉進士，尋授兵部職方司主事……卒以嘉靖己丑，春秋六十有三」〔註51〕。可知，嘉靖己丑即嘉靖八年（1529）謝迪卒，「春秋六十有三」，其應生於成化三年（1467），則弘治十二年（1499）中進士為三十三。
馮本澄	二	40	浙江寧波府慈谿縣	民	39	《弘治十二年進士登科錄》載：「馮本澄，貫浙江寧波府慈谿縣民籍，儒士……年三十九」（上海圖書館藏明弘治刻本）。
朱應登	二	81	直隸揚州府高郵州寶應縣	軍	23	《弘治十二年進士登科錄》載：「朱應登，貫直隸揚州府高郵州寶應縣軍籍，儒士

〔註50〕〔明〕焦竑：《國朝獻徵錄》卷一百三《貴州按察使羅公欽德墓誌銘》，《續修四庫全書》史部第531冊，第88～90頁。

〔註51〕〔明〕焦竑：《國朝獻徵錄》卷九九《廣東左布政使謝公迪神道碑》，《續修四庫全書》史部第530冊，第595頁。

						……年二十三」（上海圖書館藏明弘治刻本）。需指出的是，《登科錄》載朱應登中式年齡正確。據李夢陽《凌溪先生墓誌銘》載：「凌溪先生姓朱氏，名應登，字升之，揚之寶應人也……舉進士……凌溪生成化十三年正月己未，得年五十」〔註52〕。可知，朱應登生於成化十三年（1477），則弘治十二年（1499）中進士為二十三。此外，顧璘《凌溪朱先生墓碑》也載朱應登「年二十三中進士」〔註53〕。
都穆	二	88	直隸蘇州府吳縣	民	41	《弘治十二年進士登科錄》載：「都穆，貫直隸蘇州府吳縣民籍，儒士……年四十一」（上海圖書館藏明弘治刻本）。需指出的是，《登科錄》載都穆中式年齡正確。據胡纘宗《明中憲大夫太僕寺少卿致仕都公墓誌銘》載：「公諱穆，字玄敬，仕為禮部主客司郎中，年五十有四即上書乞骸骨歸……年六十有七卒，實嘉靖乙酉九月二十二日……都氏之先為丹陽人……徙蘇居吳縣南濠里……公七歲能詩……乙卯領應天鄉薦，己未第進士」〔註54〕。可知，嘉靖乙酉即嘉靖四年(1525)都穆卒，「年六十有七」，其應生於天順三年（1459），則弘治十二年（1499）中進士為四十一。

〔註52〕 〔明〕李夢陽：《空同集》卷四七《凌溪先生墓誌銘》，《景印文淵閣四庫全書》第 1262 冊，第 428～429 頁。

〔註53〕 〔明〕朱應登：《凌溪先生集》卷一八《凌溪先生墓碑》，《四庫全書存目叢書》集部第 51 冊，第 496 頁。

〔註54〕 〔明〕胡纘宗：《鳥鼠山人小集》卷一五《明中憲大夫太僕寺少卿致仕都公墓誌銘》，《四庫全書存目叢書》集部第 62 冊，第 387～388 頁。

	江玠	三	28	四川重慶府巴縣	民	34	《弘治十二年進士登科錄》載：「江玠，貫四川重慶府巴縣民籍，儒士……年三十四」（上海圖書館藏明弘治刻本）。
	朱凱	三	38	浙江寧波府鄞縣	民	31	《弘治十二年進士登科錄》載：「朱凱，貫浙江寧波府鄞縣民籍，儒士……年三十一」（上海圖書館藏明弘治刻本）。
	周致	三	56	牧馬千戶所籍；浙江鄞縣人	軍	28	《弘治十二年進士登科錄》載：「周致，貫牧馬千戶所籍，浙江鄞縣人，儒士……年二十八」（上海圖書館藏明弘治刻本）。
	朱廷聲	三	186	江西南昌府進賢縣	民	34	《弘治十二年進士登科錄》載：「朱廷聲，貫江西南昌府進賢縣民籍，儒士……年三十四」（上海圖書館藏明弘治刻本）。
	張琦	三	192	浙江寧波府鄞縣	民	42	《弘治十二年進士登科錄》載：「張琦，貫浙江寧波府鄞縣民籍，儒士……年四十二」（上海圖書館藏明弘治刻本）。
弘治十五年壬戌	胡軒	二	26	浙江紹興府餘姚縣	軍	33	《弘治十五年進士登科錄》載：「胡軒，貫浙江紹興府餘姚縣軍籍，儒士……年三十三」（寧波出版社 2006 年影印天一閣藏本，第 15 頁）。
	徐麟	二	36	錦衣衛軍籍；浙江龍游縣人	軍	32	《弘治十五年進士登科錄》載：「徐麟，貫錦衣衛軍籍，浙江龍游縣人，儒士……年三十二」（第 18 頁）。
	叚豸	三	12	錦衣衛軍籍；山西澤州人	軍	31	《弘治十五年進士登科錄》載：「叚豸，貫錦衣衛軍籍，山西澤州人，儒士……年三十一」（第 32 頁）。

	劉弼	三	19	南京錦衣衛軍籍；陝西華陰縣人	官	27	《弘治十五年進士登科錄》載：「劉弼，貫南京錦衣衛軍籍，陝西華陰縣人，儒士……年二十七」（第 33 頁）。
	賀洪	三	84	旗手衛籍；浙江慈谿縣人	衛	32	《弘治十五年進士登科錄》載：「賀洪，貫旗手衛籍，浙江慈谿縣人，儒士……年三十二」（第 50 頁）。
	張顯	三	185	福建泉州府晉江縣	民	33	《弘治十五年進士登科錄》載：「張顯，貫福建泉州府晉江縣民籍，儒士……年三十三」（第 75 頁）。
	涂敬	三	191	江西南昌府豐城縣	民	28	《弘治十五年進士登科錄》載：「涂敬，貫江西南昌府豐城縣民籍，儒士……年二十八」（第 76 頁）。需指出的是，《登科錄》載涂敬中式年齡正確。據雷禮《憲副涂巽齋先生墓誌銘》載：「先生諱敬，字寅之，世居豐城之甘棠……先生自幼嗜學，勵志不凡。從恒菴宦遊晉陵、金華，其地故多多文獻，日與秀艾士切磨，於經、傳、子、史悉得其奧旨以歸。弘治辛酉以儒士領鄉薦，明年壬戌連第進士……辛亥六月，忽痰眩，終於正寢，距所生成化乙未七月九日，享年七十有七」。〔註55〕可知，涂敬生於成化乙未即成化十一年（1475），則弘治十五年（1502）中進士為二十八。
弘治十八年己丑	沈環	二	29	應天府上元縣	匠	31	《弘治十八年進士登科錄》載：「沈環，貫應天府上元縣匠籍，直隸蘇州府長洲縣人，儒士……年三十一」（《明代登科錄彙編》第 5 冊，第 2437 頁）。

〔註55〕〔明〕雷禮：《鐔墟堂摘稿》卷一四《憲副涂巽齋先生墓誌銘》，《續修四庫全書》集部第 1342 冊，第 378～340 頁。

	滕遠	三	69	濟陽衛軍籍；福建建寧府建安縣人	軍	29	《弘治十八年進士登科錄》載：「滕遠，貫濟陽衛軍籍，福建建寧府建安縣人……年二十九」（《明代登科錄彙編》第 5 冊，第 2505 頁）。
	王韋	三	86	南京錦衣衛籍	錦衣衛	36	《弘治十八年進士登科錄》載：「王韋，貫南京錦衣衛籍，應天江浦縣人，儒士……年三十六」（《明代登科錄彙編》第 5 冊，第 2514 頁）。
正德三年戊辰	羅輅	3	5	應天府江寧縣	民	22	《正德三年進士登科錄》載：「羅輅，貫應天府江寧縣民籍，浙江秀水縣人，儒士……年二十二」（《中國科舉錄彙編》第 4 冊，北京：全國圖書館文獻微縮複製中心，2010 年，第 77 頁）。需指出的是，《登科錄》載羅輅中式年齡正確。據呂柟《明中憲大夫大理寺左少卿半窗羅公墓表》載：「公諱輅，字質甫，姓羅氏，應天江寧縣人……其先浙秀水人，曾大父文中，以閭右實京師，因籍江寧云……公生而穎悟過人……年二十一舉應天鄉試高等，明年戊辰舉進士」〔註 56〕。
	樊文	3	118	府軍前衛軍籍，山西安邑縣人	軍	22	《正德三年進士登科錄》載：「樊文，貫府軍前衛軍籍，山西安邑縣人，儒士……年二十二」（《中國科舉錄彙編》第 4 冊，第 134 頁）。
正德六年辛未	鄒守益	一	3	江西吉安府安福縣	軍	21	《正德六年進士登科錄》載：「鄒守益，貫江西吉安府安福縣軍籍，儒士……年二十一」（寧波出版社 2006 年影印本，第 7 頁）。需指出的是，《登科錄》載鄒守益中式年齡正確。據羅洪先《明故南京

〔註 56〕〔明〕呂柟：《涇野先生文集》卷三七《明中憲大夫大理寺左少卿半窗羅公墓表》，《續修四庫全書》集部第 1338 冊，第 261～262 頁。

						國子監祭酒致仕東廓鄒公墓誌銘》載:「先生名守益,字謙之,號東廓,姓鄒氏。鄒之先自永豐徙安福……母周夫人,以弘治辛亥二月一日生先生……年十七舉鄉試……辛未會試,陽明公為同考官,賞識之,遂置第一,廷試及第第三人」〔註57〕;此外,耿定向《東廓鄒先生傳》及徐階《明故南京國子監祭酒贈禮部右侍郎諡文莊鄒公神道碑銘》皆載鄒受益生於「弘治辛亥二月初一日」〔註58〕。可知,鄒守益生於弘治辛亥即弘治四年(1491),則正德六年(1511)中進士為二十一。
朱鳴陽	二	5	福建興化府莆田縣	民	30	《正德六年進士登科錄》載:「朱鳴陽,貫福建興化府莆田縣民籍,儒士……年三十」(第9頁)。
汪文盛	三	31	湖廣武昌府崇陽縣	軍	24	《正德六年進士登科錄》載:「汪文盛,貫湖廣武昌府崇陽縣軍籍,儒士……年二十四」(第44頁)。
王雄	三	42	錦衣衛官籍;山東長山縣人	官	37	《正德六年進士登科錄》載:「王雄,貫錦衣衛官籍,山東長山縣人,儒士……年三十七」(第47頁)。
翁素	三	43	浙江寧波府慈谿縣	民	35	《正德六年進士登科錄》載:「翁素,貫浙江寧波府慈谿縣民籍,儒士……年三十五」(第47頁)。

〔註57〕〔明〕羅洪先:《念菴文集》卷一五《明故南京國子監祭酒致仕東廓鄒公墓誌銘》,《景印文淵閣四庫全書》第1275冊,第328頁。

〔註58〕〔明〕耿定向:《耿天台先生文集》卷一四《東廓先生傳》,《四庫全書存目叢書》集部第131冊,第353頁;〔明〕徐階:《世經堂集》卷一九《明故南京國子監祭酒贈禮部右侍郎諡文莊鄒公神道碑銘》,《四庫全書存目叢書》集部第80冊,第26~28頁。

	潘錡	三	176	直隸徽州府婺源縣	民	31	《正德六年進士登科錄》載：「潘錡，貫直隸徽州府婺源縣民籍，儒士……年三十一」（第74頁）。
正德九年甲戌〔註59〕	呂愛	二	16	浙江寧波府鄞縣	民	—	《正德九年會試錄》載：「呂愛，浙江鄞縣儒士」（寧波出版社2007年影印本，29頁）。
	黃偉	二	43	福建泉州府同安縣	軍鹽	27	《正德九年會試錄》載：「黃偉，福建同安縣儒士」（22頁）。需指出的是，科舉文獻未見有載黃偉中式年齡的記載，但可從其他史籍中考察其中式年齡。據蔡獻臣《黃逸所公海眼存集序》載：「獻臣為童子時，即聞黃逸所先生者，吾浯正人君子也……正德庚午，遂偕紫峰舉閩書，年二十三耳……越甲戌成進士」〔註60〕。引文「黃逸所」即指黃偉（號逸所），可知，正德庚午即正德五年（1510）黃偉年二十三，則正德九年（1514）中進士當為二十七。
	姚世儒	二	98	浙江紹興府山陰縣	民	—	《正德九年會試錄》載：「姚世儒，浙江山陰縣儒士」（24頁）。
	秦鉞	三	50	浙江寧波府慈谿縣	民	33	《正德九年會試錄》載：「秦鉞，浙江慈谿縣儒士」（24頁）。需指出的是，科舉文獻未見有載秦鉞中式年齡的記載，但可從其他史籍中考察其中式年齡。據王鏊《都察院右副都御史秦公鉞墓誌銘》載：「公諱鉞，字懋功，世居餘姚之梅川……正德癸酉，

〔註59〕 該科儒士進士的甲次、名次、籍、貫俱取於《國朝歷科進士題名碑錄初集》附明代歷科題名碑錄，《北京圖書館古籍珍本叢刊》第116冊，依次為710頁、711頁、711頁、712頁、713頁、713頁、714頁、714頁。

〔註60〕 〔明〕蔡獻臣：《清白堂稿》卷四《黃逸所公海眼存集序》，《四庫未收書輯刊》第6輯第22冊，第82頁。

						與從叔濮州守吉、從弟吉安守金，同領浙江鄉薦，人稱其盛，甲戌登進士第……（嘉靖）庚子，逝，年五十有九。」〔註61〕可知，嘉靖庚子即嘉靖十九年（1540）秦鉞卒，「年五十有九」，其應生於成化十八年（1482），則正德九年（1514）中進士當為三十三。
	王道中	三	54	武驤右衛官籍；直隸撫寧縣人；	官	—	《正德九年會試錄》載：「王道中，武驤右衛人，儒士」（第33頁）。
	楊林	三	76	江西南昌府進賢縣	民	—	《正德九年會試錄》載：「楊林，江西進賢縣儒士」（第33頁）
	蔣承恩	三	138	通州衛軍籍；直隸儀真縣人	軍	—	《正德九年會試錄》載：「蔣承恩，通州衛人，儒士」（第17頁）。
	王國光	三	156	江西南昌府豐城縣	匠	—	《正德九年會試錄》載：「王國光，江西豐城縣儒士」（第25頁）。
正德十二年丁丑	倫以訓	一	3	廣東廣州府南海縣	民	20	《正德十二年進士登科錄》載：「倫以訓，貫廣東廣州南海縣民籍，儒士……年二十」（寧波出版社2006年影印本，第8頁）。需指出的是，《登科錄》載倫以訓中式年齡正確。據雍正《廣東通志》卷四五《人物志二》載：「倫以訓……正德癸酉鄉試第六人，時年十六。丁父憂，丁丑會試第一，廷試第二」〔註62〕。可知，正德癸酉即正德八年（1513）倫以訓年十六，則正德十二年（1517）中進士為二十。

〔註61〕〔明〕焦竑：《國朝獻徵錄》卷五五《都察院右副都御史秦公鉞墓誌銘》，《續修四庫全書》史部第528冊，第81頁。

〔註62〕雍正《廣東通志》卷四五《人物志二》，《景印文淵閣四庫全書》第564冊，第100頁。

	張懷	二	19	浙江紹興府餘姚縣	軍灶	31	《正德十二年進士登科錄》載：「張懷，貫浙江紹興府餘姚縣軍灶籍，儒士……年三十二」（第13頁）。需指出的是，《登科錄》載張懷中式年齡正確。吳悌《廣東左參政張公懷行狀》載：「公諱懷……正德丙子，公以儒士領浙江鄉薦第一，會試丁丑第十五……貢生生於成化丁未，卒於嘉靖辛酉，年七十有六」〔註63〕。可知，張懷生於成化丁未即成化二十三年（1487），則正德十二年（1517）中進士為三十一。
	王鎔	二	100	浙江寧波府慈谿縣	民	20	《正德十二年進士登科錄》載：「王鎔，貫浙江寧波府慈谿縣民籍，儒士……年二十」（第34頁）。
	吾謹	三	111	浙江衢州府開化縣	民	33	《正德十二年進士登科錄》載：「吾謹，貫浙江衢州府開化縣民籍，儒士……年三十三」（第65頁）。
	林希元	三	177	福建泉州府同安縣	軍	37	《正德十二年進士登科錄》載：「林希元，貫福建泉州府同安縣軍籍，儒士……年三十七」（第82頁）。
正德十六年辛巳	安璽	二	27	龍驤衛官籍；順天府宛平縣	官	29	《正德十六年進士登科錄》載：「安璽，貫龍驤衛官籍，順天府宛平縣人，儒士……年二十九」（《明代登科錄彙編》第6冊，第3018頁）。
	倫以諒	二	93	廣東廣州府南海縣	民	28	《正德十六年進士登科錄》載：「倫以諒，貫廣東廣州府南海縣民籍，儒士……年二十八」（第3051頁）。
嘉靖二年癸未	馮承芳	二	69	廣西桂林中衛	官	28	《嘉靖二年進士登科錄》載：「馮承芳，貫廣西桂林中衛

〔註63〕〔明〕焦竑：《國朝獻徵錄》卷九九《廣東左參政張公懷行狀》，《續修四庫全書》史部第530冊，第608～609頁。

						官籍，儒士⋯⋯年二十八」（寧波出版社 2006 年影印本，第 25 頁）。
	周原	三	124	順天府大興縣	民	38	《嘉靖二年進士登科錄》載：「周原，貫順天府大興縣民籍，浙江鄞縣人，儒士⋯⋯年三十八」（第 75 頁）。
	周延	三	155	江西吉安府吉水縣	民	25	《嘉靖二年進士登科錄》載：「周延，貫江西吉安府吉水縣民籍，儒士⋯⋯年二十五」（第 82 頁）。需指出的是，《登科錄》載周延中式年齡正確。羅洪先《明故都察院左都御史贈太子太保諡簡肅周公墓銘》載：「公名延⋯⋯始為儒士，舉嘉靖壬午鄉試，明年登進士⋯⋯改南京兵部尚書，參贊軍務，凡二十任至今官，初仕時年才二十有五⋯⋯公生弘治己未，卒嘉靖辛酉，享年六十三。」〔註64〕可知，周延生於弘治己未即弘治十二年（1499），嘉靖二年（1523）中進士為二十五。
	劉體元	三	197	廣東廣州府南海縣	民	27	《嘉靖二年進士登科錄》載：「劉體元，貫廣東廣州府南海縣民籍，儒士⋯⋯年二十七」（第 93 頁）。
嘉靖五年丙戌〔註65〕	查懋光	二	42	太醫院籍；直隸長洲縣人	太醫院	—	《嘉靖四年順天府鄉試錄》載「第三名查懋光，太醫院籍；儒士，易」（寧波出版社2010 年影印本，第 13 頁）；《碑錄》載「查懋光，太醫院籍，直隸長洲縣人」，中嘉靖五年進士（《北京圖書館

〔註64〕〔明〕羅洪先：《念菴文集》卷一五《明故都察院左都御史贈太子太保諡簡肅周公墓銘》，《景印文淵閣四庫全書》第 1275 冊，第 340～342 頁。

〔註65〕該科儒士進士的甲次、名次、籍、貫俱取於《國朝歷科進士題名碑錄初集》附明代歷科題名碑錄，《北京圖書館古籍珍本叢刊》第 116 冊，依次為 731 頁、731 頁。

						古籍珍本叢刊》第 116 冊，第 731 頁）。可知，查懋光中嘉靖四年舉人，嘉靖五年進士，為鄉會殿試連捷者，其殿試中式身份應與中舉身份一致，故其殿試中式身份也應為儒士。
鄒守愚	二	62	福建興化府莆田縣	民	—	《福建通志》卷三十八《選舉六·明舉人》記載鄒守愚為嘉靖四年乙酉科舉人，「儒士中式，丙戌進士」（《景印文淵閣四庫全書》第 529 冊，第 216 頁）；《碑錄》又載：「鄒守愚，福建興化府莆田縣民籍」，中嘉靖五年進士（《北京圖書館古籍珍本叢刊》第 116 冊，第 731 頁）。可知，鄒守愚中嘉靖四年舉人，嘉靖五年進士，為鄉會殿試連捷者，其殿試中式身份應與中舉身份一致，故其殿試中式身份也應為儒士。
祝文冕	三	58	密雲後衛	軍	—	《嘉靖四年順天府鄉試錄》載「第十九名祝文冕，密雲後衛；儒士，詩」（寧波出版社 2010 年影印本，第 14 頁）；《碑錄》載「諸文冕；直隸密雲後衛軍籍」，中嘉靖五年進士（《北京圖書館古籍珍本叢刊》第 116 冊，第 732 頁）。可知，祝文冕中嘉靖四年舉人，嘉靖五年進士，為鄉會殿試連捷者，其殿試中式身份應與中舉身份一致，故其殿試中式身份也應為儒士。
嘉靖八年己丑 郭春震	二	66	江西吉安府萬安縣	民	27	《嘉靖八年進士登科錄》載：「郭春震，貫江西吉安府萬安縣民籍，儒士……年二十七」（寧波出版社 2006 年影印本，第 25 頁）。

	陳錠	三	124	湖廣荊州府江陵縣	軍	25	《嘉靖八年進士登科錄》載：「陳錠，貫湖廣荊州府江陵縣軍籍，儒士……年二十五」（第 64 頁）。
	羅傳	三	151	湖廣承天府荊門州	民	18	《嘉靖八年進士登科錄》載：「羅傳，貫湖廣承天府荊門州民籍，儒士……年十八」（第 70 頁）。
	黃謹容	三	221	福建興化府莆田縣	匠	34	《嘉靖八年進士登科錄》載：「黃謹容，貫福建興化府莆田縣匠籍，儒士……年三十四」（第 88 頁）。
嘉靖十一年壬辰	林功懋	三	43	福建漳州府漳浦縣	民	24	《嘉靖十一年進士登科錄》載：「林功懋，貫福建漳州府漳浦縣民籍，儒士……年二十四」（寧波出版社 2006 年影印本，第 40 頁）。
	劉廷范	三	196	江西撫州府臨川縣	民	40	《嘉靖十一年進士登科錄》載：「劉廷范，貫江西撫州府臨川縣民籍，儒士……年四十」（第 79 頁）。
嘉靖十四年乙未	李學顏	二	10	湖廣黃州府黃岡縣	民	23	《嘉靖十四年進士登科錄》載：「李學顏，貫湖廣黃州府黃岡縣民籍，儒士……年二十三」（寧波出版社 2006 年影印本，第 11 頁）。
嘉靖十七年戊戌	倫以訓	二	6	廣東廣州府南海縣	民	37	《嘉靖十七年進士登科錄》載：「倫以訓，貫廣東廣州府南海縣民籍，儒士」（寧波出版社 2006 年影印本，第 10 頁）。需指出的是，《登科錄》載倫以訓中式年齡正確。《正德十四年廣東鄉試錄》載倫以訓中該科廣東鄉試第二十名（寧波出版社 2010 年影印天一閣藏本）；雍正《廣東通志》卷四五《人物志二·》又載：「倫以訓……幼穎悟，善摛詞，年十七舉鄉薦，嘉靖戊

							戌登進士第」〔註 66〕。綜上可知，正德十四年（1519）倫以詵年十七中鄉試，則嘉靖十七年（1538）中進士為三十七。
嘉靖二十三年甲辰	李宜春	二	46	福建興化府莆田縣	鹽	33	《嘉靖二十三年進士登科錄》載：「李宜春，貫福建興化府莆田縣鹽籍，儒士……年三十三」（寧波出版社 2006 年影印本，第 20 頁）。
	譚綸	二	66	江西撫州府宜黃縣	軍	25	《嘉靖二十三年進士登科錄》載：「譚綸，貫江西撫州府宜黃縣軍籍，儒士……年二十五」（第 25 頁）。需指出的是，《登科錄》載譚綸中式年齡正確。據趙志皋《兵部尚書襄敏譚公神道碑》載：「萬曆五年四月初三日，太子少保、兵部尚書譚公卒於京師……公諱綸，字子理，江西宜黃人……公生而沉毅博達，多讀書，負奇有大略，起家進士……公生正德庚辰七月二十一日，春秋五十有八」〔註 67〕；《譚襄敏公年譜》亦載「正德十五年庚辰七月公生」〔註 68〕。可知，譚綸生於正德庚辰即正德十五年（1520），則嘉靖二十三年（1544）中進士為二十五。
	朱繪	三	58	山西平定州守禦千戶所官籍，直隸鳳陽府人	官	24	《嘉靖二十三年進士登科錄》載：「朱繪，貫山西平定州守禦千戶所官籍，直隸鳳陽府人，儒士……年二十四」（第 47 頁）。

〔註 66〕雍正《廣東通志》卷四五《人物志二》，《景印文淵閣四庫全書》第 564 冊，第 103 頁。

〔註 67〕〔明〕趙志皋：《趙文懿公文集》卷三《兵部尚書襄敏譚公神道碑》，《四庫禁燬書叢刊》集部第 180 冊，第 691～692 頁。

〔註 68〕〔明〕佚名：《譚襄敏公年譜》，《北京圖書館古籍珍本叢刊》第 49 冊，第 757 頁。

嘉靖二十六年丁未	張言	三	32	廣西桂林府臨桂縣	民	34	《嘉靖二十三年進士登科錄》載：「張言，貫廣西桂林府臨桂縣民籍，儒士……年三十四」（寧波出版社 2006 年影印本，第 41 頁）。
嘉靖三十二年癸丑	方攸績	三	243	福建興化府莆田縣	民	26	《嘉靖三十二年進士登科錄》載：「方攸績，貫福建興化府莆田縣民籍，儒士……年二十六」（寧波出版社 2006 年影印本，第 104 頁）。
嘉靖三十五年丙辰	林潤	三	61	福建興化府莆田縣	民	27	《嘉靖三十五年進士登科錄》載：「林潤，貫福建興化府莆田縣民籍，儒士……年二十七」（寧波出版社 2006 年影印本，第 47 頁）。
嘉靖三十八年己未	劉大遺	二	54	福建泉州府晉江縣	軍	27	《嘉靖三十八年進士登科錄》載：「劉大遺，貫福建泉州府晉江縣軍籍，儒士……年二十七」（寧波出版社 2006 年影印本，第 22 頁）。
	鄧之屏	二	73	四川重慶府巴縣	民	26	《嘉靖三十八年進士登科錄》載：「鄧之屏，貫四川重慶府巴縣民籍，儒士……年二十六」（第 27 頁）。
	丘達道	三	169	四川成都府綿州	民	24	《嘉靖三十八年進士登科錄》載：「丘達道，貫四川成都府綿州民籍，儒士……年二十四」（第 73 頁）。
嘉靖四十一年壬戌	葉土賓	二	60	福建興化府莆田縣	民	31	《嘉靖四十一年進士登科錄》載：「葉土賓，貫福建興化府莆田縣民籍，儒士……年三十一」（寧波出版社 2006 年影印本，第 24 頁）。
隆慶二年戊辰	葉明元	二	68	福建泉州府同安縣	軍	29	《隆慶二年進士登科錄》載：「葉明元，貫福建泉州府同安縣軍籍，儒士……年二十七」（《明代登科錄彙編》第 17 冊，第 8885 頁）。需指出的是，《登科錄》載葉明元中式年齡不確。據葉向高《中大夫廣西布政司右參政星洲葉

						公墓誌銘》載：「閩中葉姓無多……最巨者，則司安之嶺下，顯者為大參星洲公……公以丁卯舉於鄉，明年成進士……公諱明元，字可鳴，別號星洲，其生為嘉靖庚子三月十日，卒於萬曆甲午正月八日，年僅五十五」〔註69〕。可知，葉明元生於嘉靖庚子即嘉靖十九年（1540），則隆慶二年（1568）中進士當為二十九。
	焦玄鑑	二	74	直隸寧國府太平縣	民	《隆慶二年進士登科錄》載：「焦玄鑑，貫直隸寧國府太平縣民籍，儒士……年四十九」（《明代登科錄彙編》第17冊，第8888頁）。需指出的是，《登科錄》載焦玄鑑中式年齡正確。焦竑《兵部職方清吏司主事洪譚焦公墓誌銘》載：「公焦姓，諱玄鑑……寧國太平人……公性故敏且沉思精研，絕出流輩……歲庚子，學使者裁庵拔儒士第一人應試，試則列鄉書高等矣。辛丑，五上太常，不第……戊辰成進士……正襟危坐而暝，隆慶壬申閏二月二十四日也，距生正德庚辰十一月十六日，享年五十有三」〔註70〕。可知，焦玄鑑生於正德庚辰即正德十五年（1520），則隆慶二年（1568）中進士為四十九。
隆慶五年辛未	陳明經	三	106	河南汝寧府光州	民	23	《隆慶五年進士登科錄》載：「陳明經，貫河南汝寧府光

〔註69〕 〔明〕葉向高：《蒼霞續草》卷九《中大夫廣西布政司右參政星洲葉公墓誌銘》，《四庫禁燬書叢刊》集部第125冊，第61～62頁。

〔註70〕 〔明〕焦竑：《焦氏澹園集》卷31《兵部職方清吏司主事洪譚焦公墓誌銘》，《四庫禁燬書叢刊》集部第61冊，第368頁。

							州民籍，儒士……年二十三」（寧波出版社 2006 年影印本，第 55 頁）。
萬曆十一年癸未	尤應魯	三	54	福建泉州府晉江縣	民	26	《萬曆十一年進士登科錄》載：「尤應魯，貫福建泉州府晉江縣民籍，儒士……年二十六」（寧波出版社 2006 年影印本，第 39 頁）。
	鄧宗齡	三	230	廣東雷州府徐聞縣	民	26	《萬曆十一年進士登科錄》載：「鄧宗齡，貫廣東雷州府徐聞縣民籍，儒士……年二十二」（第 83 頁）。需指出的是，《登科錄》載鄧宗齡中式年齡不確。葉向高《吹劍齋序》載：「《吹劍集者》，吾友檢討梅源鄧公之所著也…公與余同成癸未進士，同讀書中秘…余少公一歲」〔註71〕。引文「梅源鄧公」即指鄧宗齡（號梅源），葉向高生於嘉靖三十八年（1559）〔註72〕，少鄧宗齡一歲，則鄧宗齡應生於嘉靖三十七年（1558），萬曆十一年（1583）宗齡中進士當為二十六。此外，萬曆《雷州府志》卷一七《鄉賢志》亦載：「鄧宗齡，字子振，年十九以儒士登丙子鄉書，癸未成進士」〔註73〕，萬曆丙子即萬曆四年（1576）鄧宗齡中舉人，時年十九，則萬曆十一年（1583）中進士當為二十六。

〔註71〕〔明〕葉向高：《蒼霞續草》卷四《吹劍齋序》，《四庫禁燬書叢刊》集部第 124 冊，第 頁。

〔註72〕〔明〕葉向高：《蘧編》，《北京圖書館藏珍本年譜叢刊》第 53 冊，第 499 頁。

〔註73〕萬曆《雷州府志》卷一七《鄉賢志》，《日本藏中國罕見地方志叢刊》第 2 冊，第 418 頁。

萬曆十四年丙戌〔註74〕	舒弘志	一	3	廣西桂林府全州	民	19	《皇明三元考》載:「(萬曆十四年丙戌科)探花舒弘志,廣西全州籍,賓州人⋯⋯治禮記,儒士,年十九,乙酉(萬曆十三年)鄉試第六名」〔註75〕。可知,舒弘志中萬曆十三年舉人,繼中萬曆十四年進士,為鄉、會、殿試連捷者,其鄉試中式身份應與殿試中式身份一致,故其殿試中式身份也為儒士。
萬曆四十一年癸丑〔註76〕	吳兆元	三	103	福建興化府莆田縣	鹽	—	《福建通志》卷三八《選舉六·明舉人》載:「萬曆四十年壬子高崇轂榜:吳兆元,儒士中式,癸丑進士」〔註77〕可知,吳兆元以儒士中萬曆四十年舉人,繼中萬曆癸丑即萬曆四十一年進士,為鄉、會、殿試連捷者,故殿試中式身份與中舉身份一致,其殿試中式身份也應為儒士。
	楊景辰	二	62	福建泉州府晉江縣	軍	—	《福建通志》卷三八《選舉六·明舉人》載:「萬曆四十年壬子高崇轂榜:楊景辰,儒士中式,癸丑進士」〔註78〕可知,楊景辰以儒士中萬曆四十年舉人,繼中萬曆癸丑即萬曆四十一年進士,為鄉、會、殿試連捷者,故殿試中式身份與中舉身份一致,其殿試中式身份也應為儒士。

〔註74〕該科儒士進士的甲次、名次、籍、貫俱取於《國朝歷科進士題名碑錄初集》附明代歷科題名碑錄,《北京圖書館古籍珍本叢刊》第116冊,第820頁。

〔註75〕〔明〕張弘道:《皇明三元考》,《四庫全書存目叢書》史部第271冊,第193頁。

〔註76〕該科儒士進士的甲次、名次、籍、貫俱取於《國朝歷科進士題名碑錄初集》附明代歷科題名碑錄,《北京圖書館古籍珍本叢刊》第116冊,第859頁、858頁。

〔註77〕雍正《福建通志》卷三八《選舉六·明舉人》,《景印文淵閣四庫全書》第529冊,第248頁。

〔註78〕雍正《福建通志》卷三八《選舉六·明舉人》,《景印文淵閣四庫全書》第529冊,第249頁。